国家社科基金
GUOJIA SHEKE JIJIN HOUQI ZIZHU XIANGMU
后期资助项目

当代加拿大外交政策研究
——基于新古典现实主义的视角

樊冰 著

A Study on

Contemporary Canadian

Foreign Policy

From the Perspective of

Neoclassical Realism

上海人民出版社

国家社科基金后期资助项目
出版说明

后期资助项目是国家社科基金设立的一类重要项目，旨在鼓励广大社科研究者潜心治学，支持基础研究多出优秀成果。它是经过严格评审，从接近完成的科研成果中遴选立项的。为扩大后期资助项目的影响，更好地推动学术发展，促进成果转化，全国哲学社会科学工作办公室按照"统一设计、统一标识、统一版式、形成系列"的总体要求，组织出版国家社科基金后期资助项目成果。

全国哲学社会科学工作办公室

序

　　樊冰博士的专著《当代加拿大外交政策研究》终于在这个寒冷的冬季面世了,值得庆贺!

　　初闻"作序"邀约,我有些犹豫,一是樊冰的博士生导师不是我;二是我已退休,不宜在青年学者的专著上"激扬文字"或"针砭时弊"。然而,樊博士的坚持和十多年我们之间的师生情谊终使我重拾笔墨。

　　记得2012年樊冰考入我校政治学国际关系方向博士研究生,师从汪波教授。那一年我们加拿大研究中心与英属哥伦比亚大学(UBC)维真学院(Regent College)"中国中心"达成了合作意向,随后双方的院系负责人签署了"博士生共培"合作协议书。翌年,樊冰以其"二战后加拿大对中东的政策研究"课题顺利通过加方教授的面试,成为此项目下派出的第一位博士生。与此同时,她的这个选题也作为子课题被列入我主持的校级重大项目"中等国家的软实力研究:以加拿大为例"。

　　在维真学院读书期间,樊冰充分利用了UBC丰富的图书馆资源,查阅了大量加拿大对外政策图书和加拿大外交部《声明与演讲汇编》等,最终她决定将课题拓展为"二战后加拿大外交政策研究"。2015年毕业论文答辩会上,樊冰的中、加方指导老师,外校答辩委员以及我本人齐聚一堂,针对"中等国家"在国际政治中的角色和作用进行了一场别开生面的师生同台学术辩论。来自华东师范大学的答辩委员汪诗明教授是中国学术界澳大利亚国别研究的权威,他对澳大利亚这个中等国家的研究有其独到的心得和发现。自然,他对樊冰的加拿大"中等国家"角色研究格外关注。毕业后,樊冰也顺理成章地成为他的博士后课题组成员。

　　樊冰博士是一位眼里有光的青年人。她不太拘泥于"小情小爱",是一个有格局、有大爱、愿意奉献的青年学者,这在当下流行的"精致的利己主义"学术圈内的确是一抹阳光。本科为计算机学科的樊博士骨子里镌刻着"创新"意识,而冲破藩篱、不落窠臼与独树一帜的学术意愿也可从她的专著《当代加拿大外交政策研究》中窥斑见豹。

樊著时间跨度达 80 余载,覆盖二战、冷战、后冷战以及"9·11"事件、2008 全球金融危机、全球气候变暖和叙利亚难民等历史重大事件。从这些重大事件节点切入并观察加拿大外交政策变迁、调整和再定位的历史视角是此专著宏大叙事的主线,而立足加拿大政治文化溯源、内涵及其衍生则是樊著分析和解释当代加拿大外交政策演进的内在逻辑原点。樊著发现:加拿大外交政策中的国际主义、实用主义(也译:功能主义、务实主义)、多边主义三大外交原则正是基于加拿大政治文化中的基督教秩序观、保守主义的意识形态传统和移民社会下的多元文化主义长期积淀和内化而生成的(第一章第二至三节)。显然,这一学术发现是对加拿大外交政策内在逻辑诠释的补充。

在国际政治中,国家的身份定位是一国采取何种对外战略和参与路径以及制定本国治国方略的重要前提。在国家身份定位过程中,国家意愿(主要包括国家决策者意愿和公众意愿)和国家能力(包括地理位置、自然资源、国土面积、人口、经济总量、军事力量、领导力、外交影响力、媒体影响力、科技创新力、国家吸引力和人才流动等)必须保持高度匹配。在这一重大问题上,加拿大总理麦肯齐·金走在了国际社会最前列,他是加拿大国家身份定位(中等国家)最初的倡导者和实践者。樊著也敏锐地捕捉到"国家意愿与国家能力"这对关系的互动与变化,遂将研究的另一视角转向对加拿大国家身份的确立、调整和复归的观察和探讨,并将领导人意象、战略文化、国内政治结构作为变量植入加拿大外交政策制定、选取和调整中检验和考释。在这一过程中,作者注意到作为中等国家的加拿大,其有限性始终左右着加拿大外交政策的取向,而冷战后国际政治权力的分散、转移和重组使得加拿大的"重要大国"(principal power,也译:主要大国)的国家身份得以可能。但一国国家身份的定位与其外交政策的布局和调整是否必然"相互成就"或可能存在"掣肘",这还需选取更多的国家案例来验证。当然,这是另外一个研究课题。不过,我们可以确定的是:如一国国家身份具有不确定性或变化无常,其对外战略和参与国际政治博弈的路径和举措必然杂乱无序,且本国的治国方略也难以保障人民的福祉。

《当代加拿大外交政策研究》是中国学术界第一本系统梳理和探讨战后加拿大外交政策演进的专著。作者以七章的篇幅对加拿大外交政策进行了由上而下的实证分析,认为皮尔逊式/特鲁多式"国际主义"、马尔罗尼"新国际主义"、克雷蒂安/马丁"自由主义"、哈珀"新保守主义"和小特鲁多"自由国际主义"是战后加拿大外交政策在各历史阶段和重大事件中的典型信念特征,并选取六位总理(四位来自自由党,二位来自进步保守党)在位期间的外交政策偏好和参与国际事务的角色定位作为深度案例,逐一验证作者的加拿大外交"六段说"。全书的逻辑自洽,研究视角和方法多元,理论框架新颖并具有学理性和挑战性,值得加拿大国别研究者和爱好者研读。当然,作者书中的学术结论只是一家之言。那些曾在加拿大外交转型期的总理或外长如圣劳伦特、迪芬贝克、霍华德·格林、保罗·马丁、米切尔·夏普、乔·克拉克、克里斯蒂亚·弗里兰,他们的外交理念和行为值得深入探究,特别是弱势总理当政时,"外交部长决定论"实至名归地成为加拿大外交的独特性。

作"序"期间,樊冰与我在 UBC 校园和图书馆文献检索的影像在我脑海里重复闪回。我曾领她参观 UBC 的"人类学博物馆"(MOA)后面的原住民遗址和神秘的图腾柱,抚摸那历尽沧桑,岁月无痕的鹅卵石,一种"人去物留"的感慨让我们对这个世界多了一份不同的理解。夕阳的余晖下,我们俩也学着原住民堆垒石堆(Inukshuk),樊冰彼时纯真灿烂的笑脸一直印刻在我的记忆里。之后,正是那乐观、坚韧、善良的品质支撑着樊冰在遇到母亲重疾时"哀而不伤",负重前行。这部专著是樊冰博士献给中国加拿大研究的厚礼,也是她热爱加拿大国别研究的美好见证。

最后,我想借此机会把诚挚的感谢献给上海人民出版社!贵社曾连续出版上海外国语大学加拿大研究中心"三部曲"——《加拿大外交理论与实践》《国际政治中的中等国家:加拿大》《全球卫生治理中的中等国家:加拿大》——而樊冰博士的这本专著仍由上海人民出版社出版,这真是"锦上添花"。是为序。

钱　皓
2025 年 1 月于上外图书馆

目　　录

导　　论

第一节　选题与研究意义

加拿大作为国际社会中首屈一指的中等强国,其外交政策自 20 世纪 40 年代起就被印上了"国际主义"的标签。在中等国家典范的形象之下,一大批优秀的加拿大外交家进行的对外行为,更成为二战后世界外交活动中具有显著特色的外交实践。然而,大多数国际关系和外交政策分析家的研究重点是那些能影响世界运作的少数大国的行为,也有学者研究南北关系或全球发展中的弱小国家,但考察位于大小国家两端之间的中等国家的外交政策也是非常有意义的。因为当这些中等国家采取共同行动时,它们就能以集体的方式对世界发挥影响力。另外,长期以来加拿大都被外界称为中等国家的典范。通过研究加拿大的对外政策,可以清楚地看到中等国家能够、确实或应该在国际事务中发挥作用。人们还能看到曾经的中等国家正在崛起为"重要国家",并在不同程度上改变着世界政治格局,而加拿大正是这类国家。事实上,加拿大经常通过提出倡议,展现领导力,加入由大国和主要国家组成的国际组织,以展示其行为的重要性,并以此来影响世界的主要大国。因此,无论是对加拿大独特的外交行为的研究兴趣还是其发挥的重要作用,都成为我们进行加拿大外交政策研究的动力。

随着社会和经济的全球化,国内政治正日益成为影响外交政策的重要因素,加拿大也不例外。"外交是内政的延续",本书试图从新古典现实主义的视角来探寻加拿大外交政策的原则及实践。在当前国际政治理论的发展中,通过以突出国际体系与国内政治互动为特点的新古典现实主义外交政策理论,来研究加拿大外交政策在理论和现实两个方面的表现具有重要的意义。

从理论意义来说,通过新古典现实主义来研究外交政策是一种新颖的理论研究视角,它强调的是国内政治单元层次中不同因素之间的作用。根据马克思主义的基本原理,在肯定了经济基础对上层建筑的决定性作用之后,同样要重视上层建筑对历史发展进程的影响。通过上层建筑领域的政治文化来分析国家的外交政策,基于这样一种原理,目的是为了把握国家外交政策与国家基本特性之间的关系,从而为了解外交政策的实质和发展趋势提供合理的依据。目前,国际政治学界对外交政策理论的研究,主要强调外交政策中包含的政治和经济动机,在分析方法上大多局限于政治体制和决策程序,少有深入探讨外交政策中包含的政治文化因素及其内在整体联系。如此,选取从新古典现实主义视角对外交政策进行立体的、跨层次的分析,有助于透视外交政策产生的深刻背景和内在发展规律,为分析各国外交政策的内在逻辑及其规律提供合理解释和根据。

就现实意义而言,随着中等国家越来越成为国际体系中的重要力量,对中等国家的研究也越发受到重视并呈现迫切性。本书选取中等国家典范加拿大作为研究对象,运用新古典现实主义的研究视角来分析加拿大的外交政策,填补了国内对加拿大外交政策进行系统性研究的空白,这是其现实意义的直接体现。二战后,加拿大以中等国家身份开始登上国际舞台,尤其是伴随着全球化浪潮,加拿大在其外交政策的指导下,活跃于国际体系与国际制度改革、国际组织、全球治理等国际政治的关键领域,并多次展现了加拿大式的外交理念和智慧。当前的国际政治研究早已超越大国研究的局限,诸如加拿大这样的中等国家行为体越来越受到重视。本书构建了新古典现实主义外交政策研究理论框架来分析加拿大外交政策,从加拿大政治文化和国内政治单元层次来探究其外交政策形成与调整的动机、目标和特点,从而预测并研判加拿大外交政策的走向与发展趋势,这也是非常具有现实意义和价值的。

第二节　国内外研究现状

一、关于新古典现实主义的研究

新古典现实主义(neoclassical realism)是 20 世纪 80 年代后期逐渐兴起的一种外交政策理论,得名于吉迪恩·罗斯(Gideon Rose,1998)对扎卡里亚、施韦勒、柯庆生、沃尔福思等现实主义中生代学者研究路径的概括,已经历三个代际的理论发展。第一代新古典现实主义研究旨在解释结构现实主义理论无法解释的异例或者进行补充性解释。主要观点有,法里德·扎卡里亚(Fareed Zakaria,1998)在《从财富到权力》(*From Wealth to*

Power)中提出解释大国崛起和扩张的"政府中心型现实主义"理论,利用美国在1865~1889年和1889~1908年两个时间段里对外扩张政治利益的程度和国内政府力量变化的案例,对政府结构会限制国家力量的使用的论断进行检验;兰德尔·施韦勒(Randall Schweller,1998)在《致命的失衡》(Deadly Imbalances)中考察二战期间欧洲主要大国对希特勒德国的绥靖政策,认为这一时期追随成为体系中的主导行为是体系和单元两个层面因素作用的结果;柯庆生(Thomas Christensen)提出一种"双层次"国内动员模型来解释冷战高潮时期中美之间的敌对,领导人如何利用低水平冲突动员大众,以此支持国家的长期安全战略。总结这些学者的研究表明,一种好的外交政策理论需要将体系诱因与单元层次要素结合起来,它们在对外政策结果中发挥着不同的作用。

随着新古典现实主义理论开始受到学术界的重视,越来越多从事外交政策分析的学者倾向使用该理论进行研究,由此产生一大批研究成果。关于第二代新古典主义研究侧重于作为外交政策的解释路径。主要观点有,斯蒂芬·洛贝尔(Steven Lobell,2003)的《霸权的挑战》(The Challenge of Hegemony)关注霸权国在衰落时期的政治经济选择;杰弗里·托利弗(Jeffery Taliaferro,2004)的《平衡风险》(Balancing Risks)解释了大国在边缘地区的干涉行为;洛贝尔(Lobell,2009)等人合编的《新古典现实主义、国家与外交政策》(Neoclassical Realism, the State, and Foreign Policy)对该理论的优劣得失进行了阶段性反思。

随着新古典现实主义理论体系的不断完善,近年来有学者开始尝试突破新古典现实主义的外交政策研究范围,将其运用到更广泛的国际政治理论研究。其中第三代新古典现实主义的集大成之作是由诺林·里普斯曼(Norrin Ripsman,2016)、杰弗里·托利弗和斯蒂芬·洛贝尔合著的《新古典现实主义国际政治理论》(Neoclassical Realist Theory of International Politics)。该书首次尝试构建一个新古典现实主义的国际政治研究纲领,超越以往的外交政策研究路径。

根据新古典现实主义理论的最近进展,有学者开始关注新古典现实主义的"历史转向"。古斯塔夫·迈鲍尔(Gustavo Meibauer,2021)认为,新古典现实主义可以提供两条"历史"理论化的路径:在单元层次,历史是现有干预变量的基础;在体系层次,历史影响着国家所处的国际环境,这两条路径贯通了基于更广泛的历史哲学的对"历史"的不同概念——作为客观事实、个人经验或者集体叙事,推动新古典现实主义从新现实主义仍然盛行的对历史的狭隘理解中解放出来。

国内学界对新古典现实主义的研究成果不断涌现,其中以研究论文的形式居多,具有代表性的成果是陈志瑞和刘丰(2015)主编的《国际体系与国内政治:新古典现实主义的探索》,该文集呈现了中外学者在该领域的相关作品,并进行理论的对话与交流。

新古典现实主义作为现实主义流派一个重要的分支登上国际政治研究的舞台,它汲取了古典现实主义理论和新现实主义理论精华,显现出连通体系、国家和个人进行多层次分析的努力,成为国际关系研究明确走向对外政策理论建构路径的一种新分析方法。新古典现实主义吸收了古典现实主义和新现实主义的主张,并将单元因素(干预变量或中介变量)引入外交政策分析,跨越国际和国内两个层次,构建起跨层次的分析框架,开创了一种全新的研究视角。其最初的策略和最著名的贡献是试图"解释外交政策在时间和空间上的变化",在新现实主义的基础上,补充了单元层次的变量,以调节体系刺激的影响。新古典现实主义研究大致可以分为三类。第一类,旨在解释历史上的"错误",即偶尔出现的各国与体系指令预期不相符的行为;第二类,根据国家行为产生过程中系统因素和国内因素的经常性相互作用,试图建立一种能解释外交政策选择和大战略调整的全面外交政策研究路径;第三类,探讨作为国家行为结果的国际关系模式,提出"新古典现实主义的外交政策模型",意在使其在时间和空间上具有更为广泛的解释力。在此基础上,形成走向不同种类新古典现实主义研究的三种理论策略。新古典现实主义者试图将宏观理论和微观理论的因素结合起来,既关注系统的、单元层次的因素,又关注历史性的解释,把国际体系与国内政治结合起来,在更好地理解国家外交政策的同时,论述新古典现实主义如何能够作为一种国际政治理论而独立存在。

然而,就该理论在外交政策领域的研究来看仍存在以下困境和不足。其一,新古典现实主义缺乏明确的核心概念和理论框架来构筑该理论内核或者是研究议程。以单元层次涉及的变量为例,就有诸如领导人认知、国家利益偏好、行政部门自主性、国内集团力量对比、国家凝聚力、战略文化等众多变量出现,变量之间的关系复杂且不明确,这将损害研究框架的解释力。其二,对于国家外交政策或对外行为的分析与解释缺乏政治文化价值和伦理观念的维度。新古典现实主义强调的国内政治和领导人要素的回归,大多集中于技术层面的操作,比如关注领导人的决策和认知过程是如何进行的、国内政治组织结构如何影响政策的制定等,鲜有讨论一些驱动国家行为的根本性问题,比如国家的政治文化、价值体系与国家利益或者领导人意志之间的关系。

二、关于政治文化与加拿大外交政策的研究

（一）关于政治文化理论

比较政治学中的政治文化理论研究,来自人类学对文化的传统研究、社会学对社会化和小群体的研究,以及心理学的个性研究。政治文化由信仰、象征和价值观等组成,它们界定政治行动发生的情况,确定政治体系的性质。政治文化概念的发明者是美国学者加布里埃尔·阿尔蒙德(Gabriel A. Almond),他于1956年在美国的《政治学报》上发表了一篇名为《比较政治体系》(Comparative Political Systems)的文章,其中首次提出了"政治文化"的概念。之后经过他及其学生的共同努力,建立了政治文化理论"阿尔蒙德学派"。其中最具代表性的著作有:加布里埃尔·阿尔蒙德和西德尼·维尔巴(Sidney Verba,1972)合著的《公民文化》(*The Civil Culture*),该书是他们通过比较研究来建立政治文化理论的先驱之作,通过对美国、英国、德国、法国、意大利和墨西哥公民对本国态度的一项调查,考察了不同政治模式下的国家政治文化或公民文化;卢西恩·派伊(Lucian W. Pye,1965)和西德尼·维尔巴的《政治文化与政治发展》(*Political Culture and Political Development*)一书,在阿尔蒙德对政治文化概念所作解释的基础上,把政治文化进一步扩展为一个体系进行全面分析。

国内关于政治文化的研究多为教材类文献,并作为比较政治学学科下的分支,主要集中于梳理和总结已有的研究思路和方法,代表性著作有《比较政治分析》(王沪宁,1987)、《比较政治学导论》(张小劲和景跃进,2001)等。然而,真正建立并运用政治文化理论框架来研究国家外交政策的代表作是《美国外交政策的政治文化分析》(汪波,2001),该书界定了以"清教主义奠定的核心信念、自然权利思想的实践指导价值、实用主义精神的行动原则"为特点的美国政治文化,并基于这一框架对美国传统孤立主义、新孤立主义、全球主义和新霸权主义外交政策进行了政治文化分析。

（二）关于加拿大政治文化与外交政策研究

总体而言,国外学者把加拿大政治文化与外交政策联系起来所做的研究大多是零散的、局部性的,并不是从政治文化的系统性来分析它所决定的外交政策的本质特点。然而,国外学者的基础知识、研究视角以及学术观点却为本书构思的研究方法提供了丰富的材料和依据。

首先,对加拿大政治文化进行全面性概述的研究成果有:道格拉斯·贝尔(Douglas Baer,2002)编撰的论文集《政治社会学:加拿大视角》(*Political Sociology: Canadian Perspectives*);戴维·贝尔(David Bell,1995)的

《加拿大政治文化》(*Political Culture in Canada*);乔恩·帕米特和迈克尔·惠廷顿(Pammett and Whittington，1976)的《政治文化根基：加拿大的政治社会化》(*Foundations of Political Culture：Political Socialization in Canada*);戈登·斯图尔特(Gordon Stewart，1986)的《加拿大政治的根源：一种比较的方式》(*The Origins of Canadian Politics：A Comparative Approach*)。尼尔森·怀斯曼(Nelson Wiseman，2007)在《寻找加拿大政治文化》(*In Search of Canadian Political Culture*)一书中，从加拿大多元文化属性出发，按照地域划分介绍了不同地区的政治文化特征。

其次，还有大量研究是针对加拿大政治文化的某种特性单独展开，或是把加拿大外交政策与政治文化中某个方面相联系，从这个特殊的角度对外交政策进行研究。具体来说，这类研究成果中主要有：(1)从基督教信仰和宗教实践角度考察加拿大政治文化，比如，怀斯(S. F. Wise，1993)的《上帝的选民：19世纪加拿大政治文化文集》(*God's Peculiar Peoples：Essays on Political Culture in Nineteenth-Century Canada*)，通过全面介绍19世纪加拿大国内基督教神学思想以及对现实的观点，提出加拿大反对"激进革命"及其保守主义的根源。约翰·韦伯斯特·格兰特(John Webster Grant，1967)的《教会与加拿大自我认知》(The Church and Canada's Self-Awareness)一文介绍了基督教教会对加拿大自我认知的影响，尤其是"加拿大联合教会"的建立为加拿大多元文化主义提供了实践基础。(2)从加拿大政治哲学思想角度考察加拿大政治文化对其外交政策的影响：查尔斯·亨德尔(Charles W. Hendel，1952)在《加拿大哲学的特性》(The Character of Philosophy in Canada)一文中指出，加拿大哲学思想的最大特性(贡献)是"超越传统民族主义"，将国家(政治共同体)建立在一系列伦理哲学和人类价值的信条之上，通过宪章(法律)来具体实现这些共同目标。格拉纳茨坦(J. L. Granatstein，2008)的《多元文化主义与加拿大外交政策》(Multi-culturalism and Canadian Foreign Policy)一文阐述了多元文化主义的价值理念在加拿大对外政策上的体现。丹尼斯·斯泰尔斯(Denis Stairs，1982)的《加拿大外交政策的政治文化》(The Political Culture of Canadian Foreign Policy)一文归纳了加拿大外交政策中的三种政治文化特点，即"不可兼容的利益需求""良治"以及实践中的"妥协"。托马斯·霍金(Thomas A. Hockin)则反复强调"理想主义"因素(利他主义、自愿主义)对加拿大外交政策和行为的重要影响，主要体现在他的四篇文章中：《外交事务：加拿大国内政策的国际体现》(Foreign Affairs：Canada Abroad as a Measure of Canada at Home);《国际政治中的联邦主义》(Federalist Style in International Politics);《加拿大与世界》(Canada in the World);《加拿大的自愿主义与国内环境》(The Domestic Setting and Canadian Voluntarism)。乔治·格兰特(George Grant，1965)的《民族国家的悲哀》(*Lament for a Nation*)一书,对加拿大政治体系中联邦制特点进行论述,认为加拿大突破了传统意义上的民族国家特性,强调加拿大作为一个新型民族国家的特点。道格拉斯·拉布(J. Douglas Rabb，1986)的《加拿大的理想主义、联邦主义和世界和平》(*Canadian Idealism*，*Philosophical Federalism*，*and World Peace*)一书,特别指出加拿大联邦主义对世界和平秩序构建的贡献。

另外,迈克尔·塔克(Michael Tucker，1980)在《加拿大外交政策》(*Canadian Foreign Policy*：*Contemporary Issues and Themes*)一书中,从地缘政治视角出发,分别考察了加拿大外交政策中的现实主义和理想主义,指出加拿大外交政策中的国际主义传统,重点考察了皮尔逊时期和特鲁多时期的国际主义外交政策的不同设定。科斯塔斯·梅拉科比德斯(Costas Melakopides，1998)在《实用主义与理想主义：1945—1995 年间的加拿大外交政策》(*Pragmatic Idealism*：*Canadian Foreign Policy*，*1945-1995*)一书中,通过分析二战后四个总理执政时期的国际主义外交政策,指出加拿大国际主义外交政策是"一种实用主义和理想主义的平衡"。从美加政治文化比较视角考察加拿大政治文化特点的代表作是西摩·马丁·李普塞特(Seymour Martin Lipset，1990)的《北美大陆的分裂：基于美国和加拿大的比较研究》(*Continental Divide*：*The Values and Institutions of the United States and Canada*),在书中,李普塞特通过全面比较加拿大和美国在历史发展、政治文化、宗教、身份认同、经济文化、政治制度等各个维度的具体表现,来展示两个北美国家的不同特点。

（三）针对加拿大不同时期的外交政策的相关代表研究

皮尔逊时期外交政策的相关研究:杰弗里·皮尔逊(Geofferey A. H. Pearson，1993)在《把握当下：皮尔逊与危机外交》(*Seize the Day*：*Lester B. Pearson and Crisis Diplomacy*)一书中,集中梳理了皮尔逊在其外交生涯中最为人称道的危机外交;埃里卡·辛普森(Erika Simpson，1999)在《皮尔逊的自由国际主义原则》(The Principles of Liberal Internationalism according to Lester Pearson)一文中阐述了皮尔逊式国际主义外交政策追求的价值观念;亚当·查普尼克(Adam Chapnick，2010)的《皮尔逊及其和平观》(Lester Pearson and the Concept of Peace：Enlightened Realism with a Human Touch),详尽叙述了皮尔逊对和平的理解,以及形成这种和平观念的原因;彼得·格尔曼(Peter Gellman，1988)在《皮尔逊、

集体安全与加拿大外交政策中的世界秩序传统》(Lester B. Pearson，Collective Security，and the World Order Tradition of Canadian Foreign Policy)一文中，论述了皮尔逊对世界秩序的构想，即对集体安全的实现。

特鲁多时期外交政策的相关研究有：格拉纳茨坦(J. L. Granatstein，1990)和罗伯特·博斯韦尔(Robert Bothwell，1990)的著作《特鲁多与加拿大外交政策》(*Pirouette：Pierre Trudeau and Canadian Foreign Policy*)，全面展现了特鲁多外交的独特之处；哈拉尔德·冯·里克霍夫(Harald Von Riekhoff，1978)在《特鲁多总理对外交政策的影响》(The Impact of Prime Minister Trudeau on Foreign Policy)一文中，比较全面地总结了特鲁多对外交政策方面的改革，特别提到他在南北问题、核不扩散领域以及环境问题上的外交成绩。

马尔罗尼时期外交政策的相关研究有：尼尔森·米肖(Nelson Michaud，2001)与金姆·理查德·诺萨尔(Kim Richard Nossal，2001)共同编著的《外交偏离：加拿大外交政策的保守主义时代，1984—1993》(*Diplomatic Departures：The Conservative Era in Canadian Foreign Policy，1984-93*)，分别从外交政策议题与外交政策制定过程两个方面展现了马尔罗尼时代外交的保守主义特点；约翰·柯顿(John Kirton，1988)的《加拿大的新国际主义》(Canada's New Internationalism)一文介绍了马尔罗尼时期提出的"新国际主义"这一概念的内涵，及其在外交政策中的体现。

对冷战后加拿大外交政策进行全面系统阐述的代表性著作有：安德鲁·库珀(Andrew F. Copper)的《加拿大外交政策：旧的习惯与新的方向》(*Canadian Foreign Policy：Old Habits and New Directions*)；约翰·柯顿(John Kirton)的《变化世界中的加拿大外交政策》(*Canadian Foreign Policy in a Changing World*)；诺曼·希尔默(Norman Hillmer)和格拉纳茨坦(J. L. Granatstein)的《从"帝国"到"裁判员"：进入 21 世纪的加拿大与世界》(*Empire to Umpire：Canada and the World into the Twenty-First Century*)；杜安·布拉特(Duane Bratt)和克里斯多夫(Christopher J. Kukucha)编著的《加拿大外交政策选读：经典争论与全新观点》(*Readings in Canadian Foreign Policy：Classic Debates and New Ideas*)，这些著作系统阐述了加拿大外交政策自冷战结束之后的总体规划与布局。

另外，在由安德鲁·库珀(Andrew F. Copper)和金姆·理查德·诺萨尔(Kim Richard Nossal)等共同编著的《重新定位中等国家：变化的世界秩序中的澳大利亚和加拿大》(*Relocating Middle Powers：Australia and Canada in a Changing World Order*)一书中，学者在进入新时期以来，重新思考了"中等国家"的内涵与功能。科斯塔斯·梅拉科比德斯(Costas Melakopides)在《实用主义与理想主义：1945—1995 年间的加拿大外交政策》(*Pragmatic Idealism：Canadian Foreign Policy，1945-1995*)一书中，通过分析二战后四任总理执政时期(皮尔逊时期、特鲁多时期、马尔罗尼时期、克雷蒂安时期)的外交政策指出加拿大外交政策是"一种实用主义和理想主义的平衡"。加拿大学者约翰·克拉克(John N. Clark)在《加拿大对外政策》杂志发表《跨越政治、全球治理鸿沟：加拿大对外政策的二步法》(Bridging the Political and Global Governance Gap：A Two-Step Approach to Canadian Foreign Policy)一文，对加拿大外交政策如何在全球化背景下的国际政治和全球治理中发挥有效作用提出了"二步法"方案。

从冷战后加拿大国内政治文化与政治发展角度进行研究的代表性文献有：迈克尔·惠廷顿(Michael S. Whittington)和格伦·威廉斯(Glen Williams)在《20 世纪 90 年代的加拿大政治》(*Canadian Politics in the 1990s*)一书中，对 20 世纪 90 年代以来加拿大国内政治的特点进行总结，揭示了国内政党政治、政治思潮、政治文化与政治发展等方面所发生的变化及调整。关于讨论加拿大"世俗化"的代表作有：约翰·斯塔克豪斯(John G. Stackhouse)在《加拿大当然是"世俗"国家——但却不是世俗主义的，而仅仅是部分世俗化的》(Of Course Canada is a "Secular" State—Just not Secularist and Only Partly Secularized)一文中，客观且全面地阐述了"世俗化"对加拿大政治文化产生的影响。马克·诺尔(Mark A. Noll)在《基督教的加拿大发生了什么？》(What Happened to Christian Canada?)一文中，提出了世俗化浪潮对加拿大基督教信仰体系的影响，并探寻了加拿大"去基督教化"趋势的内在原因。

另外，国内针对加拿大政治文化和外交政策的研究，一般偏向于从历史学视角展开，或是侧重于对加拿大外交政策制定和实施过程进行分析，鲜有对加拿大政治文化的系统性研究，以及通过构建加拿大政治文化框架对其外交政策性质进行界定的相关研究。目前，国内对加拿大政治文化与加拿大外交政策相关的代表性研究有：常士闿(1996)的《试析加拿大政治文化的特征》，论述了加拿大政治文化特征主要是"精英主政、温和保守、地区主义、二元化"。南刚志、季丽新(2004)的《加拿大政治文化的主流与暗礁》从"民主传统与精英意识，联邦制度与地区主义，多元文化主义和种族矛盾以及对美国爱恨交加的情感"四个方面来阐述加拿大政治文化的张力。杨令侠(2007)的《加拿大国民性刍议》从对加拿大国民性的描述与分析中突出加拿大多元文化主义的特性。钱皓(2007)在《中等强国参与国际事务的路径研究——以加拿大为例》一文中,从中等强国概念出发,探究加拿大参与国际事务的路径方式以及困境局限。唐小松、吴秀雨(2010)在《加拿大新公共外交评析》一文中指出,作为加拿大外交政策"第三支柱"的公共外交,通过展现加拿大独有的文化和价值观,成功塑造了其国家形象,成为其提升国际影响力和实现"中等强国外交"的重要途径。张笑一(2011)的《"超实力发挥"——加拿大公共外交的历史、特色及启示》在回顾加拿大公共外交发展历程的基础之上,指出其以自由主义价值观为基石的特点。杨令侠(2012)的《试论20世纪50~60年代的加拿大社会政策产生的政治文化背景》总结了20世纪50~60年代加拿大政治文化"渐进前行和善于协调"的特点。朱倩(2012)在《加拿大对外政策文化浅论》一文中,将加拿大对外政策文化特点归纳为"对外政策环境评估中的现实主义""外交实践当中的国际主义"以及"加美关系:实用主义与多边主义"。赵晨(2012)在《国内政治文化与中等强国的全球治理——基于加拿大的考察》一文中,指出加拿大由"渐进式政治发展历程、多元文化主义和对美国复杂矛盾心理"构成的独有政治文化在其全球治理理念和政策中的具体表现。钱皓(2013)在《从二元到多元:加拿大文化政策的嬗变与公平社会的建构》阐述了加拿大多元文化的历史发展过程及多元文化政策的制定,从中看出加拿大对公平社会构建所做的努力。胡文涛、招春袖(2016)在《多元文化主义对加拿大外交决策的影响》一文中指出加拿大多元文化主义经历了从文化政策到外交理念的嬗变,并通过战略文化和国家利益两种路径作用于加拿大的外交决策。钱皓(2018)在《加拿大议会在对外政策中的作用》一文中,归纳出加拿大议会介入对外政策和事务的制度性路径和非制度性渠道,并对背后所体现的权力推拉进行了深入分析。钱皓(2020)在其著作《国际政治中的中等国家:加拿大》一书中,以加拿大的中等国家外交思想与国内政治文化为研究主轴,分析与探究了加拿大的"多边外交"偏好以及自我定位国际政治(危机)中的"斡旋者"和"修复者"的内在政治文化因素。张笑一(2020)在《加拿大"中等强国外交"的困境及前景》一文中,从对美关系、全球治理和国际斡旋三大领域出发分析了特朗普就任美国总统以来,加拿大中等强国外交所面临的困境及内外部原因。

在综合考察了国内外研究现状的基础上,我们不难发现单纯地针对加拿大政治文化的研究成果已经十分丰富,有基于历史视角的、宗教视角的、地缘视角的、比较研究的等等;而对加拿大外交政策的研究文献大多都遵循传统的外交政策研究路径。因此,目前针对加拿大政治文化和加拿大外交政策的相关研究基本上还保持着相对孤立的研究轨道。换言之,大量系统研究加拿大政治文化的成果并没有延伸到对外政策领域,反之大量研究加拿大外交政策的文献也未重视其政治文化因素。因此,将加拿大政治文化与其外交政策这两个变量进行系统连接的研究是亟须作为的。

第三节　理论框架与变量设置

随着国际体系的复杂演进和外交实践的不断更新,各界对国际关系新理论的呼召变得越发迫切,特别是在理论常常滞后于实践的外交政策研究领域显得尤为突出。正因如此,"新古典现实主义"作为一支新兴的理论流派日益得到学界的重视与认可,其理论体系也在不断地发展和完善中。作为一种外交政策理论,新古典现实主义认为国家在面对来自国际体系的外部刺激后,先要经过国内政治进程的加工处理与转化传导,然后才输出为具体的外交政策调整和行为反应。新古典现实主义认可国际体系因素作为影响外交政策的自变量,同时强调关注作为单元因素的国内政治发挥的中介变量作用,从而实现国际体系与国内政治的跨层次研究。

本书正是在此理论框架下进行的实证研究,研究对象是作为中等国家典范的加拿大的外交政策。目前,运用新古典现实主义进行外交政策研究的成果尚集中于大国外交政策分析。实际上,相比大国,作为国际等级体系中的第二梯队——中等国家,在面对国际体系的外部压力时,并不像大国需要直接马上进行表态或反应,中等国家往往具有更大的政策调整空间、更充裕的反应时间以及更灵活的角色定位。这也就意味着,作为中介变量的国内政治因素对外交政策产生的干预效果更强、影响作用更明显。因此,传统的体系结构决定论已无法给予诸如加拿大这类中等国家的外交政策以足够有效的解释。

于是,本书尝试运用新古典现实主义构建一种全新的外交政策研究理论框架,对加拿大外交政策进行分析解读。本书设计了新古典现实主义外交政策理论的研究框架(见图 0-1),以体系层次的国际战略环境为自变量,以外交政策及其实践为因变量,以国内政治单元中的领导人意象、战略文化以及国内政治结构为三个中介变量,而每个中介变量又分别作用于国内政治进程中的不同环节——认知、决策与行为。政治文化作为常量是判断外交政策趋向和对外行为的基准,它不仅影响着国内政治单元层次中的三个变量,而且决定了外交政策的基本原则。

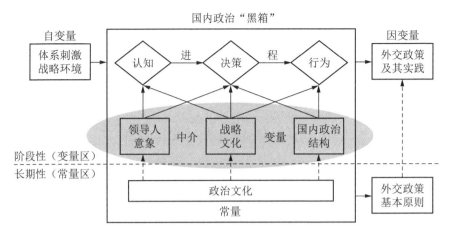

图 0-1　新古典现实主义外交政策理论框架

一、自变量和因变量:国际体系与外交政策

新古典现实主义外交政策理论的起点是国际体系。在这一点上,新古典现实主义认同结构现实主义的观点,将国际体系因素作为影响外交政策的自变量。国家对外政策的范围和目标首先取决于国家在国际体系中的位置。因此,本书在这里谈及国际体系时,主要指的是国家间体系,国家是国际体系中的主要单元。本框架在讨论国际体系因素时主要关注国际战略环境对国家制定外交政策和实施对外行为时所产生的约束以及提供的机遇。因此,本框架将外交政策及其实践作为因变量。

在研究外交政策的外部决定因素时,以下几个关键问题需要根据实际情况进行评估,即涉及外界对该国的影响的重要性、范围和敏感度,以及在外界运作的特定行为者或势力的重要性。第一个问题是关于外部刺激因素或势力对一国及其外交政策影响的显著性或相对重要性。第二个问题是影响范围,或者说影响一国对外政策的外部因素所涉及的范围到底有多大,是整个全球体系、所有大国、非国家行为体或者某一个问题领域,还是仅限于地区、邻国及其政府? 第三个问题是敏感度——即外部因素需要多久才能使国家决定参与反应,这一时期又有多少外部因素影响国家参与的方式? 第四个问题是行为体的相关性,现在已扩大到包括整个国际体系中的非国家行为体和人类或自然力量。行为体相关性的问题带来了这一议题,即当一国严重依赖霸权以致不仅受其国际行为而且受其国内政治过程的影响。

二、中介变量:领导人意象、战略文化和国内政治结构

新古典现实主义外交政策理论的最大特点在于对国内中介变量的关注。

新古典现实主义认为国内单元层次的中介变量将影响国家如何对体系层次压力作出反应。本框架设定了三种类型的国内中介变量:领导人的意象和认知、国家战略文化偏好和国内政治结构,这些变量反映了国家行为体面临的多层约束,政策制定者和国内社会的互动,以及外交政策形成的过程和机制,这些都会影响国家回应外部体系刺激的方式。本书还将三种中介变量与国内政治进程的三个环节——认知、决策和行为——结合起来,它们之间的影响作用具体体现在:领导人意象和战略文化都会影响国家对体系刺激和战略环境的认知;而国家决策是领导人意象、国家战略文化偏好和国内政治结构压力共同作用的产物;政策的具体实施情况又会受到战略文化与国内政治结构的制约或支持。

（一）领导人意象

领导人实际上是指外交政策的决策者和执行者,他们的意象来源于在外交领域的兴趣偏好、任职经历和经验以及对于这一领域的认识深度和广度,即理解外部世界、指导他们与外部世界互动的一系列核心价值、信仰和哲学思想。同时,领导人的个性和特征同样影响着国家对外部刺激的应答。领导人意象在短期内的作用最重要,比如需要秘密外交和迅速处理危机时,该变量的影响力最大。但是随着决策时间的增加,单个领导人对政策的控制力会下降,因为更多的国内行为体开始参与进来,比如其他决策者、立法者、行政机构、利益团体以及社会联盟等进入问题界定和政策方案的设计中。

（二）战略文化

国家战略文化能影响国家感知、适应体系刺激和物质实力的结构性转变的方式。广义的战略文化指根深蒂固的信仰、世界观和对世界的共同期望。战略文化也可以称为集体期望,包含一系列彼此相关的信仰和规范,形成政治领导人、社会精英以及公众的战略理解,并通过社会化和制度化进行不断加深。比如,国家安全观念和主张、主流意识形态、民族主义情绪等等。战略文化不仅影响短期的外交决策,而且也作用于长期的外交战略规划与调整。在短期的危机或日常状态下,战略文化会指导或制约国家领导人或主要决策人对国际事件的解读以及他们的选择;从长期看,战略文化决定着国家的价值观、对使用武力的态度以及文化偏好,这些都将成为政策执行者和相关官僚机构调整大战略的基础和依据。

（三）国内政治结构

国内政治结构涉及的内容更加具体和丰富,主要包含国家政治制度、政体与政权形式、经济利益集团、社会政治联盟、少数族裔群体、政党政治等一系列直接影响国内政治生态与政治运行的关系要素。不同的国家政治结构对国际体系压力会产生不同的反应和效果。国内政治结构往往对短期的政策反应影响很小,但对于长期的战略规划有着重要的作用。在调整国家战略的过程中,重要的政治和社会行为者将有更多的机会去塑造或制约决策者的政策偏好。

三、常量:政治文化

政治文化是一个包罗万象且难以界定的概念,尤其是具体到某一个国家时,其内涵往往就更加丰富了。此处并不企图全面地梳理政治文化的方方面面,而是试图寻找那些会直接或间接影响其对外行为的政治文化因素。基于这一目标,本书将选取信仰原则、意识形态和主流政治思想这三个方面来考察政治文化内涵。信仰原则,指政治主体在一定社会体系中长期形成的一套生活准则、价值观念以及道德标准,往往是以宗教信仰为基准的核心价值体现;意识形态,指一定社会体系中的政治参与者对涉及国家及政治生活问题的基本观点和理性认识;政治思想,指政治主体在面对特定政治事件或政治现象时的行为倾向或政策偏好,往往作为一种外在形式或表层结构呈现出来,然而却能反映政治文化中最为复杂而深层的隐性部分。本书从这三个方面来归纳政治文化特性,并由此进一步推出外交政策的基本原则。外交政策的基本原则直接为外交政策的制定和对外行为方式提供基本依据和准则。

新古典现实主义已成为外交政策研究理论中的一支生力军。新古典现实主义不仅将国际因素(体系因素)作为影响外交政策的基本变量,而且还将研究重点放在国内因素(单元因素)对外交政策形成的核心作用上,实现了从体系层次向单元层次的回落,重新恢复了国内结构在国际关系研究中的地位。正是看重新古典现实主义的这一特点,本书将焦点聚集在国内政治文化常量与国内政治中介变量对其外交政策的影响上。在阐述外交政策不同阶段的发展与演变时,不仅考虑国际环境变化对其产生的外部刺激,更重要的是挖掘国内政治因素在外交政策上的具体影响和作用体现。

第四节　基本思路与研究方法

一、基　本　思　路

本书从新古典现实主义的视角出发,考察自 1945 年以来加拿大外交面临的国际战略环境变化是如何通过国内政治的领导人意象、战略文化以及

国内政治结构等因素,来影响不同时期的加拿大外交政策形成、演进及实践。本书主要分为以下几个部分:

导论部分提出问题并梳理相关研究现状,重点在于构建本书的理论框架并进行变量设置。本书以新古典现实主义外交政策理论为研究框架,其中体系层次的国际战略环境是自变量,外交政策及其实践是因变量,影响国内政治的领导人意象、战略文化以及国内政治结构为三个中介变量。同时,本书将政治文化设定为常量放入理论框架,作为判断外交政策趋向和对外行为的基准。政治文化具有相对稳定性,不仅影响国内政治单元层次中的三个变量,而且决定了外交政策的基本原则。

第一章通过回顾加拿大政治文化形成的历史渊源,将加拿大政治文化的内涵归纳为三个层次——基督教信仰体系下的秩序观、保守主义的意识形态传统以及多元文化主义思想,并在此基础上形成加拿大外交政策的三条基本原则,即国际主义原则、实用主义原则和多边主义原则。

第二章指出,随着第二次世界大战的结束,加拿大开始作为一支力量在国际舞台上崭露头角,并迅速进入其外交的"黄金时代",这一时期的外交政策被称为"皮尔逊式国际主义"。该阶段加拿大在集体安全观的指导下为世界和平与国际秩序作出努力。同时,加拿大国内各界在功能主义指导下进行了中等国家身份的定位,在外交实践中树立了国际危机"调停者"的形象。

第三章指出,1968～1984 年加拿大外交政策进入"特鲁多式国际主义"时期。随着冷战进入缓和期以及第三世界的崛起,在特鲁多总理的领导下加拿大外交开始进行实用主义转向,并强调追求独立的中等国家外交政策,提出以"指导者"的姿态引领国际事务。

第四章指出,伴随着冷战结束和国际格局剧变,加拿大进入马尔罗尼的"新国际主义"外交政策时代。在民主和平论的影响下,马尔罗尼提出通过"良治"方案来取代并超越原来的和平与安全秩序观,自此加拿大开始追求在国际社会中从中等国家走向"重要国家"的身份转型。

第五章指出,1993～2006 年克雷蒂安与马丁自由党执政阶段,加拿大在后冷战时期"一超多强"的国际体系中经历了国内各种势力的消长以及外交资源的重新分配。加拿大自由党政府实行以"人类安全"为理念的国际安全秩序观,以自由贸易主义为指导的对外经济方式,以多边制度主义为原则的多边外交实践。通过《渥太华禁雷公约》的签订、以促进贸易为目标的"加拿大队"的创立与发展以及加拿大对"二十国集团"的推动为案例研究,本书对该时期的加拿大外交政策展开论证。

第六章指出,由政治右翼的进步保守党与基督教右翼的加拿大联盟合并而来的加拿大保守党在哈珀的领导下赢得2006年联邦大选,自此加拿大进入保守党政府的执政时期。在全球化带来的安全与经济领域脆弱性不断加深的国际环境背景下,哈珀政府对加拿大外交政策进行了大幅度调整。具有右翼倾向的哈珀政府采取新保守主义指导下的"有原则的外交",并与"边缘依赖外交"相互照应,构成其对外关系的准则。哈珀时期加美关系的全面升温,正是在边缘依赖原则指导下"加美利益无差别论"的全部体现。

第七章指出,2015年小特鲁多领导的自由党在联邦大选中获胜并成立多数党政府。此次大选结果反映了加拿大国内主流意识形态向自由主义的明显转向,小特鲁多政府的上台预示了加拿大自由国际主义外交政策的回归。小特鲁多就任以来,广泛参与并开展一系列多边外交实践,以"重返全球舞台"为口号大力推广加拿大核心价值观,设置加拿大外交议程中的"绿色"优先级,以多边峰会外交为强力抓手在国际事务与全球治理领域积极作为。

结语部分通过归纳不同时期加拿大外交政策体现的连续性与变化性,对研究成果进行总结。最后,本书进一步思考将新古典现实主义理论运用到更加广泛的中等国家外交政策及其对外行为模式研究的应用前景。

二、研　究　方　法

（一）跨学科研究法

本书综合运用政治学、历史学、宗教学、社会学等多学科的研究方法全面分析加拿大政治文化及其在外交政策上的体现。从历史的角度,考证并梳理加拿大政治文化的形成和发展特点;从宗教学视角,分析基督教及其信仰归属在加拿大文化形成中的作用;从政治哲学视角,考察对加拿大政治文化发展起到重要影响作用的意识形态及指导原则;从社会学视角,由上而下考察加拿大政治发展过程对其政治文化的影响。当然,还有从政治学中的权力与利益概念出发来进行加拿大国际主义外交政策研究。

（二）层次分析法

对外交政策进行研究常用到层次分析法,本书亦是如此。本书不仅进行国际体系层次与国内单元层次的划分,而且进一步将国内单元因素划分为领导人意象、战略文化和国内政治结构三个层次。通过这些层次为众多的变量提供不同的方位,为理论思考提供逻辑上的支撑。

（三）历史研究法

通过运用历史研究法来追溯加拿大外交政策发展演变的宏观轨迹,同时通过对错综复杂的历史事件进行微观考察分析,来追寻加拿大外交行为背后的因果关系与规律。

（四）文献分析法

本书在写作过程中进行大量文本分析工作，特别是收集大量加拿大不同时期的外交政策官方文件、声明、著名的领导人演讲等珍贵的文献，通过对这些官方文件的阅读和分析，挖掘加拿大不同时期外交政策的主要目标、认知和手段。

（五）案例分析法

本书选取大量不同时期的加拿大对外行为的经典案例，不同案例的选择主要根据加拿大国际主义的不同表现形式而定，有双边的、多边的；有涉及不同问题领域的；有参与不同国际组织的。通过各种类型的案例研究，试图展现具体外交政策和行为。

三、创 新 之 处

第一，从研究内容上来讲，国内尚没有针对加拿大外交政策进行系统性研究的专著成果，对加拿大外交的研究内容或是范围比较有限和单一，多是从历史学视角来追寻加拿大外交史发展历程，或是从政治学视角来研究其外交政策的制定过程，缺少一种从更全面且更深层次的视角来剖析外交政策性质和动机的研究视角，本书正是试图进行一项补缺性研究从而来丰富关于加拿大外交政策的研究内容。

第二，从研究路径上来讲，本书运用政治文化来研究加拿大对外政策的方法尝试是比较鲜有的（尤其是对于国内的加拿大研究而言），结合唯物史观和价值观念来分析加拿大政治文化，试图以此为分析框架探究其在外交政策上的体现，将抽象的意识形态研究和具体的外交政策分析进行有机结合。从政治文化的视角，来分析加拿大国际主义外交政策的原则与内涵。这种研究路径主要是根据加拿大政治文化中包含的核心价值观念，来探究其对加拿大国际主义外交政策的目标以及实现目标的方式选择所产生的影响。

第三，从理论架构上来讲，以新古典现实主义理论为分析框架，来研究加拿大外交政策。新古典现实主义作为一种外交政策理论越来越受到学界的推崇，主要原因在于新古典现实主义重视一国国内因素对其外交政策的影响。政治文化决定国家价值体系的内核和特性，同样也会在其对外政策中体现其核心价值观念。本书遵循新古典现实主义的理论分析框架，在具体论述加拿大外交政策的演变过程时，不仅在每个发展阶段要首先整体考察其国际因素的影响作用，而且还要重点阐述外交政策在国内政治因素影响下的体现。

第一章 加拿大政治文化与外交政策基本原则

政治文化是一个包罗万象且难以界定的概念,尤其是具体到某一个国家时,内涵往往就更加丰富了。因此,本章在考察加拿大政治文化时,并不追求对其面面俱到的描述,而旨在厘清在加拿大发展过程中,对其对外行为方式和特性产生持久影响的政治文化因素。基于这一出发点,本章将首先从历史的沿革来追溯加拿大作为一个拥有两个建国民族的多元社会所历经的发展过程。在对加拿大政治文化历史渊源进行梳理的基础上,进一步从信仰原则、意识形态和政治思想三个方面归纳出加拿大政治文化的特点,即基督教信仰体系下的秩序观、保守主义的意识形态传统和移民社会下的多元文化主义。"加拿大国际主义"反映了加拿大在二战后参与国际事务的一种必然趋向,是其国内政治文化在其外交政策观念上的投射。自20世纪40年代以来,加拿大外交政策始终保持着一种高度的连贯性,这种连贯性被称为"加拿大国际主义"。本章主要阐述在加拿大政治文化影响下形成的加拿大国际主义外交政策中的三条基本原则,即理想主义原则来源于基督教信仰体系下的一系列核心价值观,特别是体现为对秩序的追求;实用主义原则来源于这个国家保守主义的意识形态传统,尤其是在对自我和他者身份认知上所体现出的审慎而务实的态度;多边主义原则来源于国内多元文化主义思潮追求的社会公平理念。

第一节 加拿大政治文化形成的历史渊源

政治文化从构词上来看是由政治和文化两个词语组成的,代表了这两个因素相互之间的某种关系,具体而言,政治文化是作为一种从文化角度来认识政治现象的方法和概念被提出的。"政治文化"进入政治学界并开始受到关注,最早是从美国政治学家阿尔蒙德开始的,他将政治文化界定为"一国居民中当时盛行的态度、信仰、价值观和技能。"①随后,美国政治学教授派伊在继承阿尔蒙德政治文化概念的基础上,在其著作《政治文化与政治发展》(*Political Culture and Political Development*)一书中,更加详尽地定义"政治文化的概念包括一个社会的历史传统、公共制度中体现出来的精神,公民的集体智慧和偏好,领导人的行为方式特点等等",②并以此进行大量的国别案例研究,从而奠定了西方学界的"阿尔蒙德学派",为之后的政治学家研究政治文化提供了理论依据和基础。事实上,政治文化由于内涵丰富、涉及范围宽广、分类标准不一,是一个非常难以清晰界定的概念。谈到政治文化,可以指一个民族或国家独有的政治态度和方式,这些属性是通过历史传统、人口因素以及地理环境来塑造的。同时,政治文化不仅包括观念性的政治文化,也涵盖实体性的政治文化;它除了体现形而上的抽象意识形态,同时也更加强调历史的实践和影响力。由于政治本身就是一种多维现象,因此政治文化也包含了多种多样的内容。例如,政治文化包括政治思想,即研究广泛社会关系的一种特殊形式的认识活动。政治思想研究的社会关系直接与权利问题有关,而这些社会关系则通过国家及其机关,以及通过政党、团体或群众运动的某些形式得以制度化;政治文化也包括实际的政策,这些政策与制定并实施它的团体或个人密切相关,它可以影响政治活动的取向。与社会意识和社会活动的其他形式相比较,政治活动直接关系到与权力相关的统治与决策,即关系到权力的变革或保持。换句话说,政治文化可以是一个广义的概念,即包括观念性的政治文化和实体性的政治文化。具体来讲,广义的政治文化既有潜层次的观念存在,即观念性的政治文化,包括政治心理、态度、价值观念、思想等,同时亦有显层面的理性表达,即实体性的政治文化,比如政治制度、行为模式等。

在这里,我们并不企图全面地梳理加拿大政治文化的方方面面,而是试图寻找那些会直接或间接影响其对外行为的政治文化因素。基于这一目标,本书选取信仰原则、意识形态和主流政治思想这三个方面来考察加拿大政治文化。信仰原则,指政治主体在一定社会体系中长期形成的一套生活准则、价值观念以及道德标准,往往是以宗教信仰为基准的核心价值体现;意识形态,指一定社会体系中的政治参与者对涉及国家及政治生活问题的基本观点和理性认识;政治思想,指政治主体在面对特定政治事件或政治现

---

①　〔美〕加布里埃尔·A. 阿尔蒙德,小 G. 宾厄姆·鲍威尔:《比较政治学——体系、过程和政策》,曹沛霖等译,上海:上海译文出版社 1997 年版,第 15 页。

②　Lucian W. Pye and Sidney Verba(eds.), *Political Culture and Political Development*, Princeton: Princeton University Press, 1965, p.7.

象时的行为倾向或政策偏好,它往往作为一种外在形式或表层结构呈现出来,然而却能反映政治文化中最为复杂而深层的隐性部分。因此,本章首先将介绍加拿大政治文化形成的历史过程,进而从加拿大的信仰价值体系、意识形态传统以及主流政治思想三个方面来分析加拿大的政治文化特性,从而"正确评价并帮助理解为什么在加拿大有一种确定的、有别于其他任何地方的行事方式"①。回顾加拿大的历史发展过程,不难发现它是一个由移民建立起来的国家,同时加拿大也并非一个自发形成的民族,而是在西方文化发展到了相当成熟的阶段,由欧洲移民在西方文化基础上人为建立起来的国家。因此,加拿大的政治文化也不是从民族的历史和文化传统中逐步形成的,而是由先驱们从欧洲文化中有选择地继承而来的。具体而言,对加拿大政治文化产生决定性影响的是它的两个"建国民族"(founding nations)——法裔与英裔加拿大人,他们构成加拿大最初的政治文化基因。

一、新法兰西时期:农业经济与宗教社会的形成

1534 年,法国水手雅克·卡蒂埃(Jacques Cartier)在现今的加拿大加斯佩竖起了一座十字架来标记第一次驻足的美洲大陆,宣布这是耶稣基督的领地,同时也是法国国王弗朗索瓦一世的领地。从此,这片土地不再是"无主之地",卡蒂埃将这片土地命名为"新法兰西"。②随后,被誉为"新法兰西之父"的塞缪尔·德·尚普兰(Samuel de Champlain)立志在北美北部建立一个法国人永久的居住地,同时创建了著名的"百人公司"。从那时起,法裔殖民者开始在加拿大通过两个途径拓展其存在:一个是皮毛贸易,另一个是天主教传教活动。正如加拿大史学家罗伯特·博斯韦尔所言,"贸易和救赎是法国人自觉传输给北美土著的"③。

在 17 世纪的新法兰西,皮毛贸易为法国殖民者带来了巨大的利润。然而,殖民者也亟须合法性,与圣劳伦斯和五大湖的原始居民在湖水解冻时期进行贸易上的抗衡。一代又一代领导者追求的合法性便是通过福音化(基督教化)和文明化这些原住民来实现的。尚普兰不懈地支持与领导最初的殖民活动,本质上讲就是用基督教文明教化当地的原住民,在当时法国枢机主教黎塞留的支持和 17 世纪法国宗教复兴的影响下,他的继任者及其百人

---

① 〔加〕沃尔特·怀特等:《加拿大政府与政治》,刘经美、张正国译,北京:北京大学出版社 2004 年版,第 25 页。
② 〔加〕罗伯特·博斯韦尔:《加拿大史》,符延军译,北京:中国大百科全书出版社 2011 年版,第 14 页。
③ 同上书,第 24 页。

公司在法属殖民地加拿大促成了第一批大量传教运动的兴起:黑克雷会(1615年)和耶稣会(1625年)的传教运动。尤其是在1642年,蒙特利尔的建立就是为了实现神秘法国基督徒将基督教和法国文明带给上游原住民的双重目的。①路易十四继承王位后,新法兰西在其总督和其他公职人员良好的管理下,呈现世俗基调。但第三方重要力量是由主教拉瓦尔掌握的,在他的努力下,培养了一批教士继续传教工作,直至将新法兰西变成了真正的天主教殖民地。

加拿大的法国殖民者最初抱着以基督教化的和平方式为主来实现与原住民的相处,虽然其间也存在与原住民的各种冲突。定居后的法国殖民者开始建立农业经济生产模式,并与当地原住民合作发展农业共同体。在这期间,天主教会的修士对新法兰西农业社会的建立起到了关键性的作用,为了传教他们吃苦耐劳,在恶劣的环境中驻扎下来,并与原住民共同生活农作。而对定居下来的法国殖民者而言,教区成了当时最基本的社交与政治单位。特别是1608年以后,新法兰西只允许天主教的神职人员踏上其土地。事实上,这块殖民地的一个诱人之处正在于它提供了天主教会传教的沃土。新法兰西的人口在1663年达到3000人——按照法国政府的规定,均为天主教徒。到1700年,大约有15000名法国移民居住在魁北克。

随着1756~1763年"英法七年战争"的爆发,1763年巴黎和约的签署,战争结束后法国的海外殖民地几乎全数落入英国手中。但是在北美,新法兰西150多年的历史早已给这片土地打下了深深的烙印。加拿大在新法兰西时期,开始形成自己的文化特点和生活方式,体现在农业经济和宗教生活两个重要的社会维度,这个依靠艰苦卓绝的发展而诞生的雏形社会不可能消逝,尽管英国殖民者接手了整个新法兰西的领土,但新法兰西的生活方式、法律制度、信仰体系都已在这片土地上烙下了印记。

二、英属北美时期:对革命的全面抵制

加拿大被英国殖民者接手后,原来的法国商人和贵族陆续出逃,留下来的基本是法裔农民和天主教神职人员,魁北克地区保留了原有的农业生产方式和纯正的天主教信仰。然而,正当英国殖民者欲以"盎格鲁遵从"方式来同化曾经的新法兰西时,英属殖民地内部先来了一场大洗牌,这次大洗牌对日后的加拿大社会构成产生了决定性的作用。

---

① John G. Stackhouse, Jr. "Whose Dominion? Christianity and Canadian Culture Historically Considered," *Crux*, Vol.XXVIII, No.2, June 1992, p.30.

  1775 年,伴随着"莱克星顿枪声"的响起,美国独立战争拉开了序幕。战争伊始,北美 13 个殖民地内部就出现了分歧并形成两派截然不同的势力,即"爱国者"(Patriots)与"效忠派"(Royalists),而后者则宣布继续效忠英国国王,相信英王对殖民地的保护,维护英国对殖民地的政治体制,反对独立。"爱国者"与"效忠派"两派对立,在独立战争期间,除了北美 13 个殖民地内部的"效忠派"以外,其他殖民地的"效忠派"也都参加了战争,他们共同协助英军作战。战争开始不久,1776 年 7 月 4 日,北美 13 个殖民地正式宣布脱离英国的统治而独立。此时的"效忠派"开始纷纷出逃,据统计,在独立战争期间,大约有 80000 名"效忠派"难民逃离美国,其中大部分人逃至加拿大,居住在魁北克、新斯科舍和安大略滨湖区。[①]可以说,美国独立革命是对北美地区的一次"大筛选",秉持自由主义和支持独立革命的"爱国者"留在了美国国内,而坚持保守主义并反对激进革命的"效忠派"则陆续北上逃离,于是加拿大就成了"效忠派"大本营。1775~1783 年的美国独立战争实际上是对整个英属北美殖民地进行了一次"大筛选"。筛选的结果是两个政治主体的形成——美国和英属北美(也就是后来的加拿大),面对这场革命双方阵营采取了截然不同的政治态度,即前者为"革命派"(revolutionary),后者为"反革命派"(counterrevolutionary)。诚如加拿大著名社会学家塞缪尔·德尔伯克·克拉克(S. D. Clark)所言:"美国是革命精神的产物,而加拿大则主要是为了反抗革命而建立的。"[②]

  战争结束后不久,美利坚合众国诞生,这个原先是英国殖民地的新联邦决心用共和主义的原则来影响新世界的生活。其他殖民地认为这是"暴民统治"的兴起,非常抵制,他们更加愿意相信来自大英帝国的保护而非"叛乱的美国人",同时,他们更加不愿意承受进行一场不确定的激进民主主义试验的风险。这些殖民地包括曾经法国在魁北克的要塞(圣劳伦斯河沿岸)、新斯科舍和濒临大西洋的纽芬兰,这三个殖民地都拒绝站在革命者一边,只有极少数人考虑加入革命。战争结束的时候,成千上万的北美"效忠派"(也被称为"保皇党")不愿或不能把命运寄托于新的美国,他们离开了南方来到残留的北部英国殖民地。他们陆陆续续地到来,最初抵达新斯科舍和魁北克,后来又迁至大湖区以北的现加拿大内陆,形成了早期加拿大社会的雏形。据统计,1783 年之后,大部分支持美国独立战争的教会神职人员从北

---

① 〔加〕罗伯特·博斯韦尔:《加拿大史》,符延军译,北京:中国大百科全书出版社 2011 年版,第 93 页。

② S. D. Clark, *The Developing Canadian Community*, Toronto: University of Toronto Press, 1962, pp.190~191.

美英语区集中到新英格兰地区,与此同时,有约 50000 名"保皇党"(其中包括众多英国圣公会的牧师)从美国逃至加拿大。[①]

美国独立战争直接催生了美国的建立,同时也对北美地区的未来发展造成深远影响,其中最为突出的就是使早期加拿大社会持续笼罩在一种抵制革命的氛围中。此后不久,加拿大的这种反抗革命的态度在面对法国大革命时得到了进一步强化。1789 年爆发的法国大革命,一方面引起了法裔加拿大人的全面恐慌,魁北克的法裔加拿大人期望在英王旗帜的庇护下,躲避法国大革命的风暴。另一方面,虽然法国大革命没有发生在北美大陆,但是法国大革命的爆发却导致英国社会的极端保守主义,因此,受到宗主国英国政治思潮的左右,英裔加拿大人对源自欧洲的激进主义思潮和激进革命表现出全面抵制的态度。虽然法国大革命对北美大陆的影响要比美国独立革命小得多,据统计,法国大革命期间逃亡至海外的保皇党人数比在美国独立革命期间少了近 20 倍。[②]然而,这些保皇党带来了法国大革命前旧大陆关于神学的争议,在魁北克继承并发展了保守的教义。当他们面对革命后的法兰西时,这些魁北克人惊愕地发现,法国已经变成一个政教分离的陌生的法兰西。魁北克与法国大革命后的法兰西之间的联系更加疏远,同时,魁北克社会的思想也更加保守。总之,在这样一种反革命态度和忠诚精神(loyalism)的支持下,英裔加拿大人通过反对美国革命战争而区别于"美国人",法裔加拿大人通过抵制法国大革命而拒绝成为"现代法国人"。[③]

对激进革命威胁的持续恐惧,尤其是害怕虎视眈眈的美国将其吞并,加拿大迫切地感到需要宗主国英国的保护。1812～1815 年的英美战争,[④]更是坐实了这一担忧,其间加拿大协助英国奋起反抗美国在北美的扩张,结果导致加拿大不仅更加效忠大英帝国,而且全面抵制来自美国的文化影响,尤其是宗教方面的影响。最终,美国南北战争的爆发成为促使加拿大自治领成立的最后一根稻草。伴随着英国政府对英属北美殖民地逐渐无力的管辖,1867 年加拿大自治领正式成立。

---

① Seymour Martin Lipset, *Continental Divide：The Values and Institutions of the United States and Canada*, New York：Routledge, 1991, p.47.

② Patrice Higonnet, *Sister Republics：The Origins of French and American Republicanism*, Cambridge：Harvard University Press, 1988, p.193.

③ Arthur R. M. Lower, *Canadians in the Making*, Toronto：Longmans Canada, 1958, p.121.

④ 1812～1815 年的英美战争,亦被称为"美国第二次独立战争",美国本意欲借这次战争收复剩下的北美殖民地,也就是日后的加拿大。

三、自治领时期：依附于英帝国的加拿大联邦

出于对革命的抵制和对战争的恐惧的双重驱使之下，加拿大开始踏上建国的步伐。然而，从建立之日起，自治领就不具有很强的向心力。对内来说，加拿大的建国更像是一场经济交易，最多算是一种社会契约。加拿大国家的诞生并不是被勾画为一项"民族之光"的神圣事业。加拿大是一个国家，但却不是一个严格意义上的民族国家，正如达勒姆勋爵（Lord Durham）对加拿大最为著名的评论所言："这是一个在相互对立的两个民族中建立起的国家。"实际上，加拿大自治领的建立仅仅是为了完成以下三个目标：(1)使英国不再为殖民地负责，因为管理殖民地的工作实际上是一项花费极大的事情；(2)避免美国的侵略；(3)在这样一片幅员辽阔、资源丰富且充满险境的土地上，寻找一种使加拿大人能够共存的方式。①仅从这三个建国目标来看，我们不难感受到一种消极且被动的对国家认同的态度。

与此同时，对外而言，加拿大人（主要指英裔加拿大人）对宗主国大英帝国的仰慕是发自内心的。一方面他们欣赏英国的政治体制并且敬畏大英帝国的地位，另一方面他们对英国的财富和势力趋之若鹜。加拿大寄希望于英国的财富来壮大加拿大的经济，英国的军事力量会保护加拿大不受伤害。另外，美国的强势存在使加拿大意识到与其作为一个蜷缩在美国北部边境担惊受怕的小国，不如作为强大的大英帝国的一部分与美国打交道更具优势。事实上，加拿大当时也无法以独立身份与美国打交道，然而地缘位置却决定其不得不与美国打交道。二战之前，加美之间的主动交流并不算太频繁，一方面是因为贸易上的往来，加拿大主要还是依靠英国；另一方面是主观上的原因，加拿大的反美情绪加上美国的孤立主义使得两国除了在阿拉斯加及水域问题上有过交流沟通以外，没有太多的交集。

《1867年宪法法案》签署后，加拿大开始走上独立之路，经过近一个世纪的渐进式发展，直到第二次世界大战，加拿大才逐渐从英帝国手中获取外交、国防等领域的自主权，获得平等独立的世界地位，并从此走上国际舞台。②加拿大的渐进式发展换来的是不损一兵一卒的和平景象，这样的耐性和审慎体现了加拿大独有的性格。

---

① John G. Stackhouse, Jr. "Of Course Canada is a 'Secular' State—Just not Secularist and Only Partly Secularized," *Journal of Parliamentary and Political Law*, Vol.7, No.2, July 2013, p.191.
② 赵晨：《国内政治文化与中等国家的全球治理——基于加拿大的考察》，《世界经济与政治》2012年第10期，第83页。

综上所述,我们不难发现在加拿大政治文化的历史形成过程中,有以下几个特点值得注意。第一,反战传统是加拿大政治文化的一个重要特点,即便加拿大不是纯粹的和平主义者,但它为了和平所付出的实践确是毋庸置疑的。第二,加拿大在建国之初便缺乏一种活跃的民族主义,或者说一种强烈的民族国家认同感。第三,加拿大一直以来致力于运用谈判和相互妥协的和平方式来维持内部统一,解决相关矛盾,这在其之后的对外行为中同样表现无疑。总之,这些政治文化特点和意识,经过历史的沉淀最终藏匿于加拿大的国家特性之中,潜移默化地影响着它的行为方式。

第二节　加拿大政治文化的内容层次

对加拿大政治文化形成的历史渊源进行分析表明,加拿大政治文化不仅受到了英、法两裔民族的深刻影响,而且融合了加拿大自身的发展经验。本节将从信仰原则、意识形态以及政治思想三个方面进一步阐述加拿大政治文化的内容层次。

一、基督教信仰体系下的秩序观

加拿大的国家箴言是"从这海到那海"(from sea to sea),这则箴言来自《圣经·诗篇》第72篇第8节:"他要执掌权柄,从这海直到那海,从大河直到地极。"[1]实际上,这则加拿大的国家箴言包括了物质层面和精神层面两个指向的意义。从物质层面来看,主要是指加拿大自身的物质财富增长,然而更重要的是隐藏在这些物质现象下的一种深层次的精神意义,正如《圣经》中这则经文所预示的一个新社会的诞生那般,加拿大将会从一个充满罪性与不公的荒野变成"上帝的国"。这则箴言里还寄托着一种美好的期许,地理意义上的新大陆将加强社会和道德的品质,如此国家的未来才能蒙恩、受祝福并且得救。这种道德品质对于加拿大而言,便是"秩序"(order),加拿大政治文化中的秩序观正是来源于其基督教信仰原则。

首先,我们先回顾一下基督教在加拿大政治文化形成过程中的整体概况。在加拿大历史上,曾经有过两次大规模的传教运动:第一次发生于17世纪,法国殖民者定居"新法兰西",随后向印第安原住民传福音;第二次产

---

① Psalm 72:8, "May he have dominion from sea to sea, and from the River to the ends of the earth."

生于 19 世纪 70 年代至 20 世纪 20 年代,主要是英语传教活动,在加拿大本土传播新教和罗马天主教。①加拿大有影响力的教派大多是来自欧洲的官方教会(established church)。加拿大的主流教派几乎全是由曾经的欧洲老牌国教所组成的,如罗马天主教(Roman Catholic,法国国教)、圣公会(Anglican,英国国教)、长老会(Presbyterian,苏格兰国教)都是非常温和的传统教派。就圣公会而言,它是由 16 世纪英国宗教改革而建立起来的英国国教教会,以此来摆脱罗马天主教的控制。由于英国以自上而下的方式实行宗教改革,并以国教作为自己统治的精神支柱,故号称新教的英国国教圣公会保留了大量天主教的残余,几至"保留其一切可以保留的东西"。这些教会从根源上讲都来源于国教,是既有秩序的维护者,他们将加拿大社会视为英国和法国社会在新大陆的翻版或延续,因此教会赋予加拿大的不是一种勇于创新的精神,而是一种协调持续的性情。据统计,1871 年加拿大各教会的会众比率:罗马天主教为 40.4%,卫理公会(Methodist)为 15.4%,长老会为 14.8%,圣公会为 13.4%,浸礼会为 6.7%。②1925 年,加拿大联合教会(The United Church of Canada)成立,该教会包括三个新教宗派——卫理公会(循道宗)、公理会以及三分之二的长老会。进入 20 世纪之后,加拿大最有影响的三大教会是罗马天主教、圣公会(安立甘宗,英国国教的延续)以及加拿大联合教会。③据统计,1961 年在加拿大:罗马天主教占 46.8%,圣公会占 13.2%,联合教会占 20.1%。

从教会组织原则看,加拿大的教会大多属于不同"宗派"(denomination),信奉"宗派制"(denominational),教会组织内部强调"等级制"(hierarchy)。④无论是新教的各官方教会,还是天主教,这两大教派都奉行一定

① John S. Moir and C. T. McIntire(eds.), *Canadian Protestant and Catholic Missions, 1820s-1960s*, New York: Peter Lang Publishing, 1988, p.11.

② 数据来源:Phyllis D. Airhart, "Ordering a New Nation and Reordering Protestantism: 1867-1914"(Census Figures, 1871-1911), in G. A. Rawlyk(ed.), *The Canadian Protestant Experience 1760 to 1990*, Burlington: Welch Publishing Company Inc., 1990, pp.102~104.

③ Rodney Stark and William Sims Bainbridge, *The Future of Religion*, Berkeley: University of California Press, 1985, p.461.

④ 在这里需要澄清一下"教派"(sect)与"宗派"(denomination)的基本概念:"教派"声称唯独它具有基督的权威,认为自己是基督的真身,它拥有全部的真理,而其他教派则一概没有。因此根据定义,教派具有排外性。相反,"宗派"一词是一个包容性的术语。它意味着,用一个特殊名称称呼或命名的基督教团体只不过是一个更大团体——教会的一员,所有宗派都属于教会。因而,教会宗派理论坚持认为,真正的教会不可能等同于任何一个单一的教会结构。没有一个宗派声称自己代表整个基督教会。每个宗派只是在崇拜或组织上构成了更大的教会生活中的一种不同形式。总的来说,教派强调独立性、竞争性;而宗派强调统一性、联合性。

的教阶制度：天主教内部遵循严格的教阶制，按照教宗、枢机主教、宗主教、总主教、教区主教、神父等依次排位；英国圣公会（安立甘宗）虽然对天主教的教阶体系进行改革和简化，但仍然保留了很多传统的制度形式。比如，以安立甘宗为代表的主教制，主教管理各教区，下设会长（长老）和会吏（执事）。总之，加拿大教会内部都存在着不同程度的等级体系，对于魁北克而言，这里本来就拥有一个运行良好的天主教教会体系，而以安立甘宗为代表的英裔加拿大人则希望重建一个英国国教般的教会模式。因此，对加拿大教会而言，关键在于如何处理协调好各宗派之间的关系，而非如美国一般支持教派竞争。也正因如此，虽然加拿大存在二元宗教体系——天主教和新教，但这两个派别同属于基督教，之间的矛盾并没有其他地区或是想象中那样不可调和，反而在加拿大这两个派别的很多神学观点和信仰原则都发生了巧妙的趋同。

从信仰原则和神学观点看，加拿大人没有美国式的"使命观"，也从未主观上认定加拿大是"流着奶和蜜的迦南之地"。与此相反，初登这片大陆的东北沿岸，恶劣的环境曾让殖民者声称"这是主赐给该隐的土地"，这片土地"没有价值"。①加拿大的神学理念侧重强调"人的罪性和软弱"，"人自由意志的全然败坏"，相信命定，所以他们更甘于服从权威和传统，寄希望于政府和教会来守护恩典。这种对人性的消极和悲观态度，使加拿大人更加依赖由上帝授权的掌管属灵世界的教会和掌管世俗世界的政府。加拿大文学批评家罗纳德·萨瑟兰（Ronald Sutherland）通过分析加拿大的神学观点来解释这种被动性（或是消极态度），认为加拿大的神学思想脱胎于法裔加拿大的"詹森主义"②和英裔加拿大的"加尔文主义"③，这两种神学思想在强调上帝的大能和人类的卑微方面有着相似观点。强调"人性的全然败坏"以及"人的原罪"的加拿大神学思想，削弱了加拿大以战争或革命手段来对抗道德败坏的敌人（"邪恶帝国"）的行为倾向。④因此，在美国独立战争期间的所

---

① 〔加〕罗伯特·博斯韦尔：《加拿大史》，符延军译，北京：中国大百科全书出版社 2011 年版，第 20 页。

② "詹森主义"（Jansenism）是 17、18 世纪法国天主教会内部的一场宗教改革运动，它继承了奥古斯丁的自由意志学说，强调人的罪性和全然败坏，认为人类已随着亚当的原罪失去了自由意志。另外，詹森主义认为只有少数人能够得到上帝的"有效恩典"得到救赎，这与加尔文的预定论神学思想颇为相似。

③ Benjamin G. Smillie（ed.）, *Political Theology in the Canadian Context*, Waterloo, Ontario: Wilfrid Laurier University Press, 1982, p.16.

④ Seymour Martin Lipset, *Continental Divide: The Values and Institutions of the United States and Canada*, New York: Routledge, 1991, p.79.

有布道会中,加拿大神职人员不断宣扬这场革命是"新教改革者的大骗局"。加拿大政治经济学家哈罗德·英尼斯(Harold Innis)在阐述加拿大反抗革命的传统时讲道:"魁北克的天主教会是抵制法国大革命共和主义影响的桥头堡,而清教联合王国的效忠派传统上使加拿大的新教教会选择支持国家。"①另外,加拿大人受到英国国教和法国高卢教派以及博絮埃主教(Jacques Bossuet,1627~1704 年)神学观念的影响,这两个教派都要求人们相信并遵从权威。"高卢派教会"宣扬君主的主权直接来自天主,国王是"天主在大地上的总监"。博絮埃主教神学政治思想的基本内容包括《圣经》中可以见到最为可靠的政府的准则""必须建立政府""最好的是继承的君主制"等观点。②此外,加拿大新教的拣选教义赋予教会作为上帝恩典"监护人"的权利;教会的职责是稳固政治机构,这营造了一种通过法律和传统善行追求正义的宗教氛围。因此,加拿大人顺服世俗的权柄且对教会产生了一种强烈的依赖感,他们将教会作为上帝的代言人来保持"秩序和良好的政府"。因此,在这些神学理念的影响下,加拿大政府与教会的关系一直保持"亲密无间",一方面教会通过这种方式巩固了统治阶级在加拿大经济和政治的地位,另一方面加拿大的领导者则利用"宗教鸦片"稳固了其在政治和社会生活中的控制。

加拿大对秩序的笃信建立在基督教系统神学体系的逻辑之上。基督教对秩序的认识最初来源于对上帝的认识。基督教系统神学认为,人通过上帝的启示来了解上帝的本性,这些启示可分为两种类型:一种被称为"普遍启示",指上帝在世界任何时间与地域,通过种种方式向人类揭示自己;另一种是"特殊启示",它强调个人和上帝之间的特定经历,与个人的得救恩典息息相关。而我们这里讨论的"秩序"则来自"普遍启示",甚至可以说,秩序便是对上帝普遍启示的另一种称谓。"普遍启示"带我们回归基督教圣经中的创世背景。上帝创造了天和地,被造物的特点揭示了上帝的特性以及存在的意义。通过观察自然,人们可以知道秩序是宇宙世界最重要的属性。每一个被造物元素相互效应共存于一个整体的系统之内,并各司其职。正如,手表的存在证明了制造手表的师傅的存在一般,自然界完美的秩序毫无疑问是由一个更高的理性主宰赋予的。

因此,上帝是有秩序的上帝,自然揭示了一个有序的、理性的智慧体,理

① Benjamin G. Smillie(ed.), *Political Theology in the Canadian Context*, Waterloo, Ontario: Wilfrid Laurier University Press,1982,p.17.
② 郭华榕:《法国政治思想史》,北京:人民出版社 2010 年版,第 15、28 页。

性通过启示被不断证明,同时也显明了上帝的特性以及救赎的方式。秩序同样被认为体现在一个整体系统所建立的一系列既定的原则之上,比如:理性的自利以及对幸福的追求。这里没有特殊或是不可预测的情况,所有的个体都有序且和谐地在一个整体内存在。也就是说,如果人们都过上一种正直的生活(当然前提是依据他们自身的利益所要求的),他们将会获得永久的幸福,那么人类也将重获秩序,回到堕落之前与上帝之间的完美关系,世界也将重新变为上帝的伊甸园。①

这种对圣经与世界的解释,回答了一系列基本的神学问题。通过解释世俗和神圣之间的关系:信仰上帝的人,过着正直的生活并努力工作,于是他们将会得到永生。因此,这一信仰原则解释了人生的意义,并且试图包括其他所有的存在。于是,通过认识上帝的方式,同样可以用来认识人们自己;获得上帝知识的途径,同样可以用来获得所有知识。所以,这种有序性同样适用于世俗与神圣,宗教的模式同样也适用于社会的模式;"秩序"不仅是灵性层面的美德,同样也是社会的道德体现。

正如,英国国教圣公会在加拿大多伦多的第一个主教约翰·斯特罗恩(John Strachan)是这种秩序观的坚定支持者,他的神学思想对加拿大的信仰原则产生了深远的影响。特别是斯特罗恩关于教会与国家关系的论述,展现了宗教信条是如何变为文化的前设与基础的。在他眼中,宗教使命与社会责任是并行而论的。对秩序的热爱不仅可以获得被拯救的恩典,并且可以建造一个良好的社会,而一个良好的社会反过来又可以帮助教会完成其使命。一个有信仰的群体同样也是一个忠诚的群体,因为人们充满着引导其理性和谨慎生活的信仰。因此,基督教是社会秩序的基石。这样一种简单的推理同样阐述了对国家和教会紧密联系的需求:共同提高普遍共识的目标,共同维护秩序和幸福。

另外,自然世界的有序性和等级特点(比如,生物等级体系),不仅体现了上帝的属性,而且体现了人类社会的财富与权力的等级体系。同样,一个多样性的自然体系只有在其各个元素在一个有序和谐的系统中才能存在。如同自然界,社会也是一个统一的有机体,秩序是社会的根本;没有秩序也就不会有自由或幸福。社会阶层的原则同样遵循这个逻辑,如同自然界的每一个等级必须接受其在系统中所处的位分一样,每个人也应该接受其在社会等级中的位置,这是为了提高整体的幸福和所有人的福祉。于是,加拿

---

① William Westfall, *Two Worlds*: *The Protestant Culture of Nineteenth-century Ontario*, Kingston: McGill-Queen's University Press, 1989, pp.33～34.

大不希望民主的力量压倒对传统的尊重、王冠的荣耀以及从英格兰、苏格兰和大革命前的法兰西继承而来的遗产。因此,加拿大并不视"自由"为最高价值,他们仅仅认为自由只是所追寻的一系列价值之一,"秩序"才是他们认为的最高价值。①

综上所述,加拿大天主教和新教二元信仰体系下的秩序观根深蒂固地扎根于整个国家的核心价值观念体系,并转化为整个国家的伦理道德原则。加拿大是一个先有社会后有政府的国家,而联接这个最初社会(以社区为单位)的正是基督教信仰——从新法兰西天主教信仰中的秩序观到英国统治下的新教思想。即便是世俗化非常严重的今天,我们依然可以发现加拿大将基督教的信仰原则融入了世俗世界的宪法精神和价值理念中并借此体现出来。

二、保守主义的意识形态传统

在关于加拿大社会阶层和权力的分析报告中,约翰·波特(John Porter)明确表示:"加拿大国家层面执政的两党所共有的重要特征是保守主义价值观。"②加得·霍罗威茨(Gad Horowitz)在分析加拿大政治中的政党作用时,虽然他并不否认在英裔加拿大政治文化中自由主义思潮所标榜的主导地位,但是他同样坚持认为英裔加拿大有着保守主义的深刻痕迹。③还有学者指出,加拿大的这种保守主义特色是为了与美国相区别而生成的产物,成为独一无二的"保守自由主义"。④当自由主义在美国独立战争之后风生水起的时候,加拿大选择"拒绝之"。⑤根据李普塞特所说,由于加拿大对美国革命的反抗,加拿大采取了一种不同的社会组织原则。这是一种英国式或者说是欧洲式的托利主义和保守主义,即对强大国家的需求,尊重权威并顺从,同时拥有一个教阶制的宗教组织并受到国家的资助。⑥通

① Mark Noll, *A History of Christianity in U. S. and Canada*, Grand Rapids: William B. Eerdmans Publishing Company, 1992, p.247.
② John Porter, *The Vertical Mosaic: An Analysis of Social Class and Power in Canada*, Toronto: University of Toronto Press, 1965.
③ Gad Horowitz, *Canadian Labour in Politics*, Toronto: University of Toronto Press, 1968, p.46.
④ David V. J. Bell, "Political Culture in Canada," in Michael S. Whittington and Glen Williams(eds.), *Canadian Politics in the 1990s*, Toronto: Nelson, 1995, p.116.
⑤ Frank Underhill, "Some Reflections on the Liberal Tradition in Canada," in H. D. Forbes, *Canadian Political Though*, Toronto: Oxford University Press, 1985, p.230.
⑥ Seymour Martin Lipset, *Continental Divide: The Values and Institutions of the United States and Canada*, New York: Routledge, 1990, p.2.

过全面考察加拿大的意识形态传统,本书认为加拿大的保守主义主要有三个来源:第一个是教会传统给整个社会带来的保守主义文化氛围;第二个是以埃德蒙·柏克和迪斯雷利为代表的英国保守主义对加拿大社会的深刻影响;第三个是加拿大的保守主义还融合并吸收了自由主义与社会主义的成分。

（一）教会的传统保守思想

加拿大教会中高于一切的秩序观导致了社会意识形态的极端保守主义。等级社会体系和制度的观念再一次加强了保守主义成为加拿大政治和社会意识形态传统。于是,视"秩序"为宗教和社会的最高价值追求无疑成了加拿大保守主义的基石。

在早期的加拿大,是教牧人员,而非政治家,承担着解读欧洲革命动乱影响的主要职责。教牧人员属于殖民地的上层阶级,受过良好的教育,被赋予较高的社会地位,因而对加拿大社会的政治观点和行为产生巨大影响力。也正因如此,他们同样为加拿大的保守主义特性作出了持久的贡献。1784~1820 年,英属北美加拿大的讲道文章几乎都是由英国国教(安立甘宗)、苏格兰国教(长老会)以及新斯科舍的公理制教会来印刷的。[1]这些教会从根源上讲都源于国教,是既有秩序的维护者。不言而喻,来自这些教会神职人员的布道会都充满了保守主义的特点。在 18 世纪末 19 世纪初,英属北美的布道会成了传播保守主义思想的主要媒介。无论是在公开场合的演讲或是每周日的礼拜活动,牧师在传福音的同时也传递着社会和政治的保守主义思想。纵观加拿大历史,教会的不同支派不仅塑造了人们的信仰原则,还影响着他们的社会态度,并创造机会完成这样的使命。而且,教会是报刊、社会组织机构、大学的创始人,几乎每一个加拿大人都去过他们的主日学,听过他们的布道会,接受过他们的课程或训练等。教会往往成了发展加拿大独特性的一种障碍,特别是在加拿大自我认同的问题上。众所周知,教会体制本能地抵制变革,在新大陆上这种保守主义更是被那些具有怀旧情结的移民不断加强,他们持守着与母国相一致的宗教传统与实践。[2]

对加拿大而言,正式宣布"政教分离"被动地发生于国内的两次动乱[3]

---

[1]　S. F. Wise, *God's Peculiar Peoples*: *Essays on Political Culture in Nineteenth-Century Canada*, Ottawa: Carleton University Press, 1993, p.5.

[2]　John Webster Grant, "The Church and Canada's Self-Awareness," *Canadian Journal of Theology*, Vol.XIII, No.3, July 1967, pp.155~164.

[3]　两次动乱分别发生于 1837 年的魁北克和 1838 年的上加拿大。

之后,动乱的起因是加拿大社会无法调和的天主教和新教两大教派的力量角逐,或者说是由以英裔加拿大人为主的新教无法实现对天主教的压制而成为国教所导致的。因此,在加拿大,政教分离一开始的目标就不是为了实现宗教多元化或是信仰自由,而只是一种无可奈何的妥协产物,是为了缓和宗教派别(主要是指新教和天主教)的激烈矛盾而已。实际上,加拿大式政教分离最终的结果是两个非正式国教(或者说两个"影子国教")的诞生,即英裔加拿大的新教和魁北克的天主教。[①]尽管加拿大官方宣布"政教分离",不设立国教,但是加拿大政府与教会之间一直保持着密切的联系。加拿大的保守主义者视宗教为维系社会稳定的基石,注重其政治与社会功效,认为"教会是一个强有力的集团,它拥有数百万的神圣子民、完美的组织机构,它能够广泛地聚集财富。当被国家控制时,它有利于公众利益,但当断绝其与国家间的联系时,它就会成为巨大的麻烦"。[②]所以,与美国式的政教分离不同,加拿大强调政权与宗教联合的重要性,以宗教与国家间的紧密联盟来对抗世俗主义。

斯特罗恩便是政教联盟关系的支持者,在解释救赎的方式时,他强烈提出对国教的需要。他认为,救赎是一个缓慢而渐进的过程,因此人们必须得到持续地教化,以控制他们的欲望,从而获得一个拥有美德和节制的生活方式。所以,人们需要一个受到良好教育并固定的神职人员每日带领他们认识救主上帝,需要教会为虔诚的信徒提供场所,需要学校和老师来教育年轻一代。救赎开始于秩序和限制,通过国家和法律对人们施加限制,对宗教而言同样具有积极的作用。一个忠诚的、有秩序的人群是建立在基督教社会基础之上的,因此,国家制度实际上是对宗教团体的补充或辅助。同时,教会也可以帮助国家实现其目标。基督教教导人们过有道德的生活,而道德促使人们努力工作,信仰在努力工作中得以证明。一个有信仰的群体必将是一个忠诚的群体。因此,教会与国家的联合是基于互惠原则的。"一个基督教国家没有一个国教,本身就是矛盾的。"上帝的国度应该是一个虔诚的、理性的、有秩序的地方,建立在强大的宗教和社会制度基础之上,充满理性的、道德高尚的和喜乐的人们。

(二)加拿大政治哲学的源泉:柏克的保守主义

加拿大保守主义的兴起,在很大程度上是美国独立战争和法国资产阶

---

① Mark A. Noll,"What Happened to Christian Canada?" *Church History*,Vol.75,Issue 02,June 2006,p.253.

② 曹萍:《论迪斯雷利的"新托利主义"》,《世界历史》2007年第4期,第134页。

级革命反作用的结果。当时，对加拿大政治哲学最有影响的是英国保守主义的鼻祖埃德蒙·柏克（Edmund Burke）。[①]柏克的保守主义思想不仅对英国本土，而且对英属北美加拿大也产生了非常深远的影响。这种保守主义政治哲学奠定了加拿大对涉及国家与政治生活领域问题的基本观点。

第一，对人性、人的有限理性和个人权利与集体利益的认识。加拿大的保守主义者大多持一种性恶论，并且有限地相信理性。正如柏克在其著作中不遗余力地渲染人性的脆弱、个人理性之有限，以及不同情况下个人行为的不可控和扭曲。因此，保守主义者大多认同运用"审慎"来限制盲目夸大的理性。同时，柏克相信人类的集体选择，认为"个人是愚蠢的，一群人不假思索而率然行事也是愚蠢的，但整个人类是聪明的，而且如有时间进行思考，人类的行为就总是正确无误的"[②]。在柏克思想的影响下，加拿大的保守主义者惯以有组织的社会来反对个人主义。诚如加拿大政治学家加德·霍洛威茨所言，"比起自由主义，社会主义与保守主义有更多共通点，因为自由主义是占有性的个人主义（possessive individualism），而社会主义和保守主义则都是集体主义的变体"[③]。因此，加拿大政府视保持公共秩序为社会政策的第一要务，给予高度重视，而个人权利相对于社会目标占第二位，集体的发展是高于个人权利之上的。

第二，对权威与传统的见解。加拿大的保守主义者们大多对英国传统持有一种怀旧情结，他们认为传统的存在有其合理性与必然性，是人类世世代代智慧的结晶。在政治制度的设计中，保守主义不相信人类规划政治的能力。他们认为，任何一个国家都不是基于某种规划，而是传统和经验不断演进的结果。保守主义强调思想传统、社会结构和制度是在岁月的延续成长中凝结而成的智慧和理性，远胜于软弱的个人发明出来的任何事物。在长期的政治实践中，保守主义者认识到惯例和宪法是孕育民族特性的灵魂。

第三，对革命与改革的理解。保守主义者怀疑任何个人具有能够改变全部固有社会秩序的能力和智慧，他们主张应以渐进的方式来改进社会，使现存的社会更趋完善。保守主义者极端反对激进的革命，认为激进思想的泛滥必然导致现有社会秩序的覆灭，到时候遭殃的将会是整个社会的各个

---

① H. D. Forbes（ed.），*Canadian Political Though*，Toronto：Oxford University Press，1985，pp.353～354.

② 〔加〕C. B. 麦克弗森：《柏克》，江原译，北京：中国社会科学出版社1996年版，第73页。

③ Gad Horowitz，"Red Tory，" in William Kilbourn（ed.），*Canada：A Guide to the Peaceable Kingdom*，New York：St. Martin's Press，1970，p.255.

阶层。他们认为,革命是一种极端的行为,它对传统形成了巨大冲击,常常会带来严重的破坏性。因此,保守主义提倡"温和"的社会改革是促成政府健康发展的关键,改革"不是实质上的改变,不是对对象作根本性的修正,而是针对人们提出的弊病直接予以补救"①。在保守主义思想的指导下,加拿大拥护英国式的君主立宪制度,反对美国式的共和制度;他们重视的不是自由,而是传统;他们反对激进革命式的殖民地独立,主张通过和平与渐进的方式寻求殖民地自身的发展。

(三)改良的"保守主义"

虽然保守主义长期占据加拿大社会的主流意识形态,但是在发展过程中也不断接受其他政治哲学对其的改良,最为突出的是对自由主义和社会主义相关观点的接纳。②

自由主义早期在加拿大的传播总是与寻求更多的地方自治和更大的自由贸易联系在一起,这主要是受到凯恩斯的新自由主义和贝弗里奇的福利国家政策很大的影响。在加拿大的发展过程中,保守主义经历的最重要的改革就是在自由主义的影响下,经历了民主化和自由化。民主化是指使那些具有特权、在社会结构中处于优越地位的人负有责任来帮助同一社会共同体处于贫穷的人。民主化的保守主义认为这个社会的有机体是由不同的集团和阶级组成的。他们相信在传统的影响下,各集团和阶级能够和谐地生活在一起,贵族由于他们在教育、经验、财产方面的优势是最适合于进行统治的阶级,只要他们对社会的其他部分具有一种恰当的态度——"权力越大,责任越大"。他们在社会政治生活中承认等级制度,而不相信什么人类生来平等的神话。而自由化则是为了进一步提高保守主义对自由和公正价值观的重视。在自由主义的压力下,保守主义对其体制内的腐朽部分(比如,贵族世袭体制等)进行了改革,并且开始对社会不平等问题进行重新思考。另外,加拿大的社会主义丰富了保守主义在集体主义等问题上的思想内涵。加拿大社会主义的特点是建立在社会阶层合作之上的改良主义。加拿大的社会主义者突出集体主义和平等合作,在对社会有机体概念的认识上,与保守主义思想相一致。正如加兰(E. J. Garland)强调的:"我们整个的哲学是建立在合作发展的基础之上。"

---

① 〔英〕埃德蒙·柏克:《自由与传统——柏克政治论文选》,蒋庆等译,北京:商务印书馆2001年版,第137页。

② A. B. McKillop(ed.), *Contexts of Canada's Past*: *Selected Essays of W. L. Morton*, Toronto: The Macmillan Company of Canada, 1980, pp.243~253.

三、移民社会下的多元文化主义

加拿大公民考试指南开宗明义写道："多元文化是加拿大传统和认同的根基。"①加拿大多元文化主义思想的建立有其深厚的历史原因，从殖民地到独立，加拿大经历了四百多年的历史，在这四百年的历史中加拿大自始至终都在处理着多民族的共存问题，通过不断的实践，加拿大社会也完成了其从二元到多元文化政策的嬗变。

多元文化主义实际上是 20 世纪初由美国最先提出的，然而却被加拿大人践行得更好，甚至还将其写入宪法，实现了对少数族裔权利的切实保障。加拿大领风气之先，自建立多元文化主义政策以来，在政治思想研究领域也产生了诸如金里卡（Will Kymlicka）、塔利（James Tully）、泰勒（Charles Tylor）、穆尔（Magaret Moore）等一大批影响世界的多元文化主义思想家。他们给多元文化主义赋予了多样的定义。比如，当代加拿大著名政治哲学家查尔斯·泰勒认为"多元文化主义就是一种'承认的政治'"②。加拿大学者克林·坎贝尔认为"多元文化主义是一种意识形态，它认为加拿大是由许多种族和少数民族团体组成的。作为团体，他们在介入财富和富裕上都是平等的"③。

多元文化主义在加拿大社会具有两个方面的含义：一个是从政治思想的角度来解析，另一个则是从政治制度的层面来看待。首先，多元文化主义可以作为一种政治思潮来探讨。多元文化主义源于自由主义，并且是对自由主义传统的一种修正或改革。加拿大的多元文化主义认为，自由主义过分重视个人权利，过分强调个人主义，反而会招致不平等的出现。正如威尔·金里卡所言，这种忽视族群文化差异与集体权利的认识，"是一种极大的不平等，这个问题不解决将成为最大的不正义"。④多元文化主义对自由主义进行了改良，多元文化主义试图成全"个人自由"与"集体权利"的共存。多元文化主义是一种介于个人与整体之间的折中和平衡，族群（尤其是对加

---

① The Minister of Citizenship and Immigration Canada, *Discover Canada：The Rights and Responsibilities of Citizenship*, Ottawa：The Ministry of Citizenship and Immigration Canada，2012，p.1.

② 转引自 Nathan Galzer, *We are All Multiculturalism Now*, Harvard University Press，1997，p.14。

③ C. Champbell and W. Christian, *Parties，Leaders，and Ideologies in Canada*, McGraw-Hill Ryerson Limited，1996，p.250.

④ Will Kymlicka, *Multicultural Citizenship：A Liberal Theory of Minority Rights*, Clarendon Press，1995，p.109.

拿大这样的多民族国家)作为一种折中的结果,是介于个人主义与集体主义之间的一种群体认同。总体而言,加拿大的多元文化主义思想家把多元文化作为一种政治理论,以国家承认和维护族群权利作为其核心内容。

其次,多元文化主义也可以被称为一种政策或制度的选择。加拿大的多元文化主义政策为社会不同族群之间的相处划定了一定空间内的行为范围和秩序。加拿大多元文化主义的最终目的不是追求"文化平等"(culture equity),而是"社会平等"(social equity),是争取不同群体(尤其是那些在历史上长期受到歧视和压迫的群体)在分享加拿大社会的政治、经济和文化资源方面的平等。多元文化主义政策旨在构建一个公平的社会,对少数族群的权利进行维护,从而实现民族共存的稳定秩序。

另外,多元文化主义从某种程度上也可以被认为是相对于民族主义——国家中心论而言的。一般来讲,现代国家通常是以一个建国民族为基础的,而加拿大从一开始就无法达到这一标准,因为其建国民族与生俱来是二元的,即法裔加拿大人和英裔加拿大人,所以加拿大从基因上就无法成为一个严格意义上的民族-国家(nation-state),因此,诸如传统的国家主义和民族主义这样的意识形态很难在加拿大生根并得到认同。

中国学者陈云生在评介加拿大多元文化主义时认为,加拿大的"多元文化主义具有超越时空的价值蕴含,它的价值影响所及,将惠及现时人类的一切民族、种族、文化集团,荫其子孙"[①]。不仅如此,多元文化主义作为加拿大追求并实现社会公平的一种方式,同样也体现在其对外行为中。在国际社会追求平等时,加拿大一以贯之地采用多边主义的方式就是对这一国家特性的最好继承与印证。

第三节　加拿大外交政策的基本原则

在不断总结加拿大政治文化特点与国家特性的同时,我们开始试图思考加拿大外交政策背后体现的核心价值与原则。国际政治学界长期以来十分关注一国外交政策与国家特性中内在因素之间存在的某种联系。在加拿大政治文化与外交政策的关系中,政治文化对外交政策的影响主要通过加拿大政治文化体现的核心价值观念——基督教的信仰原则、保守主义的传

---

① 陈云生:《宪法人类学:基于民族、种族、文化集团的理论架构及实证分析》,北京:北京大学出版社 2005 年版,第 549 页。

统以及多元文化主义——为外交政策及相应的对外行为提供基本原则。本书认为加拿大外交政策的基本原则包括三个方面,即国际主义原则、实用主义原则和多边主义原则。换言之,加拿大外交政策是基于国际主义、实用主义和多边主义原则之上来进行制定与实施的。从战略层面来讲,外交政策一般包括外交政策目标、对可用和潜在资源的认识、用于利用资源实现目标时选择的计划或路线图。[1]从加拿大外交政策的内容来看,大致也可以从三个维度展开,即国际主义的价值目标、实用主义的认知原则以及多边主义的实践准则。

一、国际主义原则

在具体论述"加拿大国际主义"原则之前,有必要先澄清一下国际主义的概念。关于国际主义(internationalism),学术界对其定义堪称五花八门,由此可见这并不是一个容易界定的概念。国际主义的哲学前提是自我意志的全面或彻底实现,必须以非我意志的实现为条件。具体而言,当自我是个人时,这种逻辑就是人权平等、反对奴隶制度的逻辑;当自我是民族时,这种逻辑就是民族自决、反对民族压迫的逻辑;当自我是民族国家时,这种逻辑就是国家主权平等而且解放全人类的逻辑。[2]国际主义的最初来源就是第三种逻辑,即一个国家要实现自身的最终利益,必须建立在支援其他国家实现其合理的国家利益的基础之上。在以民族国家为基本行为体的国际政治中,国际主义的实现过程就是支援其他国家实现合理的国家利益进而实现本国的国家利益以致全世界的人类利益的过程。

关于国际主义的概念,大概有以下几种代表性论述。列宁认为,"真正的国际主义只有一种,就是进行忘我的工作来发展本国的革命运动和革命斗争,毫无例外地支持(由宣传、同情和物质来支持)所有国家的同样的斗争、同样的路线,而且只支持这种斗争和这种路线"。[3]列宁对国际主义的这一界定被称为"纯粹的国际主义"。"国际主义"一词在外交学中有着更为具体的界定,主要是指一个国家在对外交往中采取了较为开放的贸易政策和较为积极的人道干预和政治援助政策。在政治学概念中,国际主义被认为是基于跨国性或全球性合作的政治理论与实践。作为一种政治理想,国际主义立足于政治民族主义应该被超越这一信念,因为把世界人民联系在一

---

① Colin Dueck, *Reluctant Crusaders*: *Power*, *Culture*, *and Change in American Grand Strategy*, NJ: Princeton University Press, 2006, p.1.

② 郭树勇:《新国际主义与中国软实力外交》,《国际观察》2007 年第 2 期,第 46 页。

③ 《列宁全集》第 24 卷,北京:人民出版社 1956 年版,第 52～53 页。

起的纽带比那些将他们分隔开来的力量更强大。①因此,国际主义的目标就是建立能够博得世界人民忠诚的政治结构,并且国际主义在其与全球和平与合作观念的联系中凸显了道德的力量。另外,国际主义还往往运用于具有相对意义的语境之中。比如,从一国对世界事务的参与度或积极性上来讲,国际主义表现出对世界事务的积极介入,与孤立主义相左。当涉及一国外交政策的动机和方式都不再仅仅盯着本国自身利益的满足时,国际主义就非常明确地与民族主义和帝国主义区分开来,事实上,国际主义也正是在谴责民族主义的过程中显露出锋芒的。

然而,将国际主义放入外交政策中进行所谓的合理化解释或是合法性说辞时,这一概念则往往被滥用,成为一国所标榜的外交政策特征,尤其是当一国期望追求自身利益而又不愿意承认他们的意图时。冷战时期,苏联"社会主义的国际主义"外交政策实质上是其大国沙文主义的体现,苏联打着国际主义的口号和旗帜,在社会主义阵营内部顺理成章地牺牲掉小国利益,来满足自身利益的实现。同样,美国的"自由国际主义"(liberal internationalism)是第一次世界大战之后兴起的大战略思想,它深受威尔逊理想主义思想的影响,主张在民主自由国家之间,建立以国际机制为基础、以权力为支撑、以大国自律为条件,以开放经济、集体安全为核心内容的国际秩序。②许多人认同华盛顿的这一外交政策是"全球主义"或者"国际主义"的,并且公开地同情或支持美国的动机和目标。然而,修正主义者甚至后修正主义的历史学家和政治科学家对美国的这一战后外交政策进行了批评,特别是其自身强力推行对其他国家的不同程度的干涉,这种战后干涉主义导致的直接结果便是"美帝国"的诞生,因此被视为是一种霸权主义或是帝国主义的外交战略。

所以衡量或区分不同国际主义外交政策的标准到底是什么? 或者更具体地说,我们应该如何认识加拿大式国际主义的内涵? 本章将从以下三个方面来考察,不同的国际主义变体至少在手段和目标上就发生了本质的区别。

第一,一国偏好的手段为衡量其目标和动机提供了一个有力的标准。因此,如果只是因为两个超级大国凭借着它们的"传教精神"和超级大国的"责任",而频繁地利用强制性手段,按照它们自己的意象塑造一个世界秩

① 〔英〕安德鲁·海伍德:《政治学核心概念》,吴勇译,北京:中国人民大学出版社 2013 年版,第 163～164 页。
② 韩志立:《新自由国际主义与美国大战略的思想转向》,《国际政治研究》2007 年第 4 期,第 106 页。

序,那么冷战期间两个超级大国的国际表现肯定是与"以道德为驱动"的中等国家所实行的国际主义不相同的。因此,正如加拿大和其他类似的中等国家展示的国际主义——也有人称其为"实用理想主义"(pragmatic idealism),与美国和苏联战后外交政策中所体现的干涉主义绝对是有区别的。

第二,自我扩张或是利己主义是现实主义政策的首要目标,这与以更广泛的或是人类整体利益为基础进行合作的行为是相左的。国际主义展现出了理想主义的目标和世界主义的价值取向,这些都与现实主义相对。正如加拿大国际主义外交政策一直以来追求的目标就是国家利益与更广泛的国际利益相一致。

第三,一项政策所涉及的范围以及执行该政策的持久性也将作为考量标准。从实用理想主义的视角来定义一项外交政策为国际主义的,需要在一个长期的时间段内,同时展现其政策涉及范围和政策持续的相关性。如果仅仅是一些支离破碎的、片面的或是单独的体现出有爱心的、愿分享的、温和的或是合作的行为特例,是无法从整体上被认可为国际主义的,这就像只进行一次孤立的行善行为是不足以用来认定一个人的好坏的。

基于上述对国际主义原则及其内涵的梳理,我们发现加拿大政府和领导人最早发布的关于加拿大国际主义的官方外交政策声明及文件中,就明确指出了加拿大国际主义外交政策的价值观和世界观。"加拿大国际主义"的纲领性声明宣言以及这一名称诞生于 20 世纪 40 年代中期。1943 年 7 月,在下议院的一次演讲中,总理麦肯齐·金(Mackenzie King)描述加拿大在世界体系中的地位不仅仅来源于其政治性地位或物质性实力,"我相信加拿大的地位来源于我们对人性需求的认知"。四年后,时任外交事务部长路易斯·圣劳伦特(Louis St Laurent)正式提出了渥太华的"国际主义"。1947 年 1 月在多伦多大学的"格雷演讲"中,劳伦斯重申了加拿大作为一个现代国家将会承担越来越多的国际事务与责任,并提及联合国将是履行这些国际责任的首要多边平台。他进一步解释道:"没有一个外交政策能保持完全一致的或者连贯的,除非它建立在对人类价值的认识上。"对加拿大而言:"我们自始至终深受善恶观念的影响,这种善恶观发源于两希文明——希伯来文明与希腊文明,之后转化成为整个西方文明中的基督教传统。这些价值观强调个人的重要性,重视人类关系中的道德原则,以及坚持超越纯物质利益的价值判断标准。"[1]

---

[1] Arthur E. Blanchette(ed.),*Canadian Foreign Policy*,*1945-2000*:*Major Documents and Speeches*,Ottawa:The Golden Dog Press,2000,p.5.

当加拿大在国际事务中"维护和培育"这些价值时,加拿大国际主义中的实用主义同样被明确阐述。劳伦斯认为,"经济复兴对于我们而言是非常重要的";加拿大依赖海外市场及海外商品需求;因此不言而喻,我们支持任何有助于世界经济和政治稳定的国际组织。他还讲道,加拿大的地理、气候和自然资源对其经济的影响,因此,最符合加拿大人民持续繁荣和幸福的是全世界的繁荣和幸福的实现。随后,劳伦斯简洁地提到了加拿大国际主义中的理想主义维度,"我们将成为世界事务中的一个有用的角色,因为通过有益于他者来有益于我们自己"。

加拿大外交政策中的国际主义,主要动机源于两个方面。第一,加拿大对"大陆主义"的抵抗,这主要是因为美国的关系,加拿大害怕过分依赖美国,被"大陆主义"所吞噬。第二,从全球层面来讲,加拿大视自身的利益与价值目标同国际利益休戚与共,通俗地说,即加拿大的繁荣与发展离不开世界的繁荣与发展。

加拿大国际主义外交政策在其形成和发展过程中被打上了各式各样的标签,比如"自由国际主义""务实理想主义"等。在界定加拿大国际主义的概念上,众多加拿大国际问题学者曾给出答案。迈克尔·塔克(Michael Tucker)简明扼要地归纳道:"加拿大国际主义是加拿大政府、团体或个人与志趣相投的其他国家政府或人民进行合作的一种实践。"塔克认为这类国际主义合作的最终目标是,"为了构建一个更好的世界秩序,与加拿大之外的他者共享利益或价值的提升"①。金·诺萨尔(Kim Nossal)认为"国际主义"是塑造战后加拿大外交政策的决定性因素之一,他指出国际主义的四个特征分别是:(1)负责任的参与;(2)多边主义;(3)对国际制度的承诺;(4)作出承诺的意愿。②由此,我们通过加拿大国际主义来理解加拿大战后参与国际事务的行为,可以发现一系列加拿大式国际主义的特点:自我宣称的中等国家身份,偏爱多边论坛,倡导沟通、合作、温和、斡旋、宽容和公正,追求一个更加理性的、进步的、公正的、对生态负责的以及和平的世界,最大程度地将加拿大自身利益和国际利益相结合。

加拿大的国际主义体现在其外交政策和对外行为的方方面面,甚至是对涉及安全与防务等"硬政治"领域的议题也颇有影响。加拿大国际主义曾深刻影响了渥太华对以下"硬政治"领域的基本认知:北约的特性;苏联威胁

---

① Michael Tucker, *Canadian Foreign Policy: Contemporary Issues and Themes*, Toronto: McGraw-Hill Ryerson Limited, 1980, pp.1~2.

② Kim Richard Nossal, *The Politics of Canadian Foreign Policy*, Scarborough: Prentice-Hall Canada, 1989, p.53.

的性质和程度；在处理冷战期间的东西关系时，在允许的条件下，对沟通、搭桥以及温和言辞的运用；缓和高于威慑；以及推动关于军控和裁军的实质性谈判。然而，更加令人熟知的加拿大国际主义当然还是体现在以下领域所呈现的目标和成果：维护和平和调解冲突；多边合作，尤其是涉及联合国相关机构，同样也在北约、欧洲安全与合作会议、英联邦和法语国家组织；生态关怀；反对种族歧视与压迫；以及对外发展援助。

本书具体将从加拿大国际主义外交政策的形成与发展、调整和重新定义三个阶段展开，即加拿大国际主义外交政策的形成与发展是在皮尔逊式国际主义时期；调整是在特鲁多式国际主义时期；进入马尔罗尼时期之后，"新国际主义"开始被提出。通过对不同时期的国际环境变化的基本分析，管窥加拿大在不同阶段基于理想主义、实用主义和多边主义原则的国际主义外交政策的具体表达。

加拿大外交政策的国际主义原则充分体现了理想主义的原则和精神，对秩序、自由、平等、人道主义、利他主义等一系列价值原则的笃信。这些核心价值来源于加拿大的基督教信仰体系，并塑造了其国家伦理观。它们将基督教的信仰原则融入世俗世界的宪法精神和价值理念并借此体现出来。对加拿大而言："我们自始至终深受善恶观念的影响，这种善恶观发源于两希文明——希伯来文明与希腊文明，之后转化成为整个西方文明中的基督教传统。这些价值观强调个体的重要性，重视人类关系中的道德原则，坚持超越纯物质利益的价值判断标准。"①

战后加拿大外交政策中的国际主义体现了其政策制定者和外交官的人道主义的价值观念和伦理道德。这些价值观念包括：正义的重要性；对全球或是人类需求的满足；超越国界的责任（主要是指道德界限）；对人类普遍权利的尊重；以及调解斡旋、沟通交流、宽容和合作在国际事务中的重要性。这些价值有时也被冠上"世界主义"（cosmopolitan）的标签。加拿大外交政策中的国际主义，总的来说体现在其试图将国家利益与国际利益相协调，尤其体现在对国际伦理道德的重视上。在对外关系上，加拿大所谓的自由国际主义价值观从本质上讲并不能完全算是自由主义的。它们其实反映的是社会保守主义提出的"和平、秩序与良好的政府"这一套准则。这一套传统准则体现在加拿大的对外关系思想中，但主要源于保守主义的价值原则，虽然不是唯一来源。

---

① Arthur E. Blanchette（ed.），*Canadian Foreign Policy*，1945-2000；*Major Documents and Speeches*，Ottawa：The Golden Dog Press，2000，p.5.

加拿大在其外交政策中还有一些直接体现了其国内价值观念和历史经验等方面，这些价值取向包括：反军国主义、开放的市场、多元文化主义、环境保护主义、全球主义、国际制度主义。①此外，"任何对加拿大政治文化的完整描述都应该注意到其自由主义的普遍特性，对民主价值观和过程的肯定，联邦主义的特点，文化多样性的不断认知以及加拿大和魁北克之间的民族主义张力"②。

加拿大外交政策中的国际主义原则主要体现在以下几个方面。第一，国家利益与国际利益是可以相互协调的。加拿大否定了霍布斯所描述的国际体系中利益争夺的丛林法则的必然性，认为国家利益之间并不必定是冲突的。在国家对外政策中强调国家利益在加拿大国际主义者眼里是一种狭隘的民族主义。相对而言，加拿大的理想主义者相信，经过了两次世界大战的洗礼，和平将成为世界各国迫切追求的共同国际利益。第二，加拿大国际主义强调"客观环境的重要性"。也就是说，国际秩序的构建是解决国家冲突的良方，加拿大笃信国际法和通过国际组织营造良好的国际秩序环境，并通过建立国际机构来保卫世界和平。第三，强调国际伦理道德的重要性。加拿大理想主义者认为国际道德在国际关系中具有非常重要的地位。国家只有在国际道德的约束之下才能在对外关系中合理追求自身的利益，不至于以损害别国利益为代价。

加拿大官方文件在对进步自由进行阐述时，常常与加拿大"自愿主义传统"（voluntarist tradition）相联系，这一传统也可以成为利他主义传统。托马斯·霍金认为，"加拿大人更加倾向在国际关系中塑造道德原则。他们对敏感、善良的意愿和意图以及勤奋工作抱有一种强大的信仰"③。从历史经验来看，加拿大的外交政策向来有一个意图，它往往被称为自由主义的。约翰·英格利希（John English）指出，"道德原则事关重大。在加拿大自由党的传统中一直存在着道德主义和理想主义的压力"④。考虑到加拿大大部

---

① John Kirton, *Canadian Foreign Policy in a Changing World*, Toronto：Thomson Nelson，2007，p.21.

② Roger Gibbins and Loleen Youngman, *Mindscapes：Political Ideologies Towards the 21st Century*, Toronto：McGraw-Hill Ryerson Limited，1996，p.18. 亦可参见 John Roberts，"Liberalism：The Return of the Perennial Philosophy," in Aster and Axworthy（eds.），*Searching for the New Liberalism*，p.13。

③ Thomas Hockin, "The Foreign Policy Review and Decision Making in Canada," in Lewis Hertzman, John W. Warnick, and Thomas Hockin（eds.），*Alliance and Illusions：Canada and the NATO-NORAD Question*, Edmonton：M. G. Hurting Publishers，1969，pp.98～99.

④ John English, "In the Liberal Tradition：Lloyd Axworthy and Canadian Foreign Policy," in *Canada Among Nations 2001：The Axworthy Legacy*, pp.92，103.

分时期都是自由党掌权,由此可见"道德原则"在其政治生态中的重要性。

"伴随着加拿大国际主义对自由、公平和宽容的价值信仰",埃里卡·辛普森(Erika Simpson)认为,"人们通过妥协的方式来解决一切问题成为一种普遍的文化信仰"[1]。正如加拿大在其对外关系中所实践的那样,外交上的妥协艺术是其国内发展经验的一种反映。同时,这种妥协艺术源于加拿大认识到特别是在美国这样贪婪的超级大国面前,其经济和军事方面的脆弱性。因此,地缘政治因素看起来也要为加拿大外交政策中的理想主义动机负一定的责任。托马斯·霍金曾认为加拿大外交政策中的利他主义传统是为了在国际领域中追求(塑造)道德的有利环境和条件。利他主义植根于加拿大国内发展传统中,来源于无战争的历史传统以及对"和平、秩序和良好政府"(peace, order, and good government)的笃信,在国际法原则和外交实践指导下,利他主义将成为解决政治对抗的一剂良方。作为加拿大外交政策行为利他主义的来源,从起源上讲,是加拿大对第一次世界大战经历的反思。一战的经历让加拿大人在声名狼藉的均势国际政治体系中将武力使用作为最后手段产生了巨大的反感。利他主义的产生也是缘于加拿大远离欧洲大国政治的地缘优势。

最初而言,加拿大外交政策中的国际主义仿佛仅仅源于其历史经验。由于加拿大在第一次世界大战期间处于"防火屋",并未遭受战争炮火的袭击,因此加拿大可以轻言劝说欧洲国家放弃他们狭隘且危险的国家利益追求。伴随着第二次世界大战的爆发,加拿大在1939年回到了欧洲霍布斯主义的困境中,并且1945年之后,加拿大在战前的安全感被核时代的国家脆弱性给取代了。于是,加拿大历史上的那种对大国军事行为的薄弱意识在二战结束之后被加强了,两次大战之间新孤立主义的理想主义被国际主义的理想主义所取代。此时,加拿大通过国际主义将加拿大自身的安全利益与建构一个更好的世界秩序的理想主义观念融合在一起。国际主义成为加拿大外交政策中理想与利益之间紧密联系的表达。在战后早期,它表现为加拿大对新的联合国组织成立的贡献。此时的国际主义主要体现在两个方面:对集体安全的推崇以及对功能主义的支持。这两项作为加拿大外交的缩影,体现了其寻求限制对残酷且贪婪的国家主权的追求。

加拿大认为导致国际冲突的原因是一些没有教养的国家简单粗暴地将它们自己国内的行为方式——国内专制、暴力、革命——转移到国际领域。

---

[1] Erika Simpson, "The Principles of Liberal Internationalism According to Lester Pearson," *Journal of Canadian Studies*, Vol.34, No.1, Spring 1999, p.86.

加拿大的解决方案很明确:世界需要和平、秩序以及更多的物质繁荣。国际交往的法则必须能够引导更多有益的国际行为模式。基于这样的考虑,加拿大认为军事力量是国际关系的顽疾,均势政治是令人遗憾的国际秩序(环境氛围)。1948 年当在对北约集团的建立进行讨论时,路易斯·劳伦特对共产主义的攻击性只能由残酷的军事力量来压制表示非常遗憾。然而,建立北约组织最吸引加拿大的地方,也是加拿大加入北约组织的动机,是它一直坚持的北约宪章第二条,即北约不仅仅是军事联盟,而且还是一个经济的联盟。不言而喻,自第一次世界大战起,加拿大始终都不认为基于军事力量平衡的霍布斯式的国际体系是国际体系的唯一可能。加拿大的目标是建立一个等级制的世界秩序,它包括所有国家,而不仅仅是两极霸权体系(美苏),或者是三极体系(美、英、法),或者是一个由五个大国控制的国际秩序(美、苏、中、法、英)。①

二、实用主义原则

加拿大外交政策中的实用主义原则实际上是其"保守主义"政治文化特性的一种体现。具体而言,加拿大外交政策中存在两种认知:第一,对自身地位的认识;第二,对加美关系的认识。

加拿大外交政策中的实用主义体现了普遍价值利益和加拿大个体利益的相互和谐(兼顾普世价值和自身利益)。战后加拿大外交政策的主要目标是在更广泛的利益背景下实现并满足加拿大的国家利益。因此,对加拿大特殊利益和普世价值利益的务实追求,以一种灵活的、适应的以及可操作的方式,体现了加拿大国际主义既不是浪漫主义的天真,也不是毫无根据的乌托邦。由此,加拿大的实用理想主义使其外交政策脱颖而出。

戴维·德威特(David Dewitt)和约翰·柯顿认为,加拿大致力于通过持续不懈的、相互合作的努力来构建一个更加机制化和公平的国际秩序,从而实现普世的价值。他们进一步认为,从国际主义的视角来看,加拿大认同一个拥有大国力量的稳固国际体系,这些大国负有特殊的使命。这种对国际秩序转型或是变革的观念暗示了在现存机制和组织机构中的渐进式自我改进,并限制在秩序尚未界定的领域进行大范围的改革。②丹尼斯·斯泰尔斯认为,"秩序"本身也体现了一种保守主义的价值观,而中等国家的国际主

---

① John W. Holmes, *The Better Part of Valour*: *Essays on Canadian Diplomacy*, Toronto: McClelland and Stewart Limited, 1970, p.3.

② David B. Dewitt and John J. Kirton, *Canada as a Principal Power*, Toronto: John Wiely & Sons, 1983, pp.22, 27.

义主要是关于秩序的。①他提出,加拿大是一个"维持现状"(status quo power)的国家,因此渴望在国际体系中实现渐进式变革。②战后的加拿大政治家和外交家是务实的,他们的目标稳健,他们的国际主义外交政策表现得极为谨慎。

1986 年的一份关于外交政策的报告指出,加拿大在国际体系中为维护一个跟跄前行的联合国发挥了重要的作用,正因如此,加拿大被誉为"国际秩序的基石"——"位于我们建设型国际主义外交政策核心的是这样一种共识,手段(工具)是有限的,谨慎而精明的决策必须综合考虑到进行国际行为的时机、类型和程度。"③总之,谨慎、集体主义和国际秩序,这些成为加拿大外交政策传统的标志。

历史上看,加拿大的外交政策持有保守的实用主义色彩,特别是从 20 世纪 40 年代至 60 年代,也就是加拿大外交的"黄金时代",通常被称为"皮尔逊式国际主义"(Pearsonian Internationalism)时期,加拿大的功能主义原则是最为明显的例子。在威廉·金总理领导时期,加拿大便提出非世界强国应该在国际体系中有一定的影响力,特别是在基于特定问题领域,根据它们各自在这一问题上的能力和实力而言。20 世纪 40 年代,加拿大外交官员中最为突出的无疑是莱斯特·皮尔逊(Lester Pearson),致力于在新的国际体系中建立一个持久的(等级)制度。而关于加拿大中等国家理论的讨论基本也是在这一时期展开的。在讨论如何区别中等国家、大国和小国时,加拿大外交部提出在联合国安全制度中建立"三级体系"(three-step hierarchy),即按照功能主义原则建立包括大国、中等国家和小国的三级体系。安德鲁·库珀对二战后加拿大的外交政策曾做全面总结,认为"加拿大对秩序的维护反映了一种基于对潜在危机的恐惧而来的、微妙的甚至于敏感的保守主义色彩"④。总的来说,他认为 1945 年后,加拿大政府选择了一种传统的方式,在国际体系中将"改革与平等"服从于"秩序和稳定"。⑤

---

① Denis Stairs, "of Medium Powers and Middling Roles," in Ken Booth(ed.), *Statecraft and Security：The Cold War and Beyond*, Cambridge：Cambridge University Press, 1998, p.278.

② Denis Stairs, "Challenges and Opportunities for Canadian Foreign Policy in the Paul Martin Era," *International Journal*, Vol.58, Issue 4, Autumn 2003, p.501.

③ Jean-Maurice and Thomas Hockin, *Independence and Internationalism*：Report for the Special Joint Committee of the Senate and of the House of Commons on Canada's International Relations, Ottawa：Queen's Printer for Canada, 1986.

④ Andrew F. Cooper, *Canadian Foreign Policy：Old Habits and New Directions*, Toronto：Prentice Hall, 1997, p.80.

⑤ Ibid., p.101.

（一）对自我的认知：中等国家的身份

加拿大外交政策中的实用主义原则决定了加拿大一直以来将自身定位在中等国家身份（middle power manship）上。中等国家的意义不仅是从其国家实力的排名来讲，同样也是其外交政策风格的体现。前者势必是易变的且具有相对性的，后者则是确定的、具有持续性的。因此，从广泛且稳定的意义上讲，加拿大是一个中等国家，既不属于大国集团，也不属于那些被视为欠发达或第三世界的弱小国家行列。然而，加拿大是一个自成一派的中等国家：其资源、实力、疆域、经济发展水平等都指向其为一个接近却不在世界权力等级顶端的独特地位。然而，从加拿大的人口、政治文化、军事实力、使用武力的意愿以及其国内的民族矛盾等方面来看，这些又指向了不同的方向。同样重要的还有主观的认知，包括两个方面：一个是对自我的认识或自我知觉，另一个是对改变或者是他者的改变的认识。于是，自成一体的加拿大在世界的地位就更加清晰了：与世界对加拿大的认识相比，加拿大对自身有着更加谦卑的认知。因此，基于这种对自我身份的务实认识，加拿大外交政策的国际主义风格以及其在世界舞台的表现就变得不言而喻了。

中等国家作为加拿大外交政策的形式被多维度地解读，包括从功能主义、利他主义、调解冲突、对国际法的尊重，以及对国际制度的支持等方面。在本书中，我们经常会将加拿大理想主义与实用主义的特点进行综合，以便更加全面地把握其特殊身份性质：温和克己、合作、沟通、调停、友爱共享以及对国际法和国际伦理的支持。

总之，加拿大外交政策的实用主义原则诠释并反映了加拿大对中等国家身份的谦逊，它代表了渥太华的政策制定者和加拿大政治文化对国家目标的定位。同时，也代表了战后加拿大对外政策与之相随的风格。最后，它代表了加拿大的利益比起弱小国家来说更加复杂且进取，又区别于超级大国和其他强国在对外关系中的原则和利益，加拿大代表着与其志趣相投的中等国家的外交风格。

（二）对加美特殊关系的认知

加拿大的国际主义，最初一看貌似会使加拿大与美国的大陆双边关系受到限制，因为加拿大国际主义的世界观倾向在更大的世界舞台上指导国家的战后行为。然而，国际主义哲学中的实用主义原则指导了加美关系的特殊模式，即"多边框架下的双边关系"（A Bilateral Alliance with a Multilateral Framework）。①正如莱斯特·皮尔逊所言，加拿大是"夹在超级大国

---

① John W. Holmes, *The Better Part of Valour*：*Essays on Canadian Diplomacy*，Toronto：McClelland and Stewart Limited，1970，p.143.

之间的三明治"，并且与世界上最强大的国家相邻，因此加拿大通常试图在世界的中心发挥调节作用，而且往往是在华盛顿和莫斯科之间。它运用平静外交和一系列的辅助外交工具限制美国在冷战时期的政策。加拿大运用其在多边舞台上的影响力、外交劝说和道德权威抵制着美国的意愿。加拿大反对华盛顿对冷战初期（1948～1949 年）国际形势的认知，特别是在北约建立的谈判中，加拿大强调一个更广泛意义上的集体安全理念，在各种场合，一次次抵制西方超级大国的信条。正如第二十一位总理保罗·马丁（Paul Martin）生动地记录到，在大量的事务上，加拿大常常激怒美国的政策制定者。加拿大在国际舞台上对美国展开的一系列行为都诠释了其国际主义中的实用主义原则——"多边框架下的双边关系"，一方面加拿大需要借助美国来实现其国际主义的目标，另一方面又要避免被大陆主义吞噬失去外交独立性，于是将加美关系放在多边框架下进行才能使加拿大获得更多的外交空间和砝码。

三、多边主义原则

多边主义作为一种信仰原则在加拿大外交实践中被不断推崇，这种多边主义的行为特性来源于加拿大所奉行的多元主义思想。换句话说，就国内而言，多元文化主义成为践行多元主义的最好体现；在对外关系中，多边主义原则就是对这种多元主义思想的国际延伸。关于多边主义，部分观点认为，对多边进程和制度的支持，势必在一定程度上导致对国家利益的自我放弃，或者是在追求国际目标和服务国家目标之间存在一种不可协调性。实际情况恰恰相反，当我们检验加拿大外交政策及其实践时，清楚地看到多边主义往往被视为加拿大追求其国家政策目标的最有效策略。加拿大对多边主义的一贯坚持，是建立在一系列因素基础上的，这些因素包括历史缘由、国际体系因素以及国内因素。自 20 世纪 40 年代起，这些因素相互影响并整合成为加拿大外交政策中多边主义的关键动力。

（一）历史起源：孤立主义中的多边主义

一战结束后，加拿大脱离英帝国获得了完全的自治权，尤其是独立的外交权。然而，获得全面自治的加拿大一开始便陷入了短暂的孤立主义倾向中，对国际事务采取不干涉与不参与的态度。然而，与美国的"孤立主义"不同，加拿大实现其"孤立主义"的方式是依靠多边主义形式的，从这个意义上来讲，加拿大的多边主义传统比起国际主义还要悠久。两次大战期间，加拿大经历了短暂的孤立主义，然而这并没有使加拿大政府拒绝成为"国际联盟"的成员。实际上，加拿大成为国际联盟成员是为了更加积极主动地宣示加拿大在国际事务中获得并实现自治与独立的一种途径,而这种"自治"意味着保持不卷入政策。第一次世界大战使加拿大了解到国际政策的执行所需要付出的人力和政治代价,特别是1917年在加拿大国内发生的征兵危机还历历在目,使加拿大意识到政府需要在外交政策上获得更多的控制权和自主权。虽然刚获得全面独立的加拿大依旧与英国存在着紧密的关系,但罗伯特·博登政府和之后的威廉·金政府已经试图维系一个介于保持与英帝国联系和维护国内民族统一的微妙平衡。

因此,一战后加入诸如英联邦和国际联盟等多边组织,对于加拿大政府来说是一项重要的战略,它既可以使加拿大获得来自其他国家对其自治权的认可,同时又要试图限制加拿大对国际社会作出承诺,实际上就是获得权利但不承担责任和义务。一战后,博登认为加拿大对战争的贡献在于使加拿大成为一个名副其实的"国际行为体",使其成为国际体系中的一个独立角色。通过博登的外交努力,加拿大签署了《凡尔赛和约》,并在国际联盟获得了一席之位。"事实上,加拿大加入国际联盟的目的貌似是为了支持国际联盟的建立,而实际目的是让其他国家真正认可加拿大的国际地位。"因此,加拿大加入国际联盟并不是为了想要卷入国际事务,而是尽量使国家远离国际争端。加拿大代表团为了"第五条款"在国际联盟奋争了四年,最后关于"所有国际联盟成员要保护其他成员国的领土和政治完整"这一条款(也就是关于集体安全的条款)被删除。这一条款的丧失,使整个国际联盟运行效用大大降低,而加拿大对此并不在乎。加拿大在国际联盟的影响力或作用,是为了尽量减少国际联盟契约所需履行的义务和责任。在当时,加拿大并不是唯一一个抱有此种想法的国家。对于当时的加拿大政府而言,国际联盟的重要性仅在于保护加拿大的独立,强调加拿大的主权。虽然如此,多边主义的功用已被建立。国际联盟是第一个维护和平的国际政治机构,它提供了一个相对于传统双边外交联系以外的替代方案,即通过多边的模式引导外交政策。在加拿大国际主义盛行之前,加拿大政府事实上已经转向在重塑的帝国和脆弱的联盟中,运用多边外交的方式来维护自己的目标和利益。

当然,孤立主义并没有拯救加拿大于战争之中。战争确实发生了,对埃塞俄比亚来说是在1935年,对加拿大则是在1939年。莱斯特·皮尔逊说,"埃塞俄比亚危机坐实了我个人的信仰,只有通过国际集体行动以及通过国际承诺对国家主权进行限定,和平和安全才有可能建立并维持,人类生存才能得以保障"。对于其他人来说,1939年二战的爆发以及法国的迅速败退引发了人们的反思,一些宣扬孤立主义的人开始悔恨当初的错误决定。弗兰克·安德希尔(Frank Underhill)在1950年发表的文章中写道:"我们本不应该如此愚蠢。"对于加拿大前外交官埃斯科特·里德(Escott Reid)而言,这些事件的发展对之后的加拿大外交政策产生了深远的影响,里德说"……这导致加拿大成为一个对建立强大的联合国和北大西洋联盟的狂热支持者"。

(二)国际主义中的多边主义

二战后,加拿大政府参与联合国组织则是抱着一种与之前完全不一样的想法和动机,即从孤立主义走向国际主义。加拿大在战后成为一支重要的国际力量,国内经济持续走高,由威廉·金总理领导的自由党开始执政,并平稳度过了第二次征兵危机。加拿大地位的提升,其政策制定开始周旋于英美两个政治中心之间。结合这个国家一贯的历史经验,加拿大鼓励以更加积极主动态度来应对战后国际组织的建立,于是积极的多边参与策略成为加拿大当局的优先选项。

加拿大作为中等国家对多边主义的青睐,其原因在于:比起大国而言,实力较小的国家往往更加感到对国际制度、国际法和国际规范的需要;实力较小的国家可以通过联合起来对大国施加影响。中等国家在国际组织中的利益体现在其国际关切和国家实力两个方面。它们的国际关切要超过它们的实际能力,因此,导致它们在大国的行为面前更具脆弱性。这时,国际制度便成了规范和限制大国行为并提升中等国家能力的一件利器。

加拿大对多边主义的支持不仅仅是体现其对国际秩序的利他主义承诺,同时符合其重大的国家利益目标。正如罗伯特·考克斯指出的,除了对国家自身利益的关切之外,"加拿大还拥有一个压倒一切的国际利益诉求,即有利于全球政治和平、安宁和有序调整的国际制度和机制的发展"①。更重要的是通过在安全领域制度化的多边接触被政策制定者视为一个重要的方式,即不需要拥有强大的军事和经济实力便可实现并深化加拿大的利益需求。于是,对国家利益的重大关切促使加拿大积极地参与并支持国际组织。多边国际组织在诸如安全、贸易和汇率稳定等方面最大程度地维护了加拿大的利益,并提升其政治影响力。因此,加拿大视多边主义原则为在无政府状态下的国际体系中提高国家利益和国际利益的最有效途径。

从安全方面来看,加拿大历来对强国军事行为具有脆弱性与敏感性。在1945年之后,二战期间的孤立主义被国际主义取代。这一时期加拿大视

---

① Robert Cox, "Middle Power Manship, Japan, and Future World Order," *International Journal*, Autumn 1989, p.824.

国际主义为融合加拿大自身的特殊安全利益和建立一个更好的世界秩序的理想主义目标的最佳方式。国际主义是加拿大外交政策理想目标与自身利益相结合的最好表达。虽然加拿大也在大力发展双边关系,但其多边主义传统难以被撼动。除了中等国家的地位之外,加拿大外交政策还受到其邻国美国的深刻影响。两国之间在防务和贸易领域的密切交往影响着加拿大的对外关系和国内发展。加拿大二战后外交政策中很大一部分内容是在适应调节其邻国美国发生的变化。比如,两国之间的权力不对称性,跨国之间的频繁接触,以及美国成为超级大国后的情况等。加美两国地理上的毗邻和各个领域的广泛交往,促使加拿大不仅要设计方案来规制双边关系,而且将国际组织作为宣示其独特存在的舞台。多边主义成为其大陆外交政策中的一个重要的平衡抓手。转向积极的国际主义外交政策实际上是加拿大处理其与美国双边关系的重要手段和方式。1948 年任外交部长的莱斯特·皮尔逊是多边主义的重要推动者,他认为加拿大参与国际组织可以帮助我们逃离一种与我们邻国太过紧密的大陆关系的危险,即在不可避免且十分重要的联盟中丧失政治和经济优势。于是,"超大陆主义"的多边关系是对执念于大陆主义者的一种修正。

除了平衡美国的压力以及纠正其短视的世界观以外,多边主义同样被认为是一种影响美国政策的有效方式,无论是通过直接的外交行为,还是通过双方共享的双边和多边组织。加拿大深知通过直接外交途径解决问题的能力是有限的,因此只有积极地参与多边组织才能加强其影响力。当需要时,在特定的事务中加拿大也可以承担起领导者的责任。因此,加拿大反对任何有可能将其孤立为一个毗邻美国的弱小邻居的政策。伴随着美国在国际体系中的实力不断增强,且越来越多地卷入国际事务中,多边主义对于加拿大而言显得愈发重要。加拿大在直接影响美国对外政策和行为上严重受限,但是将美国带入正式的国际制度框架内,也许会对其产生意想不到的规制作用。

(三)国内因素

加拿大新一代的政治家拥有一个共识,即积极的国际主义外交政策最符合国家利益的要求。通过积极地参与国际组织,加拿大领导人可以拥有介入国际政治各个领域的机会。假如政策制定者想要在国际事务上有一定影响力,他们便需要一个阐述各自关切的平台和共同支持变革的联盟。加拿大当局不愿被落在战后政策制定的后列,也不愿被大国争夺国际秩序时所抛弃。因此,无论是加拿大政府,还是加拿大公众,他们共同支持一个更加积极的多边主义外交政策,这在战后一段时期是十分普遍的。

　　二战后，加拿大国内对多边主义外交政策的倾向一直拥有相当稳定的共识。而60年代初期，这一共识开始发生动摇，部分是因为关于核武器的争论，还有就是因为国际形势的发展出现了新的变化，比如美国陷入越南战争等。虽然在其他事务上的公共意见存在分歧，但是国内批评者和支持者都一致支持加拿大积极地参与国际制度的构建。即便在对加拿大外交政策批评最甚的60年代，对国际制度的潜在承诺和多边主义精神仍保留下来。国内经济利益需求对推动政府实行多边行动发挥了巨大的作用。加拿大经济大部分依赖国际市场，因此，参与对国际经济秩序的重塑也是对加拿大外交政策提出的新要求。

　　尽管随着国际环境的变化，在某些事件上，或是由于某个因素的影响，加拿大对外行为没有选择多边方式，而是选择了单边行动或是双边外交。然而，这些替代方案总是暂时的，而且它们常常是与多边主义行为相伴而来的。

第二章 "皮尔逊式国际主义"外交政策(1945～1968年)

二战后,加拿大开始作为一支独立的力量在国际舞台上崭露头角。与此同时,加拿大外交迎来它的"黄金时代"(golden age),这一时期也是加拿大国际主义外交政策的形成与发展阶段,往往被称为"皮尔逊式国际主义"外交政策时期。"皮尔逊式国际主义"可谓是战后加拿大国际主义外交政策的第一座里程碑,也是其最为重要的外交遗产,为之后的加拿大国际主义外交政策奠定了基本框架。由于加拿大在战后初期的国际体系中所处的优势地位以及一大批加拿大优秀的外交家的实践智慧,"皮尔逊式国际主义"将其理想主义原则进行了全面践行,并在此基础上提出了一系列有深远影响的关于战后国际秩序的构想与方案。

第一节 二战前后加拿大外交政策中的国际体系因素

第二次世界大战之前,由于长期的历史原因,加拿大未能获得独立处理其外交事务的权力。虽然自1867年起加拿大自治领便成立,但是宗主国英国仍保留了对加拿大外交的控制权。即便1909年加拿外交部成立,但在外交事务方面仍从属于英国,自主进行外交活动的范围十分狭小,仅限于处理一些基本的对外经济事务,其中主要是与邻国美国的贸易往来。因此,加拿大外交部在国内从未受到重视,在国际事务中发挥的作用和影响更是微乎其微。第一次世界大战期间,由于加拿大对战争的贡献以及加拿大经济实力的增强,加拿大政府开始不断争取有限的外交权益。最终,1931年《威斯特敏斯特法》的签署才真正确立了自治领独立的法律地位,特别是赋予了加拿大自治领外交上的自主权。自此,加拿大终于从法律意义上脱离了英国,开始以独立国家的身份走上国际舞台。随后第二次世界大战爆发,加拿大抓住这一重要机遇,开始在国际事务中扮演起重要的角色。敦刻尔克大撤退,当加拿大的军队和补给帮助英国渡过来自德国的侵袭时,加拿大就注定不再是一个小国了,战争的影响将加拿大提升到一个新的地位。①

二战结束后,世界格局发生了重大变化。对于加拿大外交政策而言,主要影响体现在两个方面。首先,由于英国的衰落和美国的崛起,传统的北大西洋三角关系发生了变化。伴随着欧洲的式微,国际体系的重心从欧洲转向了美国。这一时期,与加拿大有着密切关系的两个国家——英国和美国的实力及其对加拿大的影响程度都发生了戏剧性变化,这为加拿大争取独立外交提供了有力的外部机遇。历史上长期是加拿大最大投资国的英国受到战争的沉重打击,经济实力今非昔比,由战前的债权国沦为债务国,国内可供对外投资的资本急剧减少。与此同时,雄踞世界经济最强地位的美国利用战争带来的发展契机,实力大增、资本雄厚,并持续加大对外投资。两次世界大战期间,美国不仅超过英国成为加拿大最大的投资方,并为加拿大工业发展带来了先进的生产与管理技术,增加了加拿大产品的国际竞争力。同时,美国还取代英国成了加拿大最大的进出口市场。加拿大一直以来都致力于在大西洋三角体系中推行均衡外交战略,即一方面把增加加美交往当作摆脱英国束缚的手段,另一方面把依靠英国以对抗美国当作一种策略。而二战后这种三角关系发生倾斜,英国国力的衰退使它再也无力顾及加拿大,不得不撒手北美,这为加美两国关系的发展创造了机会,在战争中积累了大量资本的美国,则把加拿大纳入美国的军工、防务和经济体系,加美双边关系也由此重新确立。

其次,二战结束后,美苏冷战爆发,雅尔塔两极格局迅速建立。二战后期,美苏之间意识形态及地缘政治的矛盾日渐突出。战争结束时,在战争中经济、军事实力空前膨胀的美国,制定出"遏制"苏联的政策。加拿大由于对美国经济上的依赖性,军事上的软弱性,加上政治文化和地理等因素,使其对外政策势必与美国的冷战政策紧紧捆绑在一起。因此,加拿大身不由己地卷入了美国领导的在全球"遏制共产主义扩张"的潮流。战后的美国成了"自由世界"的领袖,几乎所有资本主义国家都被纳入由美国领导的反对共产主义的冷战事业。于是,加拿大在冷战格局中所处的地位,使它失去了外交上的灵活性和自主性,更多的是追随美国的外交政策。从地缘上看,除了仅仅隔着的阿拉斯加,加拿大被夹在美、苏两个超级大国之间。对加拿大来说,美苏对峙成为影响加拿大外交的主要外部矛盾。冷战的爆发使加拿大

---

① Lionel Gelber, "Canada's New Stature," *Foreign Affairs*, Vol.24, No.2, Jan.1946, pp.279～280.

对二战后在全球范围实现集体安全的梦想彻底破灭,加拿大无意卷入美苏对抗,但这也是不可避免的。尤其是在冷战初期,美苏双方强烈的、相互敌对的意识形态,迫使整个西方集团坚定地抱在一起。二战结束后,加拿大被裹胁到美国的冷战战略中,由于加美长期以来形成的特殊伙伴关系,加拿大在冷战政策上必须支持美国,但为维护本国利益,又在具体策略中时常与美国相悖。

虽然加拿大受到了来自大西洋以及冷战两个方面的体系压力,然而战后加拿大运用其外交智慧,以中等强国的姿态在国际舞台上展现身手。加拿大经济在战后有利的国际环境中获得了迅速的发展,跻身世界经济最发达的资本主义国家之列。从某种程度上说,加拿大终于摆脱了诸如战前在英、美之间的抉择之苦。加拿大积极参与北大西洋公约组织和联合国组织事务,对国际事务表现出浓厚的兴趣,并通过各种国际平台表达了其国际主义外交政策,我们称其为"皮尔逊式国际主义"。

1948 年 1 月,加拿大外交部长莱斯特·皮尔逊(Lester Pearson)在加拿大国际事务研究所温哥华分部发表演讲,在这次演讲中皮尔逊再次明确了渥太华的国际主义世界观。他讲道,加拿大的"谦逊"或"谨慎"不应该与孤立主义混淆;这种谨慎是对事实的一种敏锐认知,即中等国家目前只能扩大它们的责任和担忧;同样也是一种国际主义的认知,各个国家都应该在联合国的框架内更加紧密地联合起来,而不是承担这个区域以外的责任。皮尔逊还说道:"最为有效的影响国际事务的方式,不应该是通过咄咄逼人的民族主义,而是通过赢得与我们进行合作并因此乐意与我们探讨国际政策的国家的尊重。这条原则应该是基于对政治和经济的共同关切。我们历来认为加拿大必须依靠广泛的多边主义来维护繁荣富强,这里同样体现着加拿大的国际主义。"①此外,保罗·马丁(Paul Martin)作为皮尔逊政府时期的外交部长,于 1967 年 5 月在滑铁卢大学也阐述了加拿大外交政策原则,他的阐述与路易斯·劳伦特在 1947 年时的几乎没有差别。对于马丁来说,加拿大外交政策目标包括国家安全、国家统一、政治自由和社会公正、国内与国际事务中的法律准则、加拿大以及世界经济的发展、基督教文明价值,以及"与我们的利益和维护和平的能力相一致的国际责任"。

---

① Lester B. Pearson(ed.), *Words and Occasions*, Toronto: University of Toronto Press, 1970, pp.68~69.

第二节　皮尔逊式国际主义外交政策的内涵

皮尔逊对和平与集体安全(全球秩序)的观点主要体现在其国际主义外交政策中的理想主义价值追求。皮尔逊将维护世界和平与安全作为其外交政策的出发点,把加强国际合作看作实现外交政策目标的最佳途径。

一、皮尔逊式和平观

领导人的世界观在加拿大外交政策制定过程中真正发挥重要影响力的第一位总理是莱斯特·皮尔逊。他在1948～1956年担任路易斯·劳伦特政府的外交部长时,曾在决策过程中发挥了非常大的作用。在1963～1968年间的大转折时期他担任加拿大总理,并留下了一笔丰富的外交遗产,后由他的下属克雷蒂安、内阁同僚老保罗·马丁之子小保罗·马丁继承并发扬。

1945年以后,加拿大出色的外交实践很快被印上了"皮尔逊式国际主义"的标签。在此之后,皮尔逊式国际主义外交政策拥有一大批坚定的支持者和优秀的实践者:阿诺德·希尼(Arnold Heeney)、约翰·霍姆斯(John Holmes)、埃斯科特·里德(Escott Reid)、诺曼·罗伯逊(Norman Robertson)以及休姆·朗(Hume Wrong)等,这些皮尔逊主义者大多在二战后进入加拿大外交界任职。根据当时的国际环境,皮尔逊本人以及这些出色的外交家均意识到无限制的民族主义的危险性。他们普遍认为和平只能通过一个基于所有国家承诺的强大的国际组织来进行维护,也只有如此,大规模的世界性战争才能够被避免。正如加拿大当时对联合国的承诺,这些都充分体现了加拿大国际主义将理想主义目标与自身利益相结合的特征。皮尔逊如是说道:"在战争中所学到的一切经验,都再次确认并坚定了我对加拿大外交政策的基本主张,即不要胆怯或害怕作出承诺,要积极地承担国际责任。于我而言,民族主义和国际主义是一枚硬币的两面。为了和平而进行的国际合作是国家政策中最重要的内容。"[1]

皮尔逊对和平的理解植根于其基督教卫理公会的背景以及丰富的外交从政经历,同时也反映了加拿大的民族精神。皮尔逊一家深受基督教卫理公会信仰的影响,特别是体现在个人责任感、对和平价值的重视以及对正义

---

[1]　John W. Holmes, *Canada: A Middle-Aged Power*, Ottawa: McClelland and Stewart Limited, 1976, p.67.

的认同等方面。①这三项价值观不仅反映出皮尔逊对其信仰的坚定和守正，同时也塑造了皮尔逊参与国际事务的方式。加拿大记者安德鲁·科恩总结出皮尔逊式国际主义"组成的要素是调解、温和、耐心和'创造性的'模棱两可，而隐藏于这些要素背后的哲学思想是基于将加拿大看作为一个'诚实的中间代理人'和'有益的关系修复者'，也可以说是将加拿大视为在国际体系中扮演谈判者、维和者、奉献者以及人道主义者等角色的中等强国。"②皮尔逊承认人类将永远不会停止其不满，因此国际社会需要规则和规范来维护其秩序。同时，他也相信在正确的指导下人们能够，也将会进行合作。皮尔逊曾在1949年下议院的演讲中说道："没有不可避免的战争，没有不可改变的魔鬼。"③虽然个人总是本能地追求自身利益，但是有效的领导可以帮助他们认识到集体利益同样也服务于个人利益。另外，皮尔逊接纳在国际事务中武力所发挥的作用，但是在冲突管控和危机解决过程中必须对武力的使用加以限制。如果不是有明确的自卫需求，任何武力的使用都是违反"自然律原则"的，不能被称为"人类文明"的行为。④以上这些价值观信条都被印在了"皮尔逊式国际主义"思想中。诚如，在1954年参加美国基督教会全国委员会（the National Council of Churches of Jesus Christ in America）时，皮尔逊讲道："忍耐、勇气、审慎和远见是指导我们外交政策的四大推动力，比起基于武力所得到的和平，我们将致力于寻求更加坚固和持久的和平愿景。"⑤具体而言，忍耐是指为了能让主战派转向最终通过合作来解决问题，加拿大愿意接受妥协和折中；勇气是指加拿大追寻正当与公义的政治意愿和决心；审慎是指哪怕只是获得最小的胜利，也应该遵循在自己的能力范围内行事；远见则是来源于对社会自身会不断进步的信仰。⑥

---

① John English, *Shadow of Heaven：The Life of Lester Pearson*, *Vol.1, 1897-1948*, To-ronto：Lester and Orpen Dennys, 1989, p.13.

② Andrew Cohen, "Pearsonianism," in Norman Hillmer(ed.), *Pearson：The Unlikely Gladiator*, Montreal：McGill-Queen's University Press, 1999, p.153.

③ Lester B. Pearson, "From the honourable member for Algoma East," February 4, 1949, in Lester B. Pearson(ed.), *Words and Occasions*, Toronto：University of Toronto Press, 1970, p.87.

④ Lester B. Pearson, *Democracy in World Politics*, Toronto：S. J. Reginald Sanders and Company, 1955, p.24.

⑤ Lester B. Pearson, "Christian Foundations for World Order," December 2, 1954, in Les-ter B. Pearson(ed.), *Words and Occasions*, Toronto：University of Toronto Press, 1970, p.132.

⑥ Adam Chapnick, "Lester Pearson and the concept of Peace：enlightened realism with a hu-man touch", *Peace & Change*, Vol.35, No.1, January 2010, p.106.

纵观皮尔逊的职业和政治生涯,特别是他的外交思想中有几个显著的特征。作为历史学教授,皮尔逊是一位自由的乐观主义者,认为通过激发他人的希望、不受限制的思想交流、采取创造性的行动改变人们所处环境的方法,人可以作出改变。权力的深层次结构,如英国的衰落、美国霸权的崛起、法国的背信弃义,对他来说都不是最重要的。他是一位典型的理想型国际主义者,相信如果人性得到救赎,完整的国家主权和独立将是世界发展方向的对立面。然而这些理想主义的价值理念并没有使皮尔逊变得不切实际,他认为"真正的现实主义是一个人既能看清事情是怎样的,又知道事情能变成怎样的"①。也可以说,对皮尔逊而言,和平既是现实政策的需要,也是对未来的期许与盼望。正如,皮尔逊在其回忆录中写道:"虽然政治是可能性的艺术,但是,政治艺术能够也应该在不缺乏远见和理想的情况下进行实践。"皮尔逊式国际主义外交实践被誉为是加拿大外交政策的"黄金时代"。在此期间,加拿大对国际和平作出的贡献为其日后参与国际事务积累了丰富的信任资本。

二、关于世界秩序的构想:集体安全观

早在20世纪初,"集体安全"这一概念便已出现,并在伍德罗·威尔逊(Woodrow Wilson)的理想主义外交政策中声名鹊起。加拿大先后参与过两次集体安全的尝试:第一次是建立国际联盟;第二次则是战后联合国的成立。加拿大长期保持对联合国的参与,是基于其世界秩序的理念,对国家权力的限制以及对均势的反对。

用集体安全来代替均势是基于对第一次世界大战的教训而来。世界和平的维持应该通过国际组织的集体安全力量来实现,以往传统的外交方式将被新的维护和平的方法所取代。集体安全要求所有国家团结在一起,通过国际组织来制止和挫败任何国家通过利用经济、政治以及军事制裁来实现其野心。实现集体安全是《联合国宪章》中最为卓越的志向和愿望。无论是在联合国框架内的集体安全还是在北约组织内的集体安全,皮尔逊代表加拿大积极参与其中。

"人人为我,我为人人"是集体安全的口号。②集体安全设想的是所有国

① Lester B. Pearson, *Democracy in World Politics*, Toronto: S. J. Reginald Sanders and Company, 1955), p.121. Erika Simpson, "The Principles of Liberal Internationalism According to Lester Pearson," p.86.

② John W. Holmes, "Canada and 'Collective Security'" in *Canada: A Middle-Aged Power*, Ottawa: McClelland and Stewart Limited, 1976, p.73.

家保证所有国家的安全,所有国家对付一个国家。保护一国安全就是保护大家的安全,即安全共享;当一个国家受到安全威胁或侵略时,其他所有国家应像保护自己一样反对侵略者,即风险共担。

传统意义上,国家安全属于自我界定和自助的领域。相对而言,世界秩序则是为了寻求在国际体系内限制国家自治权并控制保护与征服欲望的方式。自潘恩和康德开始,世界秩序的倡导者对国际政治的改革充满着希望和信心。历史上,国家间的秩序依靠的是基于权力的分配和盟友的暂时协定。秩序是之后提出的,往往从属于现有政体并期待国家利益的汇合。世界秩序将全球稳定放在对国家生存的平等对待上,将政治的基础从在国际体系中对国家特性的硬性需求(对国家主权的强调),转变为基于共同的国际社会契约之上的世界公民社会。因此,皮尔逊的世界秩序和外交政策的实质就是集体安全。①

无论是否支持均势体系的废除,或者在世界事务中运用国际法原则,或者认识到战争是对抗文明的罪行应该被消除,皮尔逊显示出对国际政治改革的信心。全球联合是这些主张的终极目标,集体安全的努力是通向这一目标的可供选择的手段。战争和民族对抗的愚蠢最终将被公义所克服。人类之间的友谊、和平团结以及通过耐性与进步而达成的更好未来成为这些声明中的关键词。

三、功能主义理论下的中等国家身份

20世纪四五十年代,加拿大政府在国际组织中实践代表权的方式受到了功能主义原则的深刻影响。这一原则不是加拿大人的发明,却逐渐受到加拿大的偏爱。其核心概念在于,"决策责任"应该由那些在某一事务上最有贡献能力的国家共享。②

在1946年莱斯特·皮尔逊成为外交部副部长之前,加拿大一直被认为是一个"二等国家"(secondary power),是美国和英国之间的桥梁以及中间国家。③加拿大作为中等强国的概念是在皮尔逊任期内被大家所熟知的。皮尔逊视加拿大为两极核世界中的一员,被两个超级大国所主宰,与众多中

---

① Peter Gellman, "Lester B. Pearson, Collective Security, and the World Order Tradition of Canadian Foreign Policy", *International Journal*, Vol. 44, No. 1, Winter 1988/1989, pp.68~101.

② Tom Keating, Canada and World Order: *The Multilateralist Tradition in Canadian Foreign Policy*, Toronto: McClelland & Stewart Inc., 1993, pp.28~30.

③ Peyton V. Lyon and Brain W. Tomlin, *Canada as an International Actor*, Macmillan: Toronto, 1979, p.11.

等国家和小国一起生存。①虽然战争削弱了许多国家,但是加拿大本土却免于战火并保留了强劲的经济实力。皮尔逊认为,"正是这样一个好的时机,以及对这个战略机遇期的利用,才使加拿大的国际政策和行为比其他国家更加坦率"。根据约翰·霍姆斯(John Holmes)所言,扮演中等国家的角色意味着,加拿大外交试图在联合国和其他国际组织中扮演超级大国的"中间人",成为折中方案的发起者,为了避免危机态势去进行游说,在国际组织的主导下寻求国家之间的缓和关系。用霍姆斯的话说,中等国家"调解人"的角色符合加拿大的国家哲学。

　　战后对功能主义的重视成为加拿大国际主义外交政策中的重要维度。在采用这一观念时,加拿大的发言人对其主要提出者表达了深深的感激。戴维·米特兰尼(David Mitrany)在其著作《可运行的和平体系》一书中提出了创造一个在非政治或"功能性"领域将各个国家联系起来的组织。在米特兰尼眼中,功能性合作将成为引领国际关系新的纽带,最终将会减少国家之间的政治冲突。约翰·霍姆斯将这一"可运行的和平体系"归于以下的方式或途径,即"一步步创建一个国际规则与规范体系"。这一观念的核心内容反映了1945年之后加拿大外交政策思想,威廉·金总理如此表述道:"如果新的世界秩序仍然是仅仅依靠权力,那么和平将不会持久。对安全的看重,以及为了对安全的追求和应对威胁而不断增强军备能力,这些都是不够的。真正的安全要求在其他众多领域进行国际合作,并建立国际组织,比如社会福利、贸易、科技进步、交通运输、经济发展等方面。总体的目标应该是在保留民族主义中好的方面的同时降低其热情,由此消弭民族对立或是降低民族主义重要性的边界。这就需要一个广泛且富有成效的合作。"②

　　然而,在加拿大强调"功能主义"这一观念时,对他们而言最重要的是加拿大自身利益的提高。他们尤其关切的是依照功能主义的标准,国家在国际组织中的代表权问题,因为他们担心大国的精英主义——这已体现在联合国宪章中关于安全理事会的条款中。这些条款产生了一个新的合作体系,一个国际政治中的等级体系,即位于顶层的大国和在它们之下的其余国家(包括加拿大)。国际组织中功能性的代表权原则将是化解这一精英统治的良方。功能主义代表原则将赋予国家的角色和职责,无论是大国、中等国家或是小国,它并不与国家的地位形态相一致,而是根据国家在特定领域的

①　Lester B. Pearson, "Canadian Foreign Policy in a Two-Power World," in *Words and Occasions*, Toronto: Oxford University Press, 1970, p.101.

②　R. A. Mackay(ed.), *Canadian Foreign Policy 1945-1954*: *Selected Speeches and Documents*, Toronto: McClelland and Stewart Limited, 1971, p.5.

影响力或存在度来判定,这样它们的利益和专长将会连接起来。在战后初期加拿大在非大国中占据一个杰出的地位,特别是在航空技术、国际贸易和原子能等领域,这些都在二战之后得到了大发展。功能主义被加拿大视为一种让其能够在国际事务中发言的路径。加拿大和其他非大国寻求的功能主义合作,实际上是为了让自己能够参与其中,而且还有一个最重要的益处就是能够参与新的国际体系的建立。因此,这项政策隐含的目的不言而明是具有政治性的,即小国向大国争取权利。

随着冷战的爆发,功能国际主义被军事安全事务遮住了光彩。直到20世纪60年代,功能主义都未能复兴,而集体安全的国际主义理想此时更具卖点。但是,由于冷战期间的敌对环境以及苏联在联合国安全理事会中的否决权,集体安全的理念也夭折了。迅速认识到联合国在这一安全领域的无能为力,加拿大国际主义者开始不情愿地推动美国所建立的北约组织,并在这一组织中发挥并实现其中等国家的功能主义作用。1949年之后,这一军事联盟成为加拿大中等国家外交政策施展的关键平台。虽然成为北约成员国,但加拿大的国际主义外交理念并没有遭到抛弃。在集体安全的幻想消亡后,调停斡旋和维护和平填补了加拿大理想主义动力的空缺。加拿大在这些领域的外交实践成了中等国家国际主义的标志,为一个由西方主导的联合国和其附属的北约组织,提供了一项全新的功能领域,同时也是一项议程设置。在相互敌对的国际环境中,需要一个调停者。尤其是在大国谈判失败的时候,他们惯于利用加拿大的优势,加拿大也愿意利用自身优势而不被限制。大国将其锁在威慑平衡的怪圈中,它们的每一个行动都会增加风险,而中等国家外交行为的活动范围就会被扩大。冷战的敌对态度为加拿大提供了实施有效的斡旋技艺的基础条件,而在西方国家中的"外交信任度"则来源于加拿大对西方价值观的忠诚。加拿大外交官能够在被冷战格局影响的联合国体制内寻求妥协方式,是因为加拿大在西方价值体系中的忠诚度是毫无疑问的。这些外交官能够找到冷战军事封锁中的妥协,也同样是因为加拿大对北约的忠诚是毋庸置疑的。相对于其他盟友来讲,加拿大在北约的军事协定中是处于边缘化的。然而正是这一边缘化的地位,反过来成就了加拿大在外交手段上的运用范围。另外,加拿大中等国家的功能主义思想还反映在北约的"加拿大条款"上,即加拿大促使其北约盟友如北约宪章第二条所示,进行北约成员之间的非军事形式的合作。这样的合作是加拿大眼中大西洋联盟的雏形,基于所有成员国的共同利益,它将维护盟友的团结。同时,北约宪章第二条以及非军事合作符合加拿大的利益,它不仅巩固与北约欧洲盟友之间的联系,而且还可以作为限制美国的砝码。

同时,中等国家国际主义同样反映在加拿大对美国在朝鲜战争和 20 世纪 50 年代的台海危机时滥用权力而表示了特别关切。加拿大在西方国家和发展中国家之间起到了桥梁作用,比如,加拿大促使英帝国转变为多种族的英联邦。中等国家身份的典型优势还体现在皮尔逊在 1955 年作为外交部长时对苏联进行的首次访问;加拿大本能地没有拒绝华沙组织提出的关于在中欧削减军备的提议。另外,中等国家国际主义还体现在加拿大在克什米尔冲突、巴勒斯坦问题和苏伊士运河危机中进行维和行动的许诺。

第三节 皮尔逊式国际主义外交政策的实践

加拿大对自身的"中等国家"定位以及美国对其产生的持久影响,贯穿于加拿大战后初期外交的基本方面。自 1939 年起,加拿大在国际事务中扮演着一个越来越重要的角色。敦刻尔克大撤退,当加拿大的军队和补给帮助英国度过来自德国的侵袭时,加拿大就不再是一个小国了,战争的影响将加拿大提升到一个新的地位。[①]然而,加拿大稀少的人口以及缺乏殖民财富使其无法成为一个主要的世界大国。但是,加拿大的自然资源、国民素质、彰显的实力及其潜力都预示着它不是一个小国。在国际政治的舞台上,它扮演着中等强国的角色。

一、大西洋主义思想下的加美关系

对于加美关系这一双边关系来讲,大多时候都是在多边框架内完成和实现的,究其原因就是加拿大害怕被大陆主义所吞噬,让自己好不容易得来的独立,被另一个帝国所抢去。加美这一双边关系中的核心是加拿大与美国保持一种稳定的、有利可图的经济关系,而在其他方面则大多是受到多边关系的影响。莱斯特·皮尔逊对大西洋主义思想一直持有一种天然的执着和幻想。1958 年,皮尔逊在大西洋联盟发表讲话重提他在 40 年代中期的一个话题,即"我国的使命不可能在孤立中实现,充分显示我国伟大的途径之一,就是为建立一个真正统一的大西洋共同体而努力"[②]。虽然加拿大对大西洋共同体的设想并未实现,但是直到 1968 年北约的欧洲盟友,特别是

---

① Lionel Gelber, "Canada's New Stature," *Foreign Affairs*, Vol. 24, No. 2, Jan. 1946, pp.279～280.

② Arthur E. Blanchette(ed.), *Canadian Foreign Policy 1955-1965*: *Selected Speeches and Documents*, Toronto: McClelland and Stewart Limited, 1977, p.143.

英国,一直是加拿大平衡美国权力、规制加美关系的重要角色。

直到第二次世界大战爆发前,加拿大在外交上一直依赖英国,没有能够形成自己独立的外交。加拿大在外交上依赖英国还有其深刻的经济根源。为了抵御来自美国的威胁,加拿大必须得到英国的支持。加拿大建国后,加美经济矛盾表现突出。美国政府长期实施保护关税政策,经济实力较弱的加拿大多次向美国提出恢复互惠贸易条件,均遭到美国拒绝。加拿大为了抵制美国的经济压力,不得不采取与英国缔结帝国优惠制的政策。从19世纪后半叶,英国在加拿大的投资,特别是在铁路建设方面的投资,对加拿大的经济发展产生了强有力的影响。英国在加拿大的投资在1914年时占外国在加投资额的72%。同时,英帝国还是加拿大最大的海外市场,加拿大与英帝国的贸易处于顺差,与美国的贸易处于逆差,加拿大用从英帝国赚取的盈余去偿付对美国的亏欠。加拿大与英美间的这种经济关系被称为"北大西洋三角关系"。这种相对平衡的三角关系是加拿大在外交决策时与英国保持步调一致的经济前提。

然而,一战后情况开始发生变化。首先,随着加拿大工业化进程的加速,经济迅速发展,国力增强,对外政治、经济交往不断扩大,加拿大的民族意识逐渐觉醒,外交大权旁落的尴尬局面已经成为制约其国家发展的严重障碍,要求自己掌握外交的呼声日渐增强。在国际事务中,加拿大不愿意继续作为英国的附属国。在关系到国家安全的重大问题上,加拿大必须作出符合本国利益的外交抉择。值得注意的是,二战期间加拿大对英国的援助已经不像以前那样是出于自治领对母国应尽的义务,而是强调这是加拿大对"另一个国家"的援助。因此,援助英国也成了加拿大二战初期外交政策的主线。同时,在援助英国的过程中,加英关系也经历着重大的调整。

其次,传统的"北大西洋三角关系"开始出现倾斜。一方面,美国对加拿大的经济影响越来越大,另一方面,美国和加拿大的经济关系也开始改善,体现在美国对加投资的迅速增长、加美互惠贸易条约的签订。加拿大对英国的经济依赖的相对减弱,也为加拿大从外交上摆脱英国的影响创造了条件。战后加拿大还有一个重要特征是,其经济及社会生活中美国成分的增多及影响的加深。50年代中期,美国资本占加拿大外资总额的80%,这些资本控制着对加拿大经济发展有着重大影响的新兴工业部门。美国资本的大量流入对加拿大经济开发起到了巨大的推动作用,但也使其进一步美国化。加拿大对美国经济上的依赖性,军事上的软弱性,加上政治文化和地理等因素,使其对外政策势必与美国的外交政策紧紧联系在一起。但是加拿大并不甘心做美国的附庸,努力争取在美国允许的范围内有所作为。

涉及最为敏感的双边关系时,皮尔逊式的路径反映出皮尔逊相信的加拿大在战后早期所推崇的"参与式国际主义":"它帮助我们脱离与我们的邻国过于紧密的大陆主义关系的危险,不会丧失在这个不可避免的且极其重要的联盟关系中的政治和经济优势。"与此同时,皮尔逊也劝勉加拿大人接受美国的优先地位作为全球秩序的最终仲裁者的现实。外交上,他称之为"对主次观念和包容的需要,对领导地位及权力保障特殊影响力和地位的认识"。加拿大的目标不是去直接影响大国的政策,而是去影响它们追求其政策的国际环境。比如,核时代下加拿大对美国的不断敦促。加拿大仍然强调是基于国际秩序的承诺下的合作,而不只是单单寻求美国的保护伞。和平如果要达成的话,必须与世界超级大国进行协调,这取决于小国能否运用软实力来劝导它们的行动。考虑到这些限制,与美国保持一个紧密的合作联系符合加拿大的国家利益,即使有时会在美国的利益下屈就,或是在一定程度上有悖于加拿大的国家理念。

不难证明,加拿大国际主义在其黄金时代将其理想主义与实用主义协调一致。加拿大外交政策中的理想主义从来都不是一种意识形态的空想,而是指导其对外行为的一系列坚定的信念。在加拿大的政治传统中没有教条,没有"绝对命令",一切都来源于对加拿大如何成为一个国家的经验。加拿大国际主义的现实主义体现在他们知道最终解决方案不多,同时其理想主义又在于其相信一定能找到可以解决的方法。加拿大国际主义中的理想主义体现在对共同利益的追求——这也是其国内信条"和平、秩序和良好政府"的国际变体。而现实主义的部分体现在对加拿大自身利益的维护,通过与其盟友一起(甚至依靠盟友)巩固加拿大的地位。

二、危机驱动型外交模式——作为"调停者"的加拿大

战后加拿大作为国际"调解者"(peacemaker)其出色的多边外交获得广泛的认可。然而,加拿大外交官并不是抱着一种预先准备好的使命心态来进行危机处理的,他们在国际关系中是被动应对不可预见的危机。因此,加拿大外交"黄金时代"的成功秘诀来源于这种危机导向型外交。同样,中等国家的身份特性也不是预先谋划的,而是实践者淡化了对长远目标的追求。[①]中等国家身份特性是实用主义的,也是多边主义的,它针对不同问题

---

① George Ignatieff, "Secrecy and Democratic Participation in the Formulation and Conduct of Canadian Foreign Policy," in Thomas Franck and Edward Weisband(eds.), *Secrecy and Foreign Policy*, New York: Oxford University Press, 1974, pp.57～58.

来寻求不同解决方案,并运用灵活且折中式的外交方式。这里再一次体现了国内经验在塑造加拿大对外关系时的影响力,霍金称之为"联邦主义"的路径。冷战期间,加拿大经历了其外交上的"黄金时代",先后经历了朝鲜战争(1953年)、苏伊士危机(1956年)、古巴导弹危机(1962年)、越南战争(1959年)等的调停斡旋,加拿大在一系列危机中发挥了"调解者"作用。加拿大人对莱斯特·皮尔逊最为持久而深刻的记忆应该是他作为一个在世界舞台上充满外交技能的调停者。在其任职期间的许多国际危机中,皮尔逊都扮演了一位谈判者的角色。

加拿大一直以来视联合国为实现履行国际责任最为重要的引擎和平台,称其为"人类最好的希望"。在联合国框架内进行维和行动是加拿大履行国际主义使命的主要渠道。虽然严格意义上讲加拿大正式参加联合国维和行动是从1956年苏伊士运河危机开始,并组建了联合国的第一支维和部队。然而早在1948年第一次中东战争期间,加拿大就承担了在巴勒斯坦的第一批观察员的任务,这也是联合国的第一次维和行动,在随后便成立了"联合国停战监督组织"(United Nations Truce Supervision Organization, UNTSO),并于1949年成立了"联合国驻印度巴基斯坦军事观察小组"(United Nations Military Observer Group on India and Pakistan, UNMOGIP)。

1956年苏伊士运河危机的解决,被誉为加拿大最为成功的外交斡旋案例。在处理此次危机时,皮尔逊主要有四个目标:(1)缓和威胁地区乃至影响全球安全的苏伊士运河危机,因为当时赫鲁晓夫声势浩大地威胁要用核弹扫平整个西方;(2)皮尔逊旨在为了帮英、法两国挽回面子,防止它们被国际社会视为侵略者,并导致被联合国安全理事会,甚至被美国艾森豪威尔政府所抛弃;(3)挽救英联邦的团结,由于这次事件的恶劣性,导致英国在苏伊士运河的行动被视为"一场帝国主义的冒险";(4)皮尔逊还试图展现联合国运用外交手段处理地区及全球危机的能力。由于皮尔逊出色的外交斡旋,以上四个目标均被很好地实现。基于对皮尔逊缓解世界危机所做贡献的肯定以及他在联合国维护部队建立中发挥的作用,皮尔逊在1957年获得了诺贝尔和平奖。

同时,1950～1953年的朝鲜战争加拿大同样以其娴熟的外交斡旋在调停危机中发挥了重要作用。1952年夏天,联合国大会主席皮尔逊,发起一系列外交接触和幕后谈判,最终产生了一个冲突双方达成协议的结果。作为加拿大前印度高级代表切斯特·朗宁(Chester Ronning),在1966年评价皮尔逊的成功时,将其归因于以下几点:(1)和印度以及其他与加拿大观点一致的国家进行合作;(2)坚持与所有支持停战协定的联合国成员国进行磋商;(3)与美国和其他参与朝鲜战争的国家进行"友好的幕后谈判"。①总之,朗宁评价道:"加拿大的这次斡旋,与其解决苏伊士运河危机一样的成功和重要。"

综上所述,皮尔逊时代的成功虽然在于其危机导向型外交解决方式的运用,但是背后总会蕴含着皮尔逊对整个国际秩序构建的大计划或宏伟蓝图。

三、国际组织框架内的制度建设与议程设置

即使不在解决危机冲突时,皮尔逊等外交家也同样活跃在联合国、英联邦以及北约组织等多边舞台上,促进制度建设和改进。诚如,皮尔逊被肯尼迪评价为:"他是大西洋共同体和北约发展的关键人物,甚至于在塑造联合国中也扮演着领导性的角色。"②

(一)加拿大与联合国

1945 年在旧金山举办的联合国大会上,加拿大提出联合国应该成为全人类实现国际安全、合作和和平的最佳期望。同时,加拿大在一群国家中处于领头羊地位,这一群国家被称为"中等国家"。加拿大在这次会议上确定了以下几点目标:(1)压制大国在新的全球组织中压倒性的地位;(2)基于功能主义的原则,增加中等国家的声音和影响力;(3)限制安理会五个常任理事国的投票权;(4)建立联合国警察部队;(5)强调经济社会合作和发展的重要性,并将此作为巩固国际安全与和平的最佳途径。

加拿大积极倡导中等国家功能主义,并获得喜人的成果,特别是体现在加拿大代表团对整个联合国宪章的最终确定发挥了重要影响。比如,在加拿大的提议下,第 23 条第 1 点中"大会应选举联合国其他十会员国为安全理事会非常任理事国,选举时首先充分斟酌联合国各会员国于维持国际和平与安全及本组织其余各宗旨之上贡献,并宜充分斟酌地域上之公匀分配"③。其他条款中也有很多是加拿大代表团提出或者受到加拿大代表团意见影响的,其中包括:第 10～12 条,关于联合国大会的职能;第 23 条,关

---

① Erika Simpson, "The Principle of Liberal Internationalism According to Lester Pearson," *Journal of Canadian Studies*, Vol.34, No.1, Spring 1999, pp.75～88.

② John F. Kennedy, "On Diplomacy in the Nuclear Age," *International Journal*, Vol.29, No.1, Winter 1973/1974, p.67.

③ 详情可参见《联合国宪章》第五章安全理事会中的第二十三条内容,https://www.un.org/zh/about-us/un-charter/chapter-5。

于安全理事会的组成;第 24 条第 3 点,关于安理会向联大提交报告;第 44 条,关于安理会使用武力的情况;第 100、101 和 105 条,关于秘书长及相关办事人员的选拔;以及第十章中关于建设"经济及社会理事会"的事项,以上大部分由加拿大代表团提出的方案都被采纳。

除了在调停危机和维护和平方面取得的重大成绩,加拿大当时在联合国被称为"国家对外关系的基石",包括军控、社会经济发展、教育、科技等各个方面议题,加拿大都有十分活跃和创造性的表现。

(二)加拿大与北约

加拿大的理想主义者曾经对联合国寄予无限的美好希望,特别是在集体安全的实现方面,而这一理想在 1946 年冷战爆发之后彻底破灭了。随着冷战的爆发、两个超级大国的敌对,渥太华深刻地感受到国际环境发生的变化。对渥太华而言,路易斯·劳伦斯时期的加拿大是号召建立大西洋集体防务组织的首发阵容国家之一,并致力于在北约组织内实现集体安全体制。

1948~1949 年,在建立北大西洋公约组织的谈判时,加拿大至少在两个方面提出了自己独特的观点:第一,作为大西洋联盟最为忠实的支持者(在大西洋主义思想的指导下),拉上美国一同保卫欧洲,并遏制苏联的扩张。第二,坚持北约不能仅仅是一个军事组织。正如埃斯科特·里德(Escott Reid)曾说,加拿大在北约多边谈判期间的主要目标如下:(1)在美国的领导下形成条约,而不仅仅是相关声明;(2)达成条款来确保集体防务;(3)包括一个成员国之间非军事合作的有力条款;(4)反对意大利加入成员国,同时将条约范围涵盖到阿尔及利亚(法属领地)。最后,加拿大谈判代表方成功实现了第一个目标,但是未能将意大利排除。同时,华盛顿反对在非军事合作上施压,不过加拿大还是成功地在北大西洋公约中加入了第 2 条:"缔约方将通过加强其自由体制,使人们更好地理解这些机构建立所依据的原则,以及促进稳定和福祉的条件,为进一步发展和平友好的国际关系作出贡献。他们将努力寻求消除其国际经济政策中的冲突,将鼓励成员国与成员国之间或者是所有成员国之间的经济合作。"[1]这一条款也被称为"加拿大条款"。

加拿大对北约成立的贡献体现了这个国家对温和与中庸的喜好。具体而言,加拿大比其他任何盟国都拥有更少的好战性和胁迫性。渥太华在处理和莫斯科的关系时,也坚持提倡温和、中庸的态度,试图劝阻其他盟国无

---

[1] 详情可参见《北大西洋公约》第 2 条内容,http://www.nato.int/cps/en/natohq/official_texts_17120.htm。

论是从措辞上还是从战略上,避免刺激苏联并加剧东西方之间的不信任和危机感。另外,加拿大的政治家(特别是劳伦斯和皮尔逊)倾向相信西方政治制度和价值观所体现的优越性最终会足以为其赢得冷战的胜利。

1950～1970 年间,加拿大为北约防务作出了巨大的贡献,付出了大量的军费开支,同时也证明了加拿大对大西洋联盟安全作出的务实付出。然而,加拿大加入北约的动机也包括获得一种有效的"平衡"。如今,作为加拿大传统保护者的英国实力已明显衰弱,加入北约的欧洲被期待成为加拿大平衡美国压倒性影响力的关键力量。换句话说,加拿大在西方体系中的利益价值和信任度通过北约成员国的身份被塑造和提升。因此,作为集体安全组织的北大西洋联盟符合加拿大对控制西方超级大国美国实力和影响力的要求。

(三) 加拿大与英联邦

加拿大外交在黄金时期,将英联邦视为另一个重要的引擎和平台,以此来建立与第三世界国家以及发达工业民主国家英国、澳大利亚和新西兰之间的关系。实际而言,正如在 1926 年帝国会议(承认联邦自治权)上,加拿大在《贝尔福宣言》(Balfour Declaration of 1926)施行中发挥的重要作用,加拿大坚定地帮助英联邦扩大到了印度。于是,威廉·金总理向尼赫鲁总理保证使印度保留其英联邦成员身份。尼赫鲁最初担心英联邦将会成为大英帝国及其成员国的另一种翻版,这将与印度的共和制相违背。然而,加拿大则提出英国将只是"英联邦的皇冠",其他国家不一定要接受其君主体制,正是如此才打消了尼赫鲁的担忧,为其加入英联邦铺平道路。在印度选择留在英联邦之后,巴基斯坦和斯里兰卡也跟随其后加入。

1950 年 1 月,在斯里兰卡首都科伦坡举行的英联邦会议上,莱斯特·皮尔逊作为主要提倡者之一发起了对南亚和东南亚的经济合作发展计划,也称为"科伦坡计划"。科伦坡计划是战后第一个多国援助计划。皮尔逊宣布加拿大每年将贡献 2500 万加币给该项目,这也创下了对第三世界发展援助领域的加拿大纪录。而印度也许是该计划最大的受惠国,加印之间关系的丰硕成果体现在两国之间大量的共识和外交行动中,比如在解决朝鲜战争和苏伊士运河危机中的合作,以及维和行动中的合作。

同时,英国仍是加拿大外交政策中的焦点,基于英国和加拿大之间深刻的历史、语言、文化和政治价值观渊源。除了这些感性联系之外,两国在冷战期间还拥有共同的战略认知以及对美国在欧洲地区持续存在的需要(安全保护)。最后,如果说苏伊士运河危机导致了加英两国关系某种程度的破裂(加拿大国内的保守派斥责渥太华背叛伦敦),那么之后皮尔逊在联合国的表现和作为则最好地服务于英联邦和英国自身的利益。

在英联邦的支持下,加拿大的声誉在各个领域得到了巩固。这个多边平台不仅成为加拿大对美国权力及其影响的平衡,而且能够支持和颂扬加拿大的价值观并实现其功能主义的需求。第 27 届总理保罗·马丁(Paul Martin)反复赞扬加拿大外交政策在英联邦中发挥的作用,反之亦然。皮尔逊总结出自己对该组织特性和价值的认识,并在回忆录中写道:"这不是一个帝国、不是一个联盟、不是一个权力集团,抑或相互保障安全的组织。它既不是一个外交团体,也不是一个贸易和货币体系。用我的话来说,它是一个团契,其信仰价值来自各个民族组成的团体,平等自由地联接在一起,并持守这样的愿望——相互帮助并为世界树立一个跨种族的、保持国际友谊和国际合作的典范。"

在英联邦中,加拿大再一次表现出其对国际主义外交政策中的理想主义价值的热情,同时也挽救了英联邦。加拿大和其非洲以及亚洲的成员国站在一起在反对种族主义的同时,也抵制武力的使用。这也就是为什么在 1965 年之后,皮尔逊在国际上被视为在工业化西方国家中第三世界最好的朋友。

总之,英联邦成为加拿大施展其中等国家身份的主要平台。在英联邦,加拿大的长期目标包括加强与第三世界成员国之间在政治、贸易和文化方面的联系。另外,英联邦为加拿大提供了无数的机会参与南北问题的协调以及提升信任度和威信。最后,这个包括多民族和多人种的国际组织为加拿大提供了另外一种对美国的"平衡"。

第三章 "特鲁多式国际主义"外交政策
(1968～1984 年)

1968 年,莱斯特·皮尔逊的继任者皮埃尔·特鲁多上台执政。面对国际环境发生的新变化,特别是冷战局势进入了缓和时期,特鲁多总理开始对加拿大国际主义外交政策进行全面调整,突出表现为"特鲁多式国际主义"具有明显的实用主义原则转向。基于对国际国内环境的现实考量,"特鲁多式国际主义"旨在以更加理性且务实的态度平衡加拿大外交政策中国际利益与国家利益之间的关系。

第一节 特鲁多时期加拿大外交面临的国际环境新变化

1968 年,皮埃尔·特鲁多(Pierre Trudeau)成为加拿大第 15 任(第 20 届)总理,他上台后在外交领域进行的第一个举措便是全面回顾并审视战后加拿大的对外理念与政策,并敏锐地察觉到加拿大面临的国际环境新变化。

第二次世界大战打破了以欧洲为中心的世界政治格局,美国在战后初期凭借其大战中逐步确立的资本主义世界经济霸主地位,通过一系列战略安排及对外政策,迫使其他西方国家纳入美国的全球战略轨道。同时,战后社会主义从一国发展到多国并形成以苏联为首的社会主义阵营。两大阵营之间从政治上的相互对立,到经济领域帝国主义集团的经济封锁和社会主义国家的反封锁,再到军事上集中在欧亚两洲的"冷战对抗",以及意识形态上的和平演变与反和平演变的斗争,这一系列的两极对抗代表的冷战局势,成了战后国际政治格局的主线。直至 20 世纪五六十年代,国际局势开始发生重大转变。首先体现在两大阵营内部各自都出现了不同程度的分化与重组。战后,西欧、日本的实力迅速崛起,它们不甘心作为美国的附庸,并开始努力争取摆脱美国的束缚。1958 年,戴高乐出任法兰西第五共和国总统,先是建立法德联盟,继而退出北约军事一体化(1966 年),再到与中国建交,这一连串的大胆行为都昭示其谋求大国地位、不愿再听命于美国的决心。而正当两大阵营内部出现分化和重组以及冷战局势出现缓和的征兆时,作为新兴力量的发展中国家也迅速崛起。应该说,处在两大阵营冲突对抗的夹缝中,基于自身实力等现实因素,加拿大除了依附于强大的近邻,以寻求政治、经济、防务等各方面的保护之外,别无他选。所以,冷战对抗越激烈,加拿大就越需要依附美国,越是更进一步被美国控制。时任加拿大外交部长的主要助手埃斯科特·里德一针见血地指出,东西方之间的"冲突越尖锐,渥太华就越依附于华盛顿"①。在特鲁多眼中,这种冷战局势趋缓的征兆为加拿大走出冷战阴影和美国羽翼、在防务上减少对美国的依赖、调整其外交政策、重新根据自己的国家利益而非美国的喜好决定外交战略提供了绝好的机会。

在美国实力相对下降的同时,西欧和日本迅速崛起。第二次世界大战使西欧、日本的经济都受到沉重打击,尤其是西欧。战争结束后,西欧、日本都投入战后重建并迎来五六十年代经济的迅速增长,其经济实力明显增强,在资本主义世界的地位迅速上升。但无论是西欧还是日本,在恢复经济、重建家园的过程中,除了自身的努力和其他一些因素外都离不开美国的扶植这一重要条件。但得到援助的同时,西欧、日本也不得不受制于美国,处于被动、服从的地位。随着经济实力的增强,它们逐渐成为 60 年代崛起于国际舞台的重要力量,开始在政治上表现出独立行事的趋向。对于加拿大,这是具有重大影响的国际政治动向。首先,西欧、日本的崛起使加拿大在二战后初期形成的国际地位相对下降。其次,西欧、日本想要逐渐摆脱美国人的控制,实现独立自主的斗争,也为严重受美国影响和制约的加拿大外交寻求自主提供了可供效仿的对象和共同斗争的盟友。

与此同时,第三世界也纷纷开始崛起。第三世界泛指亚非拉地区和其他原属于殖民地、半殖民地而后获得独立的发展中国家的总和,它是第二次世界大战后逐步形成和发展起来的一支新兴的政治力量。60 年代末,第三世界国家民族解放运动从分散走向联合,开始依靠集体力量展开反帝、反殖、反霸以及反种族主义的斗争。第三世界国家以维护世界和平,反对军备竞赛、霸权主义、强权政治为基本任务,积极支持被压迫民族解放斗争,倡导大小国家一律平等原则,争取国际关系民主化,并大力维护自身经济利益,推动争取建立国际经济新秩序的斗争,所有这些在很大程度上都与加拿大

---

① Adam Bromke and Kim Richard Nossal, "Tensions in Canada's Foreign Policy," *Foreign Affairs*, Vol.62, No.2, Winter 1983, p.336.

一贯坚持奉行的外交政策不谋而合。在特鲁多看来,与日益崛起为世界另一极的第三世界国家开展广泛的外交与合作,密切与第三世界的关系,增加对其援助,都是符合社会发展进步潮流、符合加拿大追求本国利益要求的重要举措。因为第三世界的崛起不仅为加拿大外交活动提供了广阔的空间,更为加拿大实践相对独立的外交政策准备了全新的舞台,提供了展示与前任政府截然不同的外交姿态的良机。

总之,特鲁多对加拿大战后外交政策与实践反思的成果,全面体现在其1970年出台的外交政策白皮书中。根据国际环境新变化的需要,特鲁多开启了加拿大国际主义外交政策的新时代——与皮尔逊式不同的"特鲁多式国际主义"。

第二节　特鲁多式国际主义外交政策的形成

1970年加拿大外交政策白皮书具体展现了皮埃尔·特鲁多政府的外交政策理念。这份文件涉及六个方面的政策内容,同样表现了与加拿大外交黄金时代以及与第27届总理保罗·马丁时期(2003～2006年)相一致的政策理念,包括经济发展、领土与独立、和平与安全、社会公正、生活质量的提升,以及和谐的自然环境。在阐述以上加拿大外交政策关键元素时,理想主义的原则被表现出来,特别是当提及对社会公平的提升时,白皮书如此解释道:"我们主要关注两个方面的国际事务——种族冲突和发展援助。由此对应的国际行动是国际法律、标准和规则的发展制定;更多国际组织的有效运行,比如联合国发展计划、国际发展协会和发展援助委员会。"

一、特鲁多的全球伦理观

谈及对外援助时,皮埃尔·特鲁多将加拿大的价值观放在了首位,认为加拿大对贫穷国家的义务和责任来源于"两希文化及基督教文明的伦理观",并解释道"我们会最大限度地将这份社会义务和公正带给那些不幸的国家,利用大量加拿大的资源作为战后的公共支持给它们以帮助"。一个忽略他者贫穷的社会将会更加容易导致对国内贫穷的忽视;相反,一个关心他者贫穷和发展的国家将同样会关注到本国国内的贫穷和发展。除了重申皮尔逊关于外交政策是"戴上帽子的国内政策"的观点之外,特鲁多在《加拿大外交政策》中强调:"如果我们不准备为一个更加公平的国际社会作出努力,那么加拿大国内也无法建立一个真正的公平社会。因此,从这个角度来看,我们的外交政策确实是国内政策的延续。"

当涉及提高人民生活质量和福祉的问题时,1970 年发布的外交政策文件认为,加拿大不仅要为人民提供"富足的生活",而且要"实现对人性需求"的目标,这是对加拿大更有益处的生活方式。于是,相关政策的设计清晰地反映了加拿大双语政策和多元文化的特征。在其对外行为中,这个更有益处的部分便体现在加拿大为人类进步所作出的贡献。特鲁多世界观中精妙的理想主义在我们讨论其政府政策时被表述出来,特别是关于全球环境问题、军控与裁军、调解冲突、防止核武器扩散以及对外发展援助。特鲁多将加拿大视为一个"指导性国家",希望其能成为世界的典范。他多次强调"全球伦理",并不断发表诸如"我们是兄弟"、"在这个地球上我们是一个人"的理想主义言论。特别是在特鲁多就任之后,针对核武器扩散问题表现出的本能反感,总体上也偏离现代世界政治中典型的国家安全关切。他对发展中国家既理解又同情,对将财富从富国转移到穷国的必要性抱有认同,正如在国内他平等对待魁北克人一样。

特鲁多在其外交政策中同样阐述了实用理想主义。在 1968 年于埃德蒙顿发表的演讲中,他简明扼要地指出加拿大帮助"第三世界"的三个主要理由:第一,出于人道主义关切;第二,借用教皇保罗六世的话"和平的新名字是发展";第三,为了增长加拿大自身的可见的益处。[①]这三个理由相结合所体现出来的实用理想主义将作为理解加拿大外交政策核心动机和目标的关键。这三条原则也重新定义了加拿大外交政策的意义,同时也将加拿大国际主义与狭隘的现实主义和乌托邦式的理想主义划清界限。

与皮尔逊相比,特鲁多对和平的理解更加宽泛,这尤其体现在他的均衡主义思想中。特鲁多的均衡主义理念深深影响了加拿大外交政策白皮书的主要内容。特鲁多的均衡主义思想植根于法裔民族文化的基因中,在政治领域表现为强烈要求保证法裔加拿大人在加拿大社会中享有平等的公民权利和地位,特鲁多总理的家庭背景和成长经历使他步入政坛的主要动力与加拿大这一重要国内问题紧密相关。在他看来,加拿大国内政治领域的均衡就意味着在多民族的基础上建立并维护巩固的联邦体制,这不仅是加拿大最重要的政治任务,也是对国际社会最突出的贡献,它能消除国家出现国际冲突的隐患,更可以为其他国家提供经验,从而促进整个国际关系的均衡。在加拿大国内政治背景下,平衡对于构建并保持一个基于种族多元主

---

① Arthur E. Blanchette(ed.), *Canadian Foreign Policy 1966-1976*: *Selected Speeches and Documents*, Toronto: McClelland and Stewart Limited, 1980, pp.231～235.

义的可行的联邦体系是首要的。因此,在特鲁多眼中,一个稳固的联邦体系的建立不仅对于加拿大是最为重要的政治任务,而且对国际和平也是有重大贡献的,因为这样的体系才能促使并实现加拿大成为其他国家的指导(mentor)。①

在特鲁多作为总理的职业生涯中,他在三个领域有着非常活跃的影响——国际经济不平等(南北问题)、环境恶化以及核扩散问题。这三者都与均衡主义有关:国家内部和国家之间严重的经济不平衡会导致社会不平等,同时也会威胁到人与人以及国与国之间的和谐;环境的进一步恶化会危及生态平衡;而核扩散更是对国际关系和自然环境的终极威胁。②

二、国内分离主义的政治压力

1967年7月24日,来访参加纪念加拿大联邦成立一百年的法国总统戴高乐将军站在蒙特利尔市政厅的阳台上,向欢呼的人群高呼:"蒙特利尔万岁!魁北克万岁!自由魁北克万岁!"像人们私下担心的那样,喊出这样分裂口号的同时,戴高乐公开宣布了他的核心外交政策目标之一——破坏加拿大作为一个完整国家的现状并在北美洲随之建立一个主权独立的魁北克——这样的魁北克与法国紧密相连,也必然依赖于法国。加拿大该如何应对此次国家生存利益遭到如此严重威胁的情况?时任司法部长的皮埃尔·特鲁多,作为一名年轻的来自讲法语的魁北克省的内阁成员,长期关注到那些在不断妥协中被日益侵蚀的联邦权力。他从他的导师伊凡·海德那里学会,一步一步地争取主权是如何使加拿大从英国独立出来的。因此特鲁多主张要强硬回应——戴高乐必须道歉或者离开,即使离开会让戴高乐成为加拿大百年庆典中唯一没有完成访问加拿大首都的外国领导人,最终特鲁多成功了。

特鲁多的外交政策主要关注两个基本方面。首先是压倒一切的国家统一。正如戴高乐访问蒙特利尔的事件表明,国家统一是整个特鲁多时期加拿大外交政策的重中之重。其次是英裔和法裔加拿大人的平等。民族团结的任务迫使特鲁多必须专注于那些能团结法裔和英裔加拿大人的价值观和做法,确保法裔加拿大人能在联邦外交政策中享有公平的份额,并向国外的法语国家证明,一个统一而强大的加拿大比独立的魁北克能更好地服务法

① Pierre E. Trudeau, *Federalism and the French Canadians*, New York: St. Martin's Press, 1968, p.31.

② Harald Von Riekhoff, "The Impact of Prime Minister Trudeau on Foreign Policy," *International Journal*, Vol.33, No.2, Spring 1978, p.269.

裔加拿大人的利益。正是在特鲁多时期,加拿大外交政策中的"法国革命"开始了。特鲁多的对外政策成功迫使魁北克分裂主义者把寻求国际承认转向国内承认。1976 年 11 月 15 日,魁北克人党作为分裂主义政党,赢得了魁北克省大选,这是分裂主义者的重大胜利,特鲁多政府向美国寻求支持,同时也寻求法国以及七国集团中其他主要大国的支持,最终在 1980 年的公投中,以 60%比 40%的优势击败了分裂主义。皮埃尔·特鲁多总理将法语居民、国家统一、国家利益和更为全面的全球观作为其信仰核心。

总体而言,特鲁多政府维护加拿大的国家统一,不追求那种在种族和语言上保持纯粹性的民族主义国家。加拿大应该是一个生机勃勃的多元文化共同体,其中每个人无论其背景如何都能同样出人头地。最后,特鲁多本就是以法语为母语的加拿大人,在外交政策上他更多致力于采用赋予法语居民平等表达权的政策,但却对分裂主义势力及其故乡魁北克省那种基于种族的民族主义极端分子绝不妥协。

三、理性主义下的中等国家身份确立

特鲁多理性并务实地考察了加拿大作为一个中等国家所受到的限制和约束,客观制定出一系列符合加拿大国情、以自身利益为出发点的外交政策。与皮尔逊不同,特鲁多特别强调外交政策应该更多地关注加拿大"国家利益",并且加拿大应该追寻更加独立自主的外交行为。

二战结束后的几十年里,加拿大政府以灵活、务实的外交政策在两极世界中发挥着自己的作用,为本国赢得了良好的声誉和相应的国际地位。特鲁多认为,"加拿大是一个较为典型的中等力量国家"。特鲁多上台以后认识到皮尔逊后期对加拿大的定位已经不再适合当前的形势了,并重申了加拿大"中等国家"的口号。特鲁多认为在当前国际形势下,把加拿大定位为"主要国家"(principal state)是不合时宜的,应该抛弃"主要国家"的定位,特鲁多表示,"加拿大目前是小国的排头,而不是大国的排尾"①。

对这一中等国家身份的重新定位,具体体现在特鲁多上台以后,就表示将"有计划、分阶段地消减对北大西洋公约组织所承担的义务,主要是撤回在欧洲各国的驻军"。1971 年,特鲁多政府单方面作出决定,对北约所承担的义务减半,这一举措不但招致西方盟友的强烈反对,在国内也遭到一些非议和批评。但特鲁多并不为所动,他坚持认为:加拿大是一个"中等国家",

---

① Thomas S. Axworthy and Pierre Elliott Trudeau(eds.), *Towards a Just Society*: *The Trudeau Years*, Ontario: Penguin Books Canada Limited, 1990, p.62.

要放弃以前"主要国家"的定位。特鲁多反复强调只有对自己国家有一个正确的定位,才能制定出适合加拿大的外交政策。因此,特鲁多在处理国际事务时,都把加拿大放在一个中等国家的地位之上。

第三节 特鲁多式国际主义外交政策的实践

在阐述皮埃尔·特鲁多时期的加拿大外交政策关键元素时,实用主义的部分同样被清楚地展现出来,包括对各种限制因素以及可利用资源的清醒认识。换言之就是,特鲁多对加拿大国际地位的认知,以及他如何看待加美关系的未来。

一、"第三种选择"下的加美关系

由于加拿大外交一直以来都处于美国的强势影响下,很难按照自己的意愿独立行事,因而公众对加美关系多有微辞。同时特鲁多总理上台前后,加美由于贸易摩擦、外资政策及环境污染等问题,双边关系一度紧张,于是新的外交政策不愿在这种情况下全面系统地论述两者关系以免引起更大的争论。二战以后,美国对加拿大的经济影响从某种程度上说已经影响到了加拿大的政治独立。"加美关系这个话题从某种程度比加拿大建国的历史都要持久。"[1]"如何处理与强大邻居的关系是加拿大必须面对的问题。"[2]

1972年10月,加拿大外交部长米切尔·夏普(Mitchell Sharp)发表题为"加美关系展望"的文章,就加美关系提出了三种政策性选择,一是维持与美国关系的现状,继续坚持现行政策,与美国的外交政策保持一定程度的一致性;二是进一步密切两国关系,寻求建立一个自由贸易区;三是加强与其他国家的联系,减轻对美国的依赖。夏普明显倾向"第三种选择",他的观点得到特鲁多政府的认可。经过加拿大内阁长时间的讨论,最终一致认为,就目前而言前两种选择是不现实的,只有第三种选择符合加拿大的国家利益,尽管这样做会遇到一些困难。"第三种选择"成了特鲁多政府"与美国保持一定距离,但和睦相处"的政策。作为特鲁多政府外交政策指导性文件的白皮书的问世,实际上掀开了加拿大实行相对于美国而言的独立的外交实践

---

① John English and Norman Hillmer, *Making a Difference? Canada's Foreign Policy in a Changing World Order*, Lester Publishing Limited, 1992, p.1.

② Pierre Trudeau, *The Canadian Way-Shaping Canada's Foreign Policy*, University of Toronto Press, 1995, p.167.

的序曲,而"第三种选择"可以说是这种"独立"主张中最突出的体现。主张"第三种选择"的特鲁多总理奉行的外交政策核心就是摆脱美国的束缚,独立自主地发展与其他国家、地区的外交关系。通过加强与第三世界国家的联系以及对其援助,推行自己的外交政策,表现出强烈的独立自主倾向。

为了实施"第三种选择",特鲁多政府积极发展与其他国家的关系。1973年,加拿大与欧洲共同体进一步合作,向欧共体派遣了大使。1975年访问欧洲。1976年,加拿大与欧洲共同体签订"商业经济合作协议",商定双方给予对方"最惠国待遇",加拿大与日本也签署了类似协议。通过与欧洲和日本的经济联系,加拿大扩大了经济交往的范围,减少了对美国的依赖度。

除了与西方国家建立密切联系以外,特鲁多政府一直努力寻求发展与中国的外交关系,1970年10月,特鲁多政府顶住了美国政府的压力,正式与中国建立外交关系。积极发展加中关系是特鲁多基于更多的考虑打开中国市场,为加拿大的国内经济利益造福。与此同时,缓和加拿大与苏联之间的关系是特鲁多在任期间发展与共产党国家关系的重要措施。发展加苏关系是为了缓和当时的国际局势,为创造一个和平的国际环境而努力。1971年5月,特鲁多正式访问苏联,而且是加拿大历史上第一个访问苏联的总理。访问期间,两国领导人就双方共同关心的问题交换了意见,签订了《协商议定书》,议定书规定:两国就国际问题及双边关系开展定期会晤,同时针对国际上的重大问题双方应尽一切努力维护世界的和平和安定。

加拿大作为北约成员国与当时美国冷战的最大对手进行联系,且并没有事先通知美国,这引起美国政界的愤怒,认为加拿大违背了北约的宗旨,离心倾向越加明显。而特鲁多面对美国的巨大压力,却不以为然,认为加拿大应该有自己的外交渠道,不会在外交上和美国保持完全的一致。"特鲁多认为许多西方国家把苏联当成魔鬼是错误的。"[1]特鲁多访问苏联,表明了特鲁多在外交上的魄力,与当时最大的共产党国家的联系,不但为加拿大创造了有利的外交环境,同时对于东西方局势的缓和起到了重大的作用。

冷战期间尽管美苏对立,但是在某些国际事务上仍需要"中间人"来充当缓冲带或调解人,尤其是在东西方关系缓和时期,这一需求显得尤为迫切。因此,加拿大十分愿意充当这一桥梁角色,减少甚至消除两极对立体系对国际稳定造成的威胁。冷战对整个世界来说是件坏事,但在某种意义上,

---

① J. L. Granatstein and Robert Bothwell, *Pirouette*: *Pierre Trudeau and Canadian Foreign Policy*, Toronto: University of Toronto Press, 1990, p.189.

对加拿大来说并不是一件太糟糕的事。由于加拿大在两极争霸体系中扮演的是一个中间偏右的角色,立场相对超脱,所以对美苏两个超级大国都有相当的影响力。加拿大与美国在处理与东方集团关系上的差别为加拿大创造了很大的运作空间,加上其出名的灵活和务实的外交作风,加拿大就成为在东西方集团都能接受的"中间人"角色。

此外,特鲁多执政时期,加拿大与拉丁美洲关系得到迅速发展。与拉美国家的密切联系体现了特鲁多试图实现加拿大经济贸易多元化的努力,以此摆脱美国对加拿大经济的绝对控制,从而摆脱美国对加拿大的政治控制。正如特鲁多在《加拿大外交政策》白皮书中明确指出的:"在互相尊重以及互惠互利的基础上密切加拿大与拉美的关系将增强加拿大的独立性,特别是加拿大将会加大对拉美的贸易和投资,促进加拉经贸关系。"[①]

通过以上对特鲁多外交思想及其实践的分析,可以十分清晰地看出,二战以后,加拿大外交政策发生了重大的调整,特鲁多抛弃了皮尔逊时代对美国言听计从的做法,对加拿大的外交政策做出了较之以前明显不同的措施,"独立"成为特鲁多时代出现频率最多的词汇,"独立"成为加拿大外交政策的灵魂。毋庸置疑,这里所谓的"独立"是针对美国而言的,是指外交政策要从加拿大的国家利益出发,而不是处处与美国相协调。

二、理性规划型外交模式——作为"指导者"的加拿大

特鲁多的外交政策是十分务实的。任何国家都有自己的国家利益。在冷战的大环境下,特鲁多的"和平使命"少了感性因素,多了现实考量。比起皮尔逊时期的外交政策,特鲁多进行了更多现实主义转向,或者说更加理性的抉择。[②]总的来说,在任总理期间,特鲁多提到最多的也是他最担心的主要有三个方面的问题:世界经济贫富差距、环境污染以及核扩散。特鲁多认为国内国际贫富差距不断扩大所带来的社会不公正现象十分不利于国民和国家间的和睦相处;环境污染情况继续下去会直接破坏大气层的平衡危害人类生存,而核扩散不仅使国际关系处于岌岌可危的状态,更是对生态环境的最大威胁。

特鲁多认为皮尔逊时期国际主义外交多为"反应式"(reactive)的。具体而言,加拿大在皮尔逊时期大多是充当"救火员"的工作,遇到危机便冲上

---

① Arthur E. Blanchette(ed.), *Canadian Foreign Policy 1966-1976*: *Selected Speeches and Documents*, Toronto: McClelland and Stewart Limited, 1980, p.355.

② Peyton V. Lyon, "The Trudeau Doctrine," *International Journal*, Vol.26, No.1, Winter 1970/1971, pp.19～43.

去进行调停斡旋,去寻求和平解决方案。特鲁多认为这样的外交方式确实为加拿大赢得了不少国际信誉和加分,但这样的外交方式是缺乏远见的,甚至有时候也是不理性的,它没有考虑国内需求,而只关注国际事务及其责任与承诺。长此以往将对加拿大外交带来很多问题,比如没有长远规划、外交风险大、外交行为脆弱性等。"我们认为特鲁多在加拿大的外交政策上有着长远的眼光。"①加拿大选择技术性较强的领域作为突破口,成功实现了加拿大在相关领域世界领导地位的确立。

(一)核不扩散领域

加拿大对核安全表现出特别的关注有两点动机:首先,从整体考虑,核扩散将给国际安全以及环境安全造成严重的威胁;其次,加拿大是核原料、设备以及技术的重要输出国之一,是核安全的直接利益攸关国家。②1969年,加拿大开始重新部署并减少在欧洲的军事存在,并且逐步淘汰"波马克导弹"的使用,加拿大放弃了自己在核领域的存在。使特鲁多十分骄傲的是,加拿大是世界上第一个同时拥有制造核武器的技术和经济实力,却不愿意去拥有和制造核武器的国家,而且加拿大也是第一个拒绝其盟友为它提供核武器保障的国家。加拿大是世界上唯一一个拥有核武器技术以及制造核武器能力却放弃这一切的国家,仅凭这一点,加拿大就在核不扩散领域为世界作出了表率。

特鲁多几乎在所有场合发出倡议实施更加严格的国际保护,并奔走宣传加拿大在核不扩散领域的相关政策。1974年印度的核泄漏事件直接加速了加拿大在这方面的努力。加拿大在伦敦核出口集团中发挥其外交,并在加强核保护措施方面获得国际共识。与此同时,加拿大于1974~1976年间在国内制定了世界上最为严格的核出口标准,这一做法的最终目标是希望能够将这套标准推广至全球,最大程度地提高国际保护标准。另外在1976年新增的基于全球范围的核保障措施,《核不扩散条约》的非签约国需要提交关于核项目的全部方案给国际监督委员会,而不仅仅是涉及来自加拿大的原料。在收紧保护措施标准的同时,加拿大终止了与印度及巴基斯坦现有的核合作项目,并暂时停止向欧洲原子能共同体成员出售铀原料。正如一位美国的分析家所说,在国际核能源与保障措施领域,加拿大被誉为"一个最重要的国家"。

① J. L. Granatstein and Robert Bothwell, *Pirouette*:*Pierre Trudeau and Canadian Foreign Policy*, Toronto:University of Toronto Press, 1990, p.13.

② Harald Von Riekhoff, "The Impact of Prime Minister Trudeau on Foreign Policy," *International Journal*, Vol.33, No.2, Spring 1978, p.277.

（二）南北问题

为了使南北问题的解决得以实现,以及从更长远的角度来完成国际"公平"社会的建立,特鲁多政府将对外发展援助纳入其长期规划中并予以特别重视。1968年加拿大国际开发署的成立标志着加拿大新政府在对外发展援助上将进行统一规划与部署。特鲁多时期,对外援助进入新的时代——"黄金发展期"。特鲁多政府对发展援助的重视体现了三个方面的动机:第一,人道主义价值理念。加拿大历来认为对外援助不仅是加拿大在国际社会的价值和责任,同样也是实现世界和平、安全和繁荣的途径。第二,从国际政治领域考虑,通过对外发展援助能够提高加拿大的国际地位。第三,出于经济因素考量,通过发展援助来促进本国的对外贸易是符合加拿大国家利益的。

特鲁多政府之前并没有统一的对外发展部门,对外援助不仅多是政府行为,而且还是政府部门的单个行为。因此,加拿大国际开发署的成立不仅统筹了政府内的各方力量,还积极调动了非政府的多边组织的作用和影响。加拿大对外援助不仅注重援助的数量,而且特别强调高质量的对外援助项目的实施,通过英联邦进行技术支援和指导帮助。从英联邦到更广泛的第三世界,加拿大依靠对外发展援助,进行了广泛的多边外交行为,大大提升了加拿大在第三世界国家中的地位和威信,从而也为西方发达国家作出了表率。

（三）环境问题

对和谐的自然环境的保护,并不是一个传统的外交优先议程,却成了特鲁多时期《加拿大外交政策》的六大目标之一。环境保护是一个同时涉及国内与国际政策的事务,这是特鲁多偏爱的议题。正如特鲁多反复强调的,对于全人类而言,健康的自然环境是生态与经济发展所共同需求的。因此,应该被国际法与国际惯例视为重要的原则。与核保护措施一般,特鲁多总理的策略是同时在国内与国际前沿强力推动这一议题的进程。

1972年6月5日,第一次国际环保大会——联合国人类环境会议在瑞典斯德哥尔摩举行,133个国家的1300多名代表出席会议。这是世界各国政府共同探讨当代环境问题,探讨保护全球环境战略的第一次国际会议。会议通过《联合国人类环境会议宣言》(简称《人类环境宣言》或《斯德哥尔摩宣言》)和《行动计划》,宣告了人类对环境的传统观念的终结,达成"只有一个地球"、人类与环境是不可分割的"共同体"的共识。这是人类对严重复杂的环境问题作出的一种清醒而理智的选择,是向采取共同行动保护环境迈出的第一步,是人类环境保护史上的第一座里程碑。

这次会议期间,特鲁多在幕后发挥着非常关键的作用。《人类环境宣言》主要包括两个部分:宣布对与环境保护有关的 7 项原则的共同认识;公布 26 项指导人类环境保护的原则,其中第 21 项原则对国际环境法的发展产生了重要影响,而该项原则正是由加拿大提出的。第 21 项原则首先肯定了各国开发自己资源的主权,但是同时也强调各国有责任保证在他们管辖或控制范围内的活动不会损害其他国家或国家管辖范围以外地区的环境。该宣言本身不具有法律约束力,属于"软法"的范畴,但是由于它反映了国际社会的共同信念,对国际环境法的发展产生了深远的影响,主要表现在:宣言第一次概括了国际环境法的原则和规则,其中某些原则和规则成为后来国际环境条约的有约束力的原则和规则;尽管这些原则和规则没有法律约束力,但是它们为国际环境保护提供了政治和道义上所应遵守的规范;为各国制定和发展本国国内环境法提供了可资遵循和借鉴的原则和规则。会议还建议成立一个专门协调和处理环境事务的机构——联合国环境规划署(United Nations Environment Programme,UNEP),加拿大给予该机构巨大的财政支持,因此理所应当地担任了该机构的第一届项目主管。[①]

加拿大如此推动第一次国际环境保护大会的召开,是有其深刻的国内利益诉求动力的。也可以说,特鲁多之所以对此次大会如此重视,最为重要的动机来源于国内的政治需求。1969 年"曼哈顿号事件"的发生,在加拿大国内掀起轩然大波。加拿大政府和社会在担心北极水域主权的同时,更加为北极水域的污染问题担忧。于是迅速反应行动,为其北极水域制定保护规则,1970 年 4 月,议会通过《北极水域污染防治法》,通过该法案划定加拿大在北极的主权范围。《北极水域污染防治法》体现了加拿大的政治智慧,借保护北极水域环境污染之名,温和地宣示了其在北极地区的主权。为了进一步获得国际社会的支持和承认,特鲁多政府寄希望于将加拿大的国内立法推向国际。为此,特鲁多在联合国振振有词地说:"一国的实践经验或者是单边行为,通常被视为发展国际法的一种路径而被认可。"[②]因此,加拿大将此视为国内治理经验推向国际秩序的一种重要方式。

三、特鲁多时期的其他多边外交实践

根据前面介绍的特鲁多外交政策领域的三个主要成就,从中不难发现,

---

① Costas Melakopides, *Pragmatic Idealism: Canadian Foreign Policy, 1945-1995*, Kingston: McGill-Queen's University Press, 1998, p.109.

② Arthur E. Blanchette(ed.), *Canadian Foreign Policy 1966-1976: Selected Speeches and Documents*, Toronto: McClelland and Stewart Limited, 1980, p.284.

特鲁多选择的外交施展平台仍然是包括联合国、英联邦等的加拿大外交的传统多边组织。同时,特鲁多坚持摒弃皮尔逊政府对美国亦步亦趋的态度,努力开创加拿大太平洋外交战略的新视野,外交工作的范围包括美洲、欧洲、太平洋地区和联合国等多个方面,尤其希望尽量摆脱与实力相差悬殊的美国之间的不均衡状态。他努力加强与第三世界国家的联系,增加对外援助,努力改善工业化国家和发展中国家间的关系,这既是关系到加拿大自身发展的至关重要的因素,也是为在世界范围实现均衡与社会公正所做的努力,即第三世界国家的人民享有同工业化国家人民一样的权利追求,当然更是它对未来工业化国家将日益依赖发展中国家市场并谋求更大发展实现全球经济日益均衡化的深刻认识。

第四章　马尔罗尼时期的"新国际主义"外交政策(1984～1993年)

伴随冷战的结束,国际格局发生了剧变,正值这一重大历史时刻的布赖恩·马尔罗尼政府迅速作出反应,提出了加拿大"新国际主义"外交政策。对于马尔罗尼政府而言,"新国际主义"外交政策的根本认知是构建一种全新的多边主义外交网络,使加拿大成为塑造未来国际政治舞台的核心能力。

第一节　"新国际主义"提出的国际背景

20世纪80年代,世界正在面临经济和政治上的双重衰退。首先,经济的复苏被轻而易举破坏,20世纪70年代世界经济的主要压力来自石油危机、通货膨胀导致的自30年代以来最严重的衰退。一系列问题接踵而至,比如高失业率、严重的结构性调解压力、大规模财政赤字以及保护主义,全球贸易与支付体系都处于危机的边缘。同时,在国际政治领域,由于美国星球大战计划的出台,美苏缓和时期也将面临结束,新一轮的军备竞赛有意被再次掀起。因此,在1984年布赖恩·马尔罗尼所在的进步保守党赢得大选之时,马尔罗尼政府便面临较为严峻的国际形势。

在马尔罗尼执政的后期,国际体系和国际秩序更是发生了翻天覆地的变革,这也直接催生了"新国际主义"概念的提出。"新国际主义"的提出至少是为了应对以下三种国际环境变化的,即冷战结束带来的世界格局变化、由科技革命引发的全球化进程的加快,以及非传统安全问题越发凸显。

首先,1984～1993年期间最大的国际环境变化便是冷战的结束。1989年柏林墙的倒塌标志着冷战的终结。由此,两极国际体系成为历史,欧洲重新团结起来并建立了欧洲联盟。苏联解体之后,带来了15个新生国家的建立,由此引发了民族主义的复兴。与此同时,民主也不再仅是发达国家的特权,成了全世界范围人民共同追求的目标。其次,由计算机技术推动的科技革命彻底改变了人类交流的方式。权力和财富更多地体现在对新科技的掌握之上。权力分散导致政府与非政府行为体之间的关系发生变化,全球化带来一系列新的规则、秩序以及政策。最后,冷战之后传统安全威胁迅速下降,而国际议程设置的范围却得到大大的拓宽,表现为非传统安全问题的凸显。安全不再仅仅围绕联盟、军队以及核武器等传统议题展开,它还包括环境保护、恐怖主义、卫生健康、贩毒集团、非法移民以及其他跨国问题。与此同时,外交政策也不仅仅涉及国家利益,还应包括跨越国界的各种利益集团——包括妇女、儿童以及少数族裔,这就要求新的组织机构和民间社会共同参与政策的制定,这也将彻底地改变外交政策制定的面貌。

由此,加拿大政府提出"新国际主义"的概念。对于加拿大,这并不预示着一个全新的国际主义精神的诞生,否则也就无法称其为"国际主义"了。这个"新"指的是整个国际体系中新的元素的出现,也可以说,加拿大将面临一种新的国际环境,因此需要新的对策。其中,有三个"新的条件"是值得关注的。第一,国际关系的内涵发生了新的变化,环境因素以及其他跨越国界的事务成为最明显的例子,这将涉及经济、文化交流等各个层面,而且每个层面都将越发紧密地联系在一起。第二,从国际关系的范围来看,国际互动越来越频繁,国际行为体呈现多样化,互动的领域也变得更加广泛。第三,在某些领域,原有的全球性组织已无法满足其需求。世界的剧烈变化呈现出更加多元化和复杂化的趋势,旧有的国际组织结构过于庞大、不够专注于某一个领域且效率低下,因此这些机构的效用不能令人满意。"新国际主义"的提出是因为旧有的国际秩序,特别是国际组织已无法满足世界的变化与要求,比如全球性的经济危机、通货膨胀、环境问题等,因此需要建立更加专业化于某一领域的解决机制和机构。

第二节 "新国际主义"外交政策的内涵

1984年,马尔罗尼政府的外交政策充分体现了加拿大的"新国际主义"理念,其中比较突出的一点是,与过去强调"和平与安全秩序"的理想主义原则不同,"新国际主义"将国际主义外交政策中的理想主义原则的侧重点放在了"良治"(good governance)上。

一、马尔罗尼的良治观

1986年,在联邦议会特别联合委员会的报告《独立自主与国际主义》

(Independence and Internationalism)中,以及外交部长乔・克拉克(Joe Clark)对该报告的回应中,都提到"加拿大的对外行为是在'建设性国际主义'(constructive internationalism)指导下进行的。"①同时,马尔罗尼和克拉克还不断强调加拿大新国际主义的独特性。特别是在反对南非种族隔离的斗争中,马尔罗尼放在首位的并不是狭隘的外交政策利益,而是加拿大的价值观。此外,马尔罗尼政府也十分关注1991年发生在印度尼西亚的流血冲突。克拉克的继任者芭芭拉・麦克杜格尔(Barbara McDougall)于1991年12月在多伦多的一次演讲中表达其对国际主义的热情,"加拿大一直以来都相信一个基于人类基本价值观的稳定而和平的世界是最符合加拿大自身利益的。我们致力于鼓励国际社会对克制、忍耐、国际法原则的接受,这些是植根于我们国内传统的"。麦克杜格尔进一步阐述了将价值与利益相结合的加拿大国际主义外交政策,"我们通过基于共识和规范的多边框架来追求政治和经济上的安全,这不仅符合自身利益,同时也适合于广泛的国际社会"。同时,在援助条件或援助分配上,加拿大更多地关注少数族群基本权利的保护,并以此作为"良治"的具体体现。

马尔罗尼时期的加拿大外交政策中的另一个成就与亮点是加拿大在提高民主和多元主义领域发挥着主导作用。加拿大致力于抓住任何机会来构建一个更好的世界,这一目标来源于加拿大利他主义(voluntarism)与国际主义传统。加拿大在加入美洲国家组织时表达了同样的观点。正如加拿大在《北大西洋公约》中的做法一样,在《美洲国家组织宪章》(Charter of the Organization of American States,OAS Charter)中也包含了"加拿大条款",即"对民主的保护",这是加拿大的国际主义目标。之后,加拿大首次引用此条款是在介入海地危机时,并以此来阐述其行动的正当性与合法性。在加拿大的坚持努力下,美洲国家组织成立了"民主提升小组(委员会)"。同时,加拿大还在《圣地亚哥宣言》执行中起到了关键的作用,《宣言》涉及当任何成员国遭遇其民主受到威胁的事件时,其他成员国要联合采取行动。《宣言》成了美洲国家组织乃至联合国干预1991年海地危机②的依据和基

① *Independence and Internationalism*:*Report of the Special Joint Committee of the Senate and of the House of Commons on Canada's International Relations*,Ottawa:Canadian Publishing Centre,1986.

② 1991年海地危机,指1991年因海地军人政变推翻民选政府而引发的危机。1991年9月,海地武装部队总司令拉乌尔・塞德拉斯发动军事政变,迫使民选总统让-贝特朗・阿里斯蒂德流亡美国。此次事件引起国际社会的强烈反响,联合国和美洲国家组织先后对海地实行政治和经济制裁。

础,而加拿大无疑在处理这次事件中扮演了领导性的角色。

二、全球主义的国家价值观

自20世纪90年代以来,加拿大国内开始接受这样一种观点,即在日益分散的国际体系中,加拿大正在成为一个主要大国,而且也应像一个大国那样行事。无论其分歧有多大,加拿大人都高度认同一种世界观和一套外交政策优先事项,它反映了加拿大一致而独特的国家价值观,这种国家价值观也是加拿大政府一直致力于在国际社会追求的,即全球主义。全球主义在加拿大对外关系中的具体实践主要体现在两个方面,加拿大一方面从最初致力于与英联邦中的53个成员国组成共有的政治共同体到推动在高级委员会上的共享主权;另一方面,加拿大还将法语国家联盟以及法语世界中的许多成员添加到这个全球大家庭中,让其成员国遍及世界上所有的地区、经济组织与宗教团体,并在这一法语大家庭中进一步推广加拿大对共享公民资格的偏好。这种内生的全球主义来自加拿大曾经作为法国与英国的一部分而后又得以建国的经历,以及它作为各自大家庭中有地位的、不可或缺的成员身份,而不再是一个力争获得独立的附属型政体。这些证据不断表明加拿大一直以来都是全球主义者,并将其发展成为加拿大独特的国家价值观。

自20世纪90年代,加拿大国内社会产生并形成了一系列共识。第一个共识是关于加拿大的重要影响力。从1987年到1990年,随着冷战结束,只有4%～5%的加拿大人相信加拿大对国际事件的进程产生了重要影响。但在那三年中,认为加拿大有"一些影响力"的人的比率从32%增长到49%。到1990年,53%的加拿大人认为加拿大有"重要"或"一些"影响力,而不是"很少"或"没有"。第二个共同信念是加拿大日益增长的领导地位。到1993年,58%的加拿大人认为加拿大在世界事务中的领导力在过去十年中明显增长(占16%)或有那么一点上升(占42%),他们都相信加拿大崛起的模式。第三个理念是关于加拿大的全球利益和国际关系。自1979年以来,全心全意支持全球化的加拿大人就已深信与世界各地各国保持良好关系是非常重要的,而不仅仅限于与美国或大西洋地区国家的密切交往。自1979年始,加拿大一直把美国排在首位,紧跟其后的有日本和以英国为首的西欧,然后是排在第三位的德国和法国,再其后的排序虽然每年有所变化,但基本上包括俄罗斯、中国、墨西哥、拉丁美洲和亚洲。第四个理念是加拿大人相信应保持参与各种不同的国际机制。1995年1月,被加拿大排在第一位的是联合国,77%的人熟悉联合国,85%的人希望加拿大高度重视联合国。排名第二的是多边主义视角下的英联邦,67％的加拿大人对此熟悉,69％的加拿大人认为应高度重视英联邦。紧跟其后的是七国集团,49％的加拿大人对此熟悉,61％认为应当重视。另外,还有一些并不起眼的国际机制,如以全球共同体面世的组织,加拿大人也乐意姑且相信。那些小有名气的国际组织,如亚太经济合作组织,美洲国家组织(OAS)和法语国家联盟,后者在魁北克省排名第二,也被视作重要的。虽然基于对自由国际主义的偶像崇拜,联合国目前还排在第一位,但国际机制已经变得更加多样化了,后冷战时代许多新老多边峰会和机构开始越来越强大,选择性参加国际组织的定位外交在加拿大已不复存在。

三、国家身份转型:从中等国家走向"重要国家"

"新国际主义"外交政策的提出,体现了加拿大对自身中等国家的定位开始发生改变,加拿大开始追求从"中等强国"走向"重要国家"的转型。与此同时,在全球地区主义浪潮的推动下,加拿大开始在美洲地区寻求其影响力,并将加美关系置于美洲地区多边框架内进行互动。

布赖恩·马尔罗尼对外交政策的调整实际上反映了一种实用主义外交政策的延续。正如马尔罗尼政府最初为其外交政策打上的"新国际主义"标签,这一政策反映了加拿大通过多边组织以及与北美以外的国家进行交往来抵消超级大国美国对其潜在威胁的外交传统。同样,加拿大政府随后提出"建设性国际主义"的口号,揭示了加拿大不仅要通过其实力加强原有的多边机制,而且当已有国际秩序受到严重挑战时,加拿大也做好了构建新的多边平台的准备。

1985 年,加拿大外交部长克拉克受命于总理马尔罗尼,对加拿大对外关系进行了一次全面梳理,并由外交部牵头发布了一份报告《竞争力与安全》(Competitiveness and Security),这份报告全面阐述了加拿大在全球面临的挑战及其选择。①然而,这份报告却遭到压倒性的批评,特别是对文中所表达的悲观主义基调的不满,并且文中的结论暗示加拿大当时可行的唯一选择便是与美国建立更加密切的关系,将加拿大视为只能依附于美国的小角色。

不久之后,原有的谨慎悲观的基调又被积极的乐观情绪所替代,这突出表现为汤姆·霍金于 1986 年 6 月提交的一份报告《独立自主与国际主义》

---

① Canada, Department of External Affairs, *Competitiveness and Security*: *Directions for Canada's International Relations*, Ottawa: Supply and Services, 1985.

(Independence and Internationalism)。①报告表示,传统上加拿大被视为一个谦卑的、大陆主义的脆弱中等国家,这种情况将一去不复返。报告明确讲道:"加拿大是一个能够成为领导性国家的强力候选人,仅次于大国的地位。加拿大在许多国际事务中发挥着重要的影响力。"②此报告对马尔罗尼政府起到很大的影响,最终马尔罗尼政府于1986年12月发布修正版的外交政策文件《加拿大的国际关系》(Canada's International Relations)。这份文件指出:"加拿大将一如既往地支持并建设国际组织。在联合国体系内倡导必要的改革,这将成为加拿大的优先考虑,而且加拿大也会努力在一个特定的组织内发挥作用,比如经济峰会、英联邦以及法语共同体。"③

在当今世界,作为一个"重要国家"(principal state),加拿大应该适应与其他国家在特定问题领域形成一种顺畅的合作关系。这意味着加拿大需要瞄准最为"合适"的国际组织,而且明确其议程设置。如果说"新国际主义"新在何处?其中肯定包括对多元且具有较高针对性的倡议或方案前所未有的需求上,以及在越发复杂的制度网络内建立联盟的能力。同时,加拿大参与过的、已有的国际制度和国际组织(比如联合国、北约等)在过去的十年更多是考虑如何在危机风暴中存活。它们在国际事务的核心议题上继续发挥着作用,这对世界的稳定与交流十分重要,这也仍然是加拿大外交政策实践中的重要途径。加拿大作为一个地域辽阔且富有的国家,变得更加成熟与稳定,同时也会以谦卑的姿态在原有的国际组织中继续发挥着自己的影响,虽然这些国际组织的最终决议也不归加拿大说了算。但是在加拿大国内,这种多边主义的传统,确实已经成了基于不同团体的一种对国家共同体的认同感。因此,加拿大也同样希望延续国内的传统以营造一种对全球共同体的认同感,这是加拿大追求的理想主义。无论如何,使全世界联合在一起已经被加拿大视为本职工作和追求目标。

在新国际主义外交政策的指导下,加拿大政府开始关注并重视那些涉及范围较小或针对性较强的国际论坛,并成为其成员,因为在这些地方才存在空间来进行更具创新性的制度建设和革新。加拿大最大程度发挥其历史进程中赋予它的各种身份和各类资源,来加入这些组织机构。世界上还没

---

① Canada, Special Joint Committee of the Senate and House of Commons on Canada's International Relations, *Independence and Internationalism*, Ottawa: Supply and Services, June, 1986.

② Ibid., p.26.

③ Canada, Department of External Affairs, *Canada's International Relations*, Ottawa: Supply and Services, December, 1986, p.89.

有一个国家像加拿大一样拥有如此多的多边平台,其中包括西方峰会、欧洲合作与发展组织、七国集团、北约、英联邦以及法语共同体等。加拿大也因此获得了独特的国际制度影响力。

毫无疑问,这些全球发展变化对加拿大外交政策的制定产生了重要的影响。美国实力的衰退以及其在国际制度体系中一定程度的式微,为包括加拿大在内的其他国家提供了扩大在国际制度中影响力的机会以及责任的分担。美国在国际秩序中的绝对霸权地位已不复存在,于是其他国家拥有了可以在国际制度的制定与改革过程中发挥更大作用的机会。作为一个富有的、成熟的、稳健的国家,加拿大对自身在国际体系中的地位以及影响力有着十分清醒的认识。基于这样一种认识,即加拿大是世界上独一无二的、拥有与众多国际组织建立良好关系网络的国家,加拿大将利用这一优势继续发挥重要作用。这样一种认识为加拿大带来了全新的外交活力,无论是在原有的还是新建的国际组织中,加拿大积极作为,按照事务类型和环境要求,负责任且谨慎地塑造灵活且顺畅的联盟关系。加拿大传统的多边主义观念,也可以说是宽泛化的多边主义观念,开始被多样性的多边主义取代。

第三节 "新国际主义"外交政策的实践与创新

一、美洲地区主义影响下的加美关系

这一时期全球范围的地区主义兴起,多种多样的地区组织如雨后春笋般涌现,它们出现在欧洲、拉丁美洲等。针对这一情况,加拿大进行了深入反思:地区主义的回归,是否代表大陆主义的重现呢?加拿大是应该抓住机会,还是会导致自我毁灭呢?当初加拿大抵制大陆主义是担心被美国吞噬,因为当时的美国是唯一的超级大国,曾拥有世界上一半的财富,也可以说美国那时不需要任何国家,只有被其他国家所需要。但如今,美国开始寻求与他者的合作,这使北美地区主义拥有了新的可能性。

马尔罗尼在表达对特鲁多外交政策的反对时,仅仅针对一点,即他将改变加美关系的实质与基调,将重新修复加美关系。他在众多场合发表了类似言论,并指出加美关系将进入"客气的新时期"。[①]1984 年,马尔罗尼上台之后并没有马上在国际舞台上大展拳脚。对于马尔罗尼外交政策的第一要

---

① David Taras, "Brian Mulroney's Foreign Policy: Something for Everyone," *The Round Table*, 1985, p.39.

务就是修复并提升加美之间的关系。为了达到这一目的,马尔罗尼努力与美国总统里根和他的继任者赫伯特·布什建立密切的个人关系。然而,在与美国的关系中,加拿大面临在两个问题上的选择:第一,是否接受美国邀请加拿大加入其战略防御倡议(SDI,"星球大战计划");第二,加拿大是否发起与美国建立双边自由贸易协定的谈判。在全面评估利弊后,基于实用主义的考量,加拿大选择了后者,拒绝了前者。

毋庸置疑,马尔罗尼政府时期在加美关系中占据绝对主导地位的是贸易事务,特别是自由贸易协定的签订。马尔罗尼自上任之日起便开始极力推动北美区域经济一体化进程,并明确表示经济一体化不必非要与政治一体化联系。基于此观点,在加美自由贸易协定谈判的过程中,加拿大既要说服美国的贸易保护主义,又要防止美国将经济一体化拉入政治一体化的漩涡。最终加美经历了长达 16 个月的 23 轮谈判,于 1987 年 12 月宣告谈判成功,《美加自由贸易协定》于 1989 年 1 月 1 日生效。[1]美加自由贸易协定的签署直接促使墨西哥加入北美经济一体化的兴趣与动力。对于墨西哥的加入,加拿大表示十分赞成,同时加拿大的参与也减轻了墨西哥对美国的戒备。最终在 1992 年 12 月,加拿大、美国和墨西哥三国首脑签署《北美自由贸易协定》(NAFTA),该协定于 1994 年 1 月生效。加拿大在北美经济一体化发展过程中发挥了积极的作用。加美自由贸易谈判以及之后将墨西哥拉入其中并最终完成《北美自由贸易协定》,实现了加拿大在北美区域经济一体化的目标。加拿大需要建立以规则制度为基础的合作安排,并以此来塑造加美关系以及加拿大与其他拉丁美洲国家的合作伙伴关系。加拿大借助多边合作框架,开始制衡美国的贸易保护主义。其间,对国际环境变化十分敏锐的加拿大充满自信并在自由贸易下开始实现本国经济的复兴。20世纪 90 年代,加拿大从美国强劲而持久的经济发展中获利,同时,加墨贸易也获得了稳定的增长。不仅如此,加拿大还获得另一个"有益的副产品",即政府与私营机构之间的关系得到加强,特别是私营性质的咨询集团在协助加拿大进行自由贸易谈判的过程中发挥了巨大的作用与贡献。

当回顾这一时期的加美关系时,还应该将其放在加拿大与其他美洲国家之间的关系中进行重新考察。加拿大长期以来对美洲国家组织保持着防范与疏离的态度,因为美洲国家组织一直被认为是由美国主导的且缺乏制度活力的,于是加拿大在拉丁美洲这个世界上问题最多的地区之一基本没有发挥过任何建设性作用。然而,马尔罗尼政府则抛弃了这样的传统看法,

---

① 杨令侠:《战后加拿大与美国关系研究》,北京:世界知识出版社 2001 年版,第 167 页。

以不同的视角来看待美洲国家组织发挥的效用。随着冷战后拉美地区政治经济形势的不断稳定，加拿大成为拉美第二大投资国，仅次于美国。而《美加自由贸易协定》的签署无疑成了促使加拿大政府重新考虑参加美洲国家组织的一个重要因素。最终加拿大于 1989 年加入该组织，加入美洲国家组织（OAS）是加拿大开始全面参与美洲事务的开端。拉丁美洲国家十分欢迎加拿大加入其中，它们希望加拿大不再缺席。随后，加拿大开始在美洲国家组织中发挥极大影响力，加美关系也在美洲国家组织内进行频繁的互动。美洲国家组织作为加拿大与美国互动的新的多边平台，无疑为加拿大增添了一个有力的抓手。正如 1991 年加拿大曾宣告："中美洲不是任何人的后院。"

综上所述，在美洲地区主义的影响下，加拿大先后加入《北美自由贸易协定》与美洲国家组织，在这两个重要的地区多边机制下与美国进行周旋。与此同时，加拿大在中美洲地区也发挥了重要的作用，对维持该地区的民主和平作出自己的贡献。

二、马尔罗尼时期的多边外交创新——作为"建设者"的加拿大

约翰·柯顿（John Kirton）认为，在马尔罗尼政府最初执政的四年间，加拿大想要加强与美国亲密关系的愿望却被更大的目标所取代，即其在更广阔的世界范围塑造国际秩序。马尔罗尼灵活的多边外交实践与创新主要体现在两个方面：一个是在亚洲地区进行的多边外交拓展，另一个是在法语共同体内的灵活多边实践。

首先，在亚洲地区，加拿大深深地认同多边主义。除了在英联邦、法语共同体以及美洲国家组织以外，加拿大开始越来越重视与亚洲国家之间的关系。加拿大通过多边外交，积极参与亚太经合组织（APEC）论坛，并与东南亚国家联盟（ASEAN）保持伙伴关系。冷战的结束对加拿大的安全政策产生了巨大的影响。加拿大开始越来越关注太平洋地区的安全结构，或者更恰当地讲，加拿大缺乏在这一地区的存在感。亚太地区鼓励安全机制化，想要仿照欧洲安全与合作委员会以及北约组织。马尔罗尼政府支持并鼓励在北太平洋地区进行安全对话的倡议。正如克拉克部长（Joe Clark）在 1990 年 7 月所描绘的，"北太平洋合作安全对话机制"（NPCSD）设想出"双轨对话"：非政府的专家学者之间的对话作为"第二轨"，可以补充并促进政府间级别的正式讨论。然而，在北太平洋地区的对话远没有在亚太其他地区之间的对话进行得顺利（比如亚洲地区论坛），很大一部分原因在于美国在这一地区缺少关键利益。但是无论如何，"北太平洋合作安全对话"不仅

成了对冷战结束后亚太地区地缘战略发生变化的创造性回应,而且也培养了在该地区进行多边倡议的习性与偏好。

其次,除了提高在联合国的表现并继续在英联邦中发挥积极作用,马尔罗尼还在法语共同体内提出了一系列多边倡议。马尔罗尼总理通过努力消除了阻碍法语共同体在魁北克城举办首脑峰会的障碍。由于接受比较灵活的加拿大联邦主义观点,马尔罗尼能够与魁北克官员进行谈判并达成协议,使第一届法语共同体首脑会议才有可能在1986年2月召开。根据1985年达成的协议,首脑会议将严格分为两个独立的会议:第一阶段会议讨论世界政治与经济形势,第二阶段专注于合作与发展。第一阶段会议包括两个独立程序,反映了渥太华与魁北克之间的权力分配。关于政治问题,魁北克只能作为利益相关的观察员出席;关于经济问题,魁北克可以自由参加讨论,但需"遵循按照协商与加拿大总理达成的以个案为基础的协定"。在第二阶段首脑会议期间,魁北克有权出席全部会议,其做法与在文化与技术合作组织中是一样的。①

不过,由此认为1985年协议意味着渥太华与魁北克对法语共同体争端的结束是幼稚的。但是不可否认,1985年协议有助于加强民族团结与加拿大外交政策的统一,按照政府官员的说法,它使得渥太华与魁北克有可能进行史无前例的合作。正是因为加拿大与魁北克政府能够找到双方都满意的平衡,达到分享参加法语共同体象征性的利益,所以才有可能形成这种新的合作气氛。例如,1987年在魁北克城举行的首脑会议上,加拿大是"邀请国",而魁北克则是"接待政府"。加拿大总理是首脑会议的大会主席,魁北克省长则主持了关于合作与发展的会谈。总之,通过积极参加"法语共同体",使得联邦政府与魁北克省之间建立了更加密切的合作关系。1987年在魁北克市举办的法语联盟峰会以及同年在温哥华举办的英联邦国家峰会,共同促进了相关国际议程的设置,包括债务赤字、南北对话和种族隔离问题。

除此之外,马尔罗尼政府在对外援助方面也获得了新的拓展,即对东欧国家的援助。1989年东欧剧变给加拿大国内带来了巨大的震动。加拿大的人口中有七分之一是东欧的后裔,由于欧洲对加拿大的利益攸关程度一直很高,东欧剧变引发了国内强烈的利益诉求。加拿大为东欧国家、俄罗斯

---

① 〔加〕让-菲利浦·蒂瑞:《加拿大与法语共同体的多边合作》,吴英译,载〔加〕约翰·英格里斯、诺曼·赫尔摩主编:《当代加拿大外交对世界格局影响大吗》,李节传等译,北京:中国社会科学出版社2002年版,第63～64页。

以及其他原苏联加盟共和国提供了大量经济援助,从平均资产来看加拿大在所有西方支援者中排在前列。但是加拿大认为仅仅通过经济援助来彻底改变东欧这样一个人口众多、地域宽广的地区的生活方式是不够的。

在维和行动方面,随着苏联威胁的消失,加拿大开始减少在欧洲的军事参与,并随后从德国撤军。虽然加拿大对其北约盟友十分关切,但由于国际政治环境的改变以及自身有限的资源,加拿大会更加实际地考虑这个问题。加拿大十分清楚自己不可能无所不在,为了表达对欧洲盟友的承诺,它们选择通过联合国参与巴尔干问题,并扮演着十分重要的角色。同时,在希腊与土耳其边界小岛上维和巡逻 28 年后,加拿大最终从塞浦路斯(英联邦国家)撤军。维和行动似乎已经成为加拿大的永久标签,但是即便如此加拿大认为其他国家也必须共同承担责任和义务。

最后,令加拿大为之骄傲的多边外交行为还体现在以下几个领域的积极作为。在妇女地位问题上,加拿大通过援助项目来确保女性的参与和权利,鼓励女性在对外发展援助中发挥作用。在环境问题上,加拿大不仅在联合国环境与发展大会上继续扮演着领导性角色,而且还通过对外援助项目来培养更好的生态环保意识与实践。其间,加拿大敦促"五大湖协议"的签订,并促使美国在环境事务上更加积极地参与。另外,马尔罗尼的"峰会外交"同样成为他进行多边实践的一大亮点。在马尔罗尼执政期间,加拿大在世界范围组织各类峰会,以此方式来协调各方合作。特别是在 1987～1988 年有三个重量级的峰会在加拿大召开,它们分别是法语共同体、英联邦以及七国集团经济峰会。

第五章　克雷蒂安与马丁自由党政府的加拿大外交政策(1993～2006年)

在 1993 年到 2006 年让·克雷蒂安(Jean Chretien)与保罗·马丁(Paul Martin)自由党的执政时期,加拿大在后冷战时期"一超多强"的国际体系中经历着国家自身实力的消长以及外交资源的重新分配。这一时期,加拿大自由党政府提出了一系列的创新观念与方案,具体体现为以"人类安全"为理念的国际安全秩序观,以自由贸易主义为指导的对外经济方式,以多边制度主义为原则的多边外交实践,并在对外实践中取得丰硕的成果。

第一节　后冷战时期加拿大面临的国际挑战

对于冷战后的加拿大,世界同时呈现出多极性和单极性——多极性体现在世界经济领域几个强国与中心的并立,比如日本和日益联合的欧洲;单极性则是指冷战后唯一的超级大国美国。虽然加拿大在国际舞台扮演了一个重要的建设型角色,特别是推动全球秩序向着越来越多边主义的方向演进,然而加拿大国内政治对维持一个积极的加拿大对外政策的共识与凝聚力却变得越来越不确定。与此同时,加拿大也比以往任何时候都更需要重新寻找自我定位与认知。在经济全球化的强大冲击下,加拿大经济的健康与发展同样面临着巨大挑战,而且可能会进一步撕裂加拿大的团结与统一。由于国内出现的分裂问题以及围绕这一问题的不断争论,加拿大面临着即将失去其曾经为之努力而得到的国际地位的危机,甚至有学者认为"从中等国家到衰落国家"可能是冷战后更加适合加拿大的别称。这些悲观的预测说明,加拿大正处于"活在过去的危险"之中,未能根据国内外形势的新变化及时调整其对外政策,在制定政策时不是向前看而是向后看,没有找到更加适合的新角色来应对挑战,这也正如约翰·霍尔姆斯所称的"中年国家"

(middle-aged power)所面临的"中年危机"。①

从全球视角来看,重要的连续性因素与变动性因素在冷战后国际秩序中共存。可以肯定,华沙公约和经济互助委员会的解散、东欧共产主义政权的消失、德国的统一、中东地区集体安全的履行都成为影响国际秩序的新要素。北美、欧洲和亚太地区贸易圈的出现代表了国际政治经济秩序的新趋势。加拿大、南斯拉夫和印度面临的国内分裂压力和在苏联复兴的民族主义以及种族冲突,都有不断发展的势头。同时,第三世界的不稳定性,伴随着由于债务负担不断增长的经济危机,工业国家出口减低以及能源价格的不稳定,这些即便不足以成为国际关系中更加恶化的问题,但也都将长期存在并影响着世界的走向。

国际环境的不确定性加上国内政治的不统一性对加拿大在世界履行领导者的诉求提出了严峻挑战,这些挑战包括:国内宪法危机对加拿大对外关系的影响,北美自由贸易区的演进对加拿大经济未来的影响,以及加拿大企业与对外投资者如何应对全球化、合理化生产以及技术革新等带来的挑战;加拿大与拉丁美洲的新兴关系如何发展;冷战后期出现的新欧洲及其政治经济关系模式,包括欧洲一体化、苏联控制下的东欧地区的崩溃,以及在新欧洲地区经济与安全秩序的演变,对加拿大产生的启示;加拿大在亚太地区外交政策的机遇与挑战;加拿大在波斯湾危机中的角色以及国际安全领域战争的影响等。②

1993~2006年间,加拿大政府由连续两任的自由党领导人执政并处理加拿大外交政策中的一系列挑战。让·克雷蒂安于1963年当选自由党联邦众议员,1993年10月带领自由党获得大选胜利,出任加拿大第26届总理。他在1997年和2000年两次大选中获胜,蝉联总理,2003年12月卸任。在政治上,克雷蒂安成功地避免了加拿大联邦的分裂。1995年,他的故乡魁北克省闹独立,于是克雷蒂安频频上镜,才呼吁公民团结起来,投票反对独立,终于转危为安。而后,他又对国内政党进行大胆改革。2003年,他顶住巨大的国际压力,避免加拿大卷入伊拉克战争,还签署了《京都议定书》。克雷蒂安是一个从不讳言与美国保持距离的加拿大总理,这也是他坚持独立外交原则的体现。自由党总理克雷蒂安执政时期,在重视与美国关

---

① John W. Holmes, *Canada: A Middle-Aged Power*, Toronto: McClelland and Steward, 1976, p.10.

② Fen Osler Hampson and Christopher J. Maule, "After the Cold War," in Fen Osler Hampson and Christopher J. Maule(eds.), *Canada Among Nations 1990-1991: After the Cold War*, Ottawa: Carleton University Press, 1991, p.1.

系的同时,也不回避加美关系中的分歧与问题,注重维护加拿大的自身利益。与此同时,他把发展同中国、印度、巴西等国的合作放在突出的"优先地位"。在自由党政府执政的 13 年间,加拿大经济稳定、财政有余,应该说其积极务实的多边主义外交方针功不可没。①美国与加拿大是邻国,是盟友,也是贸易合作伙伴,但是克雷蒂安曾公开表示自己同这个来自得克萨斯州的共和党人没有什么共同点,"我们的思想总是不同。他是来自美国南部的保守派,而我是加拿大的自由派"。他还屡次抨击美国退出《京都议定书》和撕毁《反导弹条约》。克雷蒂安总理于 2002 年 12 月 16 日签署批准《京都议定书》,在签署了这项国际协定后说:"我们相信国际机制的作用,我们也相信加拿大可以扮演积极的角色。"反对《京都议定书》的人担心有关协议将给加拿大带来经济灾难,克雷蒂安总理回应说,他以前也听到过类似的否定意见,但事实证明他们是杞人忧天。他表示,借助新科技,加拿大将可以在维持正常的经济增长率的情况下实施《京都议定书》的各项规定,那些反对者届时又会大吃一惊。

克雷蒂安卸任后,保罗·马丁于 2003 年 12 月 12 日出任加拿大第 21 任(第 27 届)总理。保罗·马丁曾连任加拿大联邦众议员 15 年,在 1988～1993 年间为反对党议员,在 1993～2002 年间任克雷蒂安自由党政府时期的财政部长。就加拿大外交而言,马丁从小就受到其父亲老保罗·马丁男爵(Paul Martin Sr.)的影响。老马丁从 1935 年任职外交部以来对加拿大外交作出了长达四十年的贡献。所以,小马丁上任之初就表达了明确且雄心勃勃的外交政策愿景。保罗·马丁政府在处理国家间关系问题上坚持多边主义,认为国际形势充满不确定性,各种力量处于激烈整合之中。国际社会正处于过渡性的"后伊拉克时代",未来 20 年内美国仍将是世界上最强大的国家,但"它的声音虽然最洪亮,却不是唯一的声音"。欧盟正处于整合之中并力争扩大其在国际事务中的发言权,英国和法德两国在欧盟前途方面具有不同看法,欧盟同美国的关系如何定位仍然是一个未知数。中国和印度等新兴力量正在迅速崛起,它们对世界的作用和影响尚不可知。另外,现有的单边主义和多边机制都存在严重缺陷,无法有效应对诸多全球性问题。美国实行单边主义外交政策处处碰壁的事实证明任何国家都无法依靠单独行动实现自身的外交目标和解决国际问题,多边主义才是正确的选择。加拿大应该维护并加强联合国的权威,因为一个强大、高效和运转良好的联合国将对世界更加有利。然而以联合国为主导的多边机制存在严重缺陷,在

---

① 李文政:《从多边主义到边缘依赖的加拿大外交》,《人民日报》2006 年 6 月 13 日,第 3 版。

全球经济危机、疾病防治、环境治理和反恐战争等诸多方面力不从心。马丁政府极力提升加拿大的国际地位,认为现阶段是重塑国际秩序的关键时期。世界秩序的基础正在发生改变,全球化进程正处于关键时期,很多国家将在迅速演进的全球化进程中再次为自己争取一席之地。目前不应看谁是现在的赢家,而是应该看现在谁能为这场全球运动制定有利于自己的规则。加拿大有能力和义务在重塑国际机制方面发挥"催化剂"和"领导者"的作用。2005 年 4 月 19 日发布的外交政策声明很大程度地重复了上述这些重点,这篇声明题为《加拿大国际政策声明:自豪并具影响力的世界角色》,总共由五部分组成,分别是"概述""外交""发展""防卫"和"贸易"。

第二节　加拿大自由主义外交政策的内涵

自冷战结束,特别是"9·11"事件以来,加拿大一直致力于构建"公正民主"的国际体制。在建构国际安全体制的过程中,加拿大政府不仅重视国际规则的制定,而且努力使这些保护"人类安全"的准则成为一种共享的国际观念。

一、阿克斯沃西的"人类安全观"

为了全人类的安全与福祉,加拿大领导人于后冷战时期在国际社会发起了两个阶段的倡议。第一阶段的"人道主义干预"由马尔罗尼和金·坎贝尔总理(Kim Campbell,第 25 届)发起,针对南非种族隔离。第二阶段的"人类安全"由克雷蒂安的外交部长安德烈·韦莱、阿克斯沃西、约翰·曼利和比尔·格雷厄姆共同发起。1994 年 4 月卢旺达、1995 年斯雷布列尼察和1996 年扎伊尔持续升温的种族大屠杀,以及联合国未能阻止这些暴行让加拿大感到无比震惊。1999 年在科索沃问题上八国集团领导人的成功介入以及亚太经合组织在东帝汶问题上的成功干预启发了加拿大,加拿大率先资助了一个专门的委员会以形成一项在新时代能被全球接受的原则——"人类安全观"。

后冷战时代,威胁人类的新安全问题的出现颠覆了以国家为中心、以军事防范手段为主的传统安全观。1994 年联合国开发计划署发表《人类发展报告》,第一次正式提出"人类安全"的概念。随后,加拿大政府加入国际对人类安全理念的探索,提出加拿大奉行的人类安全是以"人"为中心的安全观,尤其关注普通平民免于暴力或非暴力威胁的安全,确保人的权利、生命和生活免于各种威胁;为实现人类安全,就要构建保护人类安全的民主公正的国际机制;为构建这种民主公正的国际安全体制,加拿大政府运用结构主义外交理念与实践,利用其中等国家地位及各类资源优势,充当推动制定国际规则的"代理人",从而有效地促进了这一人类安全准则的最终形成。

苏联解体前,人们普遍关注的是如何阻止核战争以及可能升级到核战争水平的常规军事冲突。冷战结束,特别是在苏联解体后,世界格局迅速变化,全球化进程加快,国际安全态势也随之改变,原来冷战掩盖下的民族和宗教冲突接连爆发,由不同社会文化形态构成的国家加速分离。贩毒、跨国走私、非法洗钱、武器扩散、难民、种族屠杀、国际恐怖主义等非传统安全威胁对国家安全和社会稳定的影响越来越突出。人们对安全的关注焦点,也逐渐从传统的战争与军事对国家和国家集团的威胁,转向新的人类安全,即对个人生命与尊严的威胁。而冷战之后的全球化大环境则加重了非传统安全对人类安全的威胁,这就需要国际社会共同来寻求新的对策。

苏联解体后,即 20 世纪 80 年代末 90 年代初,加拿大政府就开始调整对外政策,提出要充分体现对"人"的生命的尊重。但加拿大参与国际社会对人类安全理念的探索主要是在 1993 年 11 月后自由党执政期间,特别是在劳埃德·阿克斯沃西 1996 年出任加拿大外长之后,这是加拿大政府探索"人类安全"的重要阶段。在阿克斯沃西的努力下,加拿大于 1998 年 5 月与挪威签署了关于人类安全的重要声明《莱索恩宣言》,宣布人类安全观成为加拿大外交政策的基本原则,同意构筑"一个协商并采取相关行动的机构来扩大人类安全,推动人权,加强人道主义法制,防止冲突,培育民主与良治"。1999 年 4 月发布的外交文件《人类安全是变动世界中的人民安全》突出了加拿大安全理念的特色,认为不断变化的冲突越来越将"人"置于世界事务的中心,人类安全已变成全球安全的新标准以及推动全球行动的动力。1999 年 5 月召开的莱索恩部长代表会议再次将人类安全列入议程,把人类安全广泛定义为"保护人民不受暴力与非暴力威胁"。虽然会上对该定义产生了分歧,但是阿克斯沃西坚持认为:"人类安全的议程是构建一个全球社会的过程,在这个社会里个人安全和福祉具有国际优先性,是国际行动的推动力量;在这个社会里,国际人道主义的标准和法规应该是进步的、互相连接的,并结成一个保护个人的网络,在这个网络里那些侵犯这些标准的人要负完全责任;最后,它还是这样一个社会,在这个社会,我们的全球、地区和双边机制——无论是现在还是未来——都会被确立并完善起来,从而促进和强化这一标准。"由此可见,加拿大寻求的人类安全,应该是将重构国际体制并创建规范机制设为优先议程,这也是分析加拿大对外政策的重点。①

　　加拿大的人类安全观是以"人"为中心的安全观,是对以"国家"为中心的传统安全观的补充,是解决冷战后国际社会安全的新视角和突破口。正如阿克斯沃西所言:"从外交政策的视角来看,'人类安全'可能作为前景或方向而被更好地理解。它是认识世界的一个可供选择的方式,将'人'作为参考点而不是过多地关注在领土、政府的安全上。"这种安全理想实际是要在法治、民主、尊重人权的基础之上建立一个保护"人",特别是"普遍大众"安全的国际规则与体制。要保证这个体制的民主与公正就必须保证在建立这个体制时有广泛的参与者,这些参与者来自国际社会的各个层次结构,并且还应该保证制定准则等程序上的民主与公正。加拿大在其结构主义准则最终形成的过程中都在竭力贯彻这种民主、公正的思想,并以自己的资源优势来最大程度地保证这种公正、民主,使准则的制定不被大国所左右。同时,这也反映了加拿大民主与公正的价值观,因此这一做法得到加拿大国内民众的理解和支持。按照阿克斯沃西所言:"许多加拿大人希望在世界扮演更理想化的角色。"阿克斯沃西在 1997 年《国际评论》春季刊的文章《加拿大与人类安全:领导者的需要》中,进一步提出:"冷战的结束需要对以人类安全为首要目标的国家安全概念进行重新解释。我们承认持续的经济发展、人权和基本自由、法律、善治、社会平等、可持续发展等非传统安全因素对世界和平的重要性,非传统安全与诸如武器控制和裁军有关的传统安全同样重要。我们已经意识到环境恶化、人口增长、种族冲突和移民问题与世界和平之间的关系。"文章得出结论:"只有人类安全得到保证,世界才能得到持久的稳定。"对国家安全概念的重新解释表明加拿大的基本观点:随着传统安全观被人类安全观所替代,传统军事和经济实力将让位于"软权力",而这种软权力的影响来自网络和联盟。由于加拿大没有"殖民主义包袱",而且非常善于同拥有共同看法的国家结成联盟,联盟将包括新的伙伴而不只是加拿大的传统北大西洋盟友,这就要求政府更有效地依靠非政府组织、学术界、商界和市民社会。

　　自冷战结束,特别是"9·11"事件以来,加拿大政府追求的国际安全就是以"人"为中心的人类安全,是使人免于遭受来自暴力与非暴力的对生命、尊严和权利的威胁;实现"人类安全"的核心目标是构建"一种能够满足人们真正迫切需要的机制";这种机制不是像传统安全体制那样依托国家和国家

---

①　Andrew F. Cooper, *Canadian Foreign Policy*: *Old Habit and New Directions*, Scarborough: Prentice-Hall Canada Inc, 1997, pp.110~126.

集团,靠军事和武力来维持,而是依托以联合国为主导的国际组织及多边机制,重新制定或注入新的国际规则和规范,"构建一个以保护个人的安全和福祉为准则的公正、民主的国际体制"。加拿大在构建它所追求的这种机制的过程中具有独特的优势,加拿大政府认为可利用这种优势在构建新的世界安全体制中发挥重要的作用。在具体过程中,后冷战时期以来,个人杀伤地雷的使用、小型武器和轻型武器的扩散以及苏丹和卢旺达等非洲国家的种族屠杀都造成新的人类安全灾难,在解决这三类急迫的新安全威胁中都可以看到加拿大发挥的主导作用。加拿大先后主导了《渥太华禁雷公约》《禁止小型和轻型武器国际规则》以及建立常设国际法庭审判犯有种族屠杀罪、反人道主义罪和战争罪的《罗马公约》的制定,它们都成了构建维护人类安全机制的典范。

之后,在"人类安全"理念基础之上,第27届总理保罗·马丁(Paul Martin)最宏大的举措就是努力让世界接受加拿大发起的"国家保护责任"。为此,马丁总理展开了一系列的外交实践。他通过对苏丹进行访问展现了加拿大对达尔富尔问题的关注;在召开八国集团峰会时,他和美国同僚一起将达尔富尔问题纳入议程,并促使八国集团对苏丹政府发出警告;在2004年11月于布基纳法索召开的法语国家峰会上,马丁极力推广"国家保护责任"的原则,会议公报支持加拿大在加强脆弱国家的民主和治理结构上作出的努力。马丁报告说,大多数法语国家的领导人同意扩大联合国授权,特别是在有些国家未能阻止内部暴力时进行干涉。马丁还认为在国家间建立这一普遍共识将会迫使联合国接受"国家保护责任"的原则。基于联合国安理会需要更广泛的改革,联合国在2004年12月2日发布的报告接受了"保护的责任"这一概念。2005年9月14日至16日,在纽约举行的联合国成立60周年的世界首脑会议上,加拿大的努力获得国际认可,这是加拿大在外交上的巨大成就。此次峰会是有史以来规模最大的一次世界各国领导人聚会,加拿大与其他国家包括一些非洲国家在内,致力推动各国认同主权包含责任,国家只有在国内履行了对本国人民的责任才能获得外部国家对该国的主权尊重。

二、自由主义盛行的战略文化

后冷战时期,在自由主义指导下的加拿大致力于将现代世俗化、经济开放、政治民主和自由主义结合为一体构建世界新秩序。在自由主义世界新秩序的影响之下,加拿大国内战略文化在对民主的推进、对自由贸易市场的支持以及将多元文化主义作为核心价值观三个层面进行演进。

（一）"历史终结论"开启的自由主义意识形态蔓延

弗朗西斯·福山（Francis Fukuyama）于 1989 年在《国家利益》杂志上发表的《历史的终结？》[①]无疑是冷战后国际政治理论发展的重要标志之一。福山的"历史终结论"认为随着冷战时代的结束，以民主政治与市场经济为主要观念的自由主义被广泛接受，以意识形态发展为代表的历史已经走到尽头。"历史终结论"以一种新的观点来解释冷战结束的意义和冷战后国际社会的性质，指出冷战结束表明西方自由主义意识形态的胜利，经济和政治自由主义已经上升为整个世界的主导思想，并规定着世界秩序的发展方向。从这个角度，福山认为人类意识形态发展过程至此已经结束，西方的自由民主制度作为人类社会最终的政府形式，在观念上已经得到"普遍认同"。然而，自由主义的胜利在现实世界中尚未取得最后的普及和成功，国际社会中依然存在大量的矛盾和冲突。所以，冷战后的国际社会需要构建新的世界秩序来维护自由主义在全球的扩大，并确保以自由主义思想为基础的民主制度实现对世界的主导。根据历史终结观点最深层次的含义，历史的最终目的就是要建立一个不断加强的全球性的和谐民主社会。"历史终结论"宣扬的自由民主制度是对人类社会制度的终结，这种民主制度制度化地保护了个人权利。在以自由主义为历史终结的思想基础之上，进而生发出"民主和平论"。"民主和平论"最早起源于康德的政治哲学，具体表述为把道德法则和人权思想作为基础，将自由国家联合起来建立"永久和平"的设想。1994 年，美国总统克林顿提出，要把推进其他国家的"民主化"作为美国外交政策的"第三根支柱"，支持世界各地的民主化进程并以此来建立一种永久的和平。美国学者欧文于 1994 年在《国际安全》杂志上发表了题为《民主如何产生和平》[②]的文章对该理论进行阐述：以自由主义观念作为主导思想的民主国家将不会相互攻击，而是趋于友好相处并建立联盟；而非民主国家则是危险的，它们会与民主国家进行战争。因此，自由民主制度是民主和平的前提和保证，在世界范围传播和推行自由民主制度将意味着世界"永久和平"的到来。

冷战结束后，在以美国为首的西方世界自由主义思潮的影响下，加拿大维护和平者的形象和内涵得到了更新——通过民主的建设带来世界和平。加拿大显然没有意愿、有时也没有能力像美国那样在全世界通过军事干预

---

① Francis Fukuyama，"The End of History?" *The National Interest*，No. 16，Summer 1989.

② John M. Owen，"How Liberalism Produces Democratic Peace，" *International Security*，Vol.19，No.2，Fall 1994.

和经济制裁,运用单边主义的方式推动民主化进程,但是加拿大会通过参与联合国和北约盟友的维和行动来履行自己应尽的义务。同时,更符合加拿大特色的是其对外援助战略。

冷战后,加拿大的对外援助理念具体表现为加拿大官方援助在冷战后增加了对受援国的"民主化"指标以及在特定领域如"性别平等"和"妇女儿童"方面的硬性指标的考量。1986 年加拿大关于对外援助的大讨论中,加拿大下议院外交事务与国际贸易委员会针对加拿大官方发展援助政策和项目开展了调研活动。1987 年发布《瓦恩加德报告》(The Winegard Report:For Whose Benefit?),《报告》对加拿大官方援助的"目标和重点、政策条件和选择、援助组织和方式、公众支持、援助评估和资金"五个方面进行了全面的评估。作为回应,加拿大政府推出《分享我们的未来》(Sharing Our Future,1987)政策报告,修订了 1975 年对外援助政策中的优先秩序,将人权问题作为对外援助新战略中最为重要的资格审查条件,其次是将女性发展和环境的良性开发作为加拿大对外援助政策的准条件。1991 年,总理布赖恩·马尔罗尼(Brian Mulroney,第 24 届)在英联邦政府首脑会议上说:"在国际关系中,什么也没有比尊重个人自由和人权更为重要的了……对加拿大来说,未来的路程很清楚:我们将对那些尊重国内人民的基本权利和个人自由的国家增加发展援助的渠道。加拿大将不资助那些压迫民主的国家。"2005年,加拿大国际发展署发布的"加拿大国际政策宣言"宣布加拿大对外援助遍及 155 个国家,此数目超过国际社会中的任何一个国家。2008 年 5 月,加拿大通过 C-293 法案即《好援助法案》(The Better Aid Bill),第一次明确地用法律形式确定了发展援助的标准,即将消减贫困与加拿大价值观、加拿大对外政策、可持续发展、促进民主以及促进国际社会的人权标准保持一致。①

(二)"华盛顿共识"倡导的经济自由主义盛行

冷战后的全球化首先表现为经济全球化,进而引发经济方式的根本性变革:旧的世界经济在很大程度上是由地理因素决定论塑造的,依赖自然资源禀赋与劳工或资本的相对价值,而具有划时代意义的信息科技革命带来了新的信息社会经济更加不受拘束,经济结构和功能更少地依赖地缘优势,

---

① Ian Smillie, "Foreign Aid and Canadian Purpose: Influence and Policy in Canada's International Development Assistance," in Robert Bothwell and Jean Daudelin (eds.), *Canada Among Nations 2008: 100 Years of Canadian Foreign Policy*, Montreal: McGill-Queen's University Press, 2009, p.205.

而更多地依赖广泛的流动和社会的组织决策因素以及现代经济体的竞争性优势。①然而,经济全球化的进程是由以美国为首的西方世界引领的,加拿大大力支持并深深参与其中。冷战后的世界经济秩序是以"华盛顿共识"为典型代表的新自由主义政策主张的,其主要特点和内容包括"市场是完全自由竞争的、倡导个人主义、提倡自由放任的市场经济、反对国家干预经济、主张私有化"。市场开放与自由贸易是经济自由主义的核心内容。从历史上看,这一理论观点不仅是对影响国家对外经济政策制定与执行的重商主义的一种批判,而且是用"民主与自由"的制度来打破束缚人们思想与行为的专制镣铐。经济自由主义的自由贸易观显然与自由主义在政治上的"理想"是一致的,自由贸易也是象征着把世界从重商主义贸易壁垒下解放出来的意识形态。因此,自由贸易似乎与民主政治密切联系在一起,也就是说实行民主政治的国家有在世界范围推行自由贸易的责任。

这一国际政治经济秩序的调整使加拿大自 20 世纪 80 年代起开始转向新自由主义。而后"华盛顿共识"关于市场开放的原则又受到加拿大的深刻认同,特别是贸易自由化和放松对外资的限制是加拿大后冷战时期经济发展繁荣的关键。加拿大把贸易自由化作为国家经济的增长来源,而贸易自由化的先决条件是市场的相互开放。加拿大是世界经济强国之一,也是工业化市场经济中八大贸易国之一,更是七国集团中贸易依赖性最强的国家。正是由于加拿大贸易依赖度较高,且直接关系到国家整体经济的繁荣程度,因此自由贸易对加拿大越发显得重要。加拿大外交政策的重要一环便是促进经济的繁荣发展,而实现加拿大经济繁荣有两个决定性因素:一个是开放的市场;另一个就是广泛的外资流动和投入。自 20 世纪 90 年代以来,在新自由主义的指导下,加拿大积极参与国际贸易活动,在发展多边贸易关系方面取得了不俗的成绩,其中包括与美国、墨西哥签署的《北美自由贸易协定》,乌拉圭回合中的《关贸总协定最后文件》以及成为亚太经济合作论坛的成员国等。加拿大对外贸易关系日趋多元化,随着与其他国家和地区(特别是新兴市场国家)贸易往来的增加,逐步扭转了极度依赖美国市场的局面。同时,加拿大跨国公司及其国际资本流动成为加拿大对外贸易发展的重要动力。自 1989 年"华盛顿共识"提倡降低外资限制以来,加拿大凭借良好的国家信誉吸引了大量外资流入,强有力地刺激了国内经济的发展。

---

① Gill Paquet, "The Canadian Malaise and Its External Impact," in Fen Osler Hampson and Christopher J. Maule(eds.), *Canada Among Nations 1990-1991: After the Cold War*, Ottawa: Carleton University Press, 1991, pp.26~29.

开放(Openness)被誉为加拿大独特的国家价值观之一,这一价值观偏好在经济领域的体现就是大量的投资流动以及开放的贸易。①以开放为核心价值观的加拿大希望能够成为国际舞台上自由贸易和开放经济的榜样。冷战后,伴随着经济一体化的趋势,全球经济格局出现区域化板块或"经济圈"模式,包括欧洲地区的欧洲一体化、北美自由贸易区以及亚洲的新兴市场。加拿大处在北美自由贸易区并因此越发依赖美国,同时加拿大也无法回避和忽视欧洲和亚太地区经济增长带来的重要机遇与挑战。因此,已处于北美经济圈的加拿大开始扩展其两翼市场——向东的欧洲市场与向西的亚太市场,特别是在科技、贸易与投资等领域,同时加拿大还积极地在这些地区发出倡议以保持多边参与。

(三)"世俗时代"推动的加拿大社会发展

《世俗时代》②是享誉全球的加拿大政治哲学家查尔斯·泰勒(Charles Taylor)对以拉丁基督教为主的现代西方社会经历世俗化过程进行探讨的巨著。泰勒认为"世俗时代"表现为三个层面的意象:第一,宗教从公共空间脱离成为一个"单独的领域";第二,宗教信仰与实践的衰落;第三,信仰上帝被理解为多种选项之一,而且往往还是并非最惯常被接受的那种选项。世俗化实质上是内在于西方基督教文明的一种发展,对基督教国家产生着深远的影响,然而,世俗化在西方世界不同国家进行的过程和发展的程度却不尽相同,加拿大作为这类国家之一在全球化与现代化的进程中历经着世俗化的发展。世俗化带来的改变体现在国内社会的方方面面,对加拿大政治文化的发展产生了深刻的影响。自20世纪60年代以来,加拿大迅速进入世俗化,并在加拿大国内政治和社会的多个维度中展现出来。

第一,象征性政治权威的信仰表达。加拿大总督是国家政治权威的最高象征,因此对国家核心价值观念的官方阐述往往表现在总督就任演讲中。1959年9月15日,加拿大第19任总督乔治·瓦尼埃(Georges Vanier)是一位战功赫赫的将军、外交官以及活跃的天主教徒,他在就职演讲中说道:"总理阁下,我首先要来祷告:愿拥有无限智慧与怜悯的全能上帝祝福这一由女王陛下赋予的神圣职位,并使我能够全然谦卑地履行它。我以我的软弱来换取她的力量。愿她赐下和平于这片被祝福的土地上以及生活在这块

---

① John Kirton, *Canadian Foreign Policy in a Changing World*, Toronto: Nelson, 2007, p.22.

② 〔加〕查尔斯·泰勒:《世俗时代》,张容男等译,上海:上海三联书店2016年版,第6页。

地方的人们,以相互理解、尊重与爱的恩典。"①然而,2005 年 9 月 27 日,庄美楷(Michaëlle Jean)就任加拿大第 27 任总督,她是一位多语言的、海地出生的电影制作人和记者,发表了具有前瞻性的就职演说,强调相互宽容对加拿大社会福祉的重要性。除此之外,庄美楷最为关心的是个体自由的提高;对她而言,加拿大历史有力地证明了新世界具有的自由。在该演讲中并没有提及任何的宗教宣言。

第二,加拿大宪章中的宗教体现及语言表述。1982 年,在皮埃尔·特鲁多总理的努力下,加拿大终于拥有了全部的宪法控制权。公共有神论在加拿大新的自由与权利宪章中仍然保持着突出地位。特鲁多一开始提议在新宪章中不经意地提及上帝。然而,由于来自特鲁多自由党内成员的压力,最终这一建议被移除。而后教会团体又联合游说要求正式地承认加拿大的基督教传统。结果,新宪章在其前言中被修订为"加拿大是根据承认上帝至尊和法治的各项原则而建立的"。②这样一则声明并没有成为加拿大基督教传统复兴的先兆,在新宪章下,加拿大立法与法律越来越强调私有权、多元文化主义、宽容以及公共宗教的中立性,这些举动甚至导致在原来宗教言语司空见惯的公共领域也开始去基督教化。

第三,公共教育系统内的世俗化。教育系统的变革也对加拿大文化产生了重要影响。安大略的公立学校关于忏悔的基督教传统项目被取消,更不用提该省专门出资为其天主教公民单独建立告解室的要求,这些已经形成多年的项目将被结束。"在安大略的公立学校中基督教信仰的中心地位,尽管经历了不论宗派的新教改革,在 20 世纪中叶依旧是盛行的;到了 20 世纪 60 年代晚期便有所衰落;然而在 20 世纪末,在一场冗长而充满争议的过程中最终被驱逐。"③魁北克省与纽芬兰省的宗教传统保留与持续时间最长,直到 20 世纪 90 年代末,它们所有的教育体系几乎都在教会的监督管理之下。然而,无论是在魁北克——拥有两个多世纪天主教主导的教育体系,还是在纽芬兰——在 1948 年加入加拿大自治领时明确要求保障其政府资助的由宗教派别管理的教育体系,这股去基督教化的浪潮都显得势不可挡,

---

① Georges P. Vanier, "Inaugural Address," in George Cowley and Michel Vanier(ed.), *Only to Serve: Selections from Addresses of Governor-General Georges P. Vanier*, Toronto: University of Toronto Press, 1970, p.3.

② 〔加〕沃尔特·怀特等:《加拿大政府与政治》,刘经美等译,北京:北京大学出版社 2004 年版,第 266 页。

③ R. D. Gidney and W. P. J. Millar, "The Christian Recessional in Ontario's Public Schools," in Marguerite Van Die(ed.), *Canada: Historical and Comparative Perspectives*, Toronto: University of Toronto Press, 2001, p.275.

加拿大的教育体系几乎已经完全被世俗化了。[1]

第四,同性婚姻合法化。加拿大国会在2005年6月28日进行投票,在全加拿大范围通过同性婚姻合法化。当这一联邦立法在2005年7月成为国家法律时,除了保守党声明建议国会重新考虑其投票以外,只得到很低的公众关注度。不像在美国,同样是马萨诸塞州最高法院提议类似的司法行为,便立马引起全国性的反对浪潮与争论,并成为美国2004年大选期间的焦点话题。加拿大对于婚姻的重新定义,这一看似不可想象的事件竟然被广泛接受了,而不像美国成了争论的焦点,证明在加拿大社会的伦理道德领域,世俗程度已有了相当深厚的基础。

第五,关于教会归属(Church adherence)和教会出席(church attendance)的统计。教会归属的相关统计展现了加拿大公民宗教态度的变化。1961年,只有0.5%的加拿大公民告诉人口调查员,他们不属于任何宗教团体。这一比率在1971年上升至4.7%,至2001年到16.2%。天主教徒的比率从46%有所轻微下滑至43%,而新教教派中——包括圣公会、浸信会、长老会以及联合教会这四个最大的新教支派,长期在英裔加拿大人中占据宗教生活的主导地位——这一比率从41%骤降至20%。[2]第二次世界大战后,根据盖勒普民调显示,当问及是否周日去教会时,67%的加拿大人给予了积极回应。在加拿大的天主教会中,这一比率更是高达83%,在魁北克甚至到了90%。到了1990年,盖勒普民调显示这一比率降至23%;另一个民调则显示,2000年每周教会出席率已低于20%。[3]

冷战结束前后的几十年是加拿大世俗化迅速发展的时期,其世俗化程度令人惊叹,从某种程度上可以认为加拿大已从基督教国家转型为世俗国家。究其原因,既有结构性的又有偶然性的,既有历史性的又有时代性的。首先,由英裔和法裔两个民族分别组成的两个独立社会存在于加拿大,它们拥有势均力敌的政治权重,联合于同一个国家政体中。另外,加拿大不仅是一个自由民主的资本主义国家,同样也是一个有组织的、传统的和等级制的社会。加拿大需要凝聚力来聚集广泛散落的人们——实际是两个民族——成为繁荣的、有序的、相对稳定的民族-国家。基督教信仰与实践在构建这

---

[1]　Scott Ellis Ferrin, "From Sectarian to Secular Control of Education: The Case of Newfoundland," *Journal of Research on Christian Education*, Vol.10, Fall 2001, pp.411～430.

[2]　F. H. Leacy, *Historical Statistics of Canada*, Ottawa: Statistics Canada, 1983, Series A164～184.

[3]　Reginald W. Bibby, *Restless Gods: The Renaissance of Religion in Canada*, Toronto: Stoddart, 2002, pp.75～77.

样的民族-国家中曾发挥关键性作用。在美国,活跃的基督教同样影响着美国文化的建构,但是所展现的是更加自愿主义和个人主义的宗教,而在加拿大,自愿主义的实行总是伴随着政府的保障,教会的发展总是与社会和政治发展紧密相连。战后,加拿大的经济繁荣,教会活动如火如荼。然而,加拿大教会在20世纪四五十年代的蓬勃发展更多归因于战争凝聚的国家主义以及战后经济扩张的常态,而不是教会自身的宗教复兴与活力。正如加拿大学者观察到的:"在过去,基督教在其最有活力的时候往往是与世俗社会保持一定的张力。然而,现在这种情况已不复存在了。在我们这个时代最为争议的议题上,教会的声音是无力的、迟缓的、暧昧的以及无关痛痒的。"①

同时,在加拿大的其他领域,基督教文明的历史印记也迅速退位。公共标志象征从加拿大的宗教与民族历史中转移至普世的多元文化宽容的视角。1971年,政府将多元文化主义提升至国家政策。自1980年开始,经济与政治议题完全击败了其他所有议题(包括宗教,曾经在加拿大公共生活领域占主导地位)成为焦点。更确切地说,历史上加拿大的矛盾,比如法裔魁北克与英裔加拿大之争,曾经是通过宗教形式表达的,现如今都通过政治和经济权力来体现,这一变化实际上揭示了加拿大当下经济争论和政治重组现象的背后本质上是去基督教化的过程。曾由教会提供的社会凝聚力现在来自政治和经济上的忠诚,或是宽容、个体发展以及多元文化主义这些意识形态理念。自由主义旗帜下的多元文化主义价值观取代了传统基督教价值观,在对一系列问题的观念上,包括婚姻、家庭、安乐死等,人们更多地选择了多元文化主义的趋向。加拿大将传统基督教转换为一种可替代的多元文化主义的意识形态准则,不仅在教会内部发展,同样也在更广的社会领域转变了其文化结构。20世纪60年代初的政治改革标志着被传统宗教定义的加拿大公共生活方式的终结。加拿大著名政治哲学家乔治·格兰特的力作《为国家哀悼》(Lament for a Nation)中,②他的立场结合了圣公会的传统观念以及社会自由主义与道德保守主义,广泛地批判了经济和道德个人主义、冷战,以及对加拿大基督教文化历史起着腐蚀溶解作用的美国式民主,然而却无法扭转这种局势。

从国内政党发展的轨迹来看,受到魁北克独立运动的刺激,以及西部地

---

① Pierre Berton, *The Comfortable Pew*, Philadelphia: J. B. Lippincott, 1965, p.16.

② George Parkin Grant, *Lament for a Nation: The Defeat of Canadian Nationalism*, Toronto: McClelland and Stewart, 1965.

区对联邦政府的抵抗,加拿大传统的政治联盟几乎被洗牌。自由党与进步保守党一贯与加拿大主要教会的领袖保持联系,新民主党与原社会信用党也是从基督教执事中发家的。然而,过去二十年这一稳定的政治平衡被打破。进步保守党失去了其在魁北克和加西的支持者而垮台。魁北克人党成立,成为在联邦竞选中魁北克地区的主导力量。在西部,改革党(reform party)建立,不再顺从安大略和魁北克,倡导的社会文化议题与美国的温和民主党和温和共和党相似。之后,改革党并入原来的进步保守党成为新的保守党,并在 2006 年的大选中获胜。这一复杂的政党政治历史对宗教的影响很重要,因为原来的党派都惯常以某种形式与加拿大的各主流教派保持密切的关系,然而这一方式如今彻底消失。地区权力与经济影响力相竞争成为加拿大政治生活中的驱动力。20 世纪 80 年代末,约翰·格兰特敏锐地总结道:“基督教曾经在加拿大被称为‘影子国教’,而到了 1987 年则最多算为回忆。”格兰特谈到宗教曾经长期主导加拿大的现实时,认为宗教信仰已经沦落成为“一系列个人价值追求选项之一,与其他价值的地位是一样的”①。

三、“有限主义”思想下的中等国家身份调整

加拿大国际关系特别联合委员会在 1985 年提交了一份题为《竞争与安全》的加拿大外交评估报告。该报告认为:“尽管加拿大的价值观要求我们帮助贫困者、饥饿者和政治上受迫害者,但鉴于加拿大的有限国力和有限的国际影响力以及不断变化的国际环境的种种限制,加拿大只能在多边框架中追求和平与正义。加拿大人必须接受这样简单但无法避免的事实,即在国际事务中我们没有足够的资源来支持我们做我们所有想做的事情。”②这些被学术界称为“有限主义者”(limitationist)的人认为,在这个不断变化的国际社会现实下,“中等强国”的国家身份要求加拿大政府全盘放弃那种积极的、凡事参与的行动方式,转向采取一种更为灵活的方式来维护加拿大在全球秩序中的现存实力与优势。③在“有限主义者”看来,这一新型的“中等强国思想”应是精英集团通向成功的一种手段,是一种获取公众支持政府对外政策的方案,同时由于能够保持足够的灵活性而成为维护统治阶层利益的工具,其核心观点就是灵活、实用。此后,这一新型的“中等强国思想”既

---

① John Webster Grant, *The Church in the Canadian Era*, Burlington: Welch Pub. Co., 1988, pp.240～241.

② Joe Clark, *Competitiveness and Security: Directions for Canada's International Relations*, Ottawa: Secretary of State for External Affairs, 1985, p.Ⅱ.

③ Ibid, p.Ⅱ.

得到保守党人执政的马尔罗尼政府的认同,也得到自由党人克雷蒂安政府的支持,成为加拿大 20 世纪 80 年代后期以及整个 90 年代乃至新千年参与全球外交事务的指导思想。

这一时期,在政治上,加拿大既与美国保持渐行渐远,又保持渐行渐近。在经济上,加拿大继续发挥其作为古巴与西方国家之间沟通的桥梁的作用,鼓励并保护本国公司与古巴进行经济、贸易往来;正式参加美洲国家组织、扩大加拿大与美洲各国的经济往来和政治关系;继续参与援助非洲等第三世界的国际事务,但放弃了其传统的"无条件"援助,转向"附加条件"援助。在给受援国提供粮食、人员培训和其他经济援助时,要求受援国进口或使用加拿大商品。在军事上,"9·11"事件之后,虽然布什政府一再劝说加拿大参加北美导弹防御系统,但加拿大却一直宣称自己不会参加。然而,当面临着愈演愈烈、难以预测的恐怖主义活动和某些国家的核恐怖威胁时,2003 年 5 月 29 日加拿大国防部长约翰·麦卡勒姆(John McCallum)在议会作证时宣布,加拿大将就加入美国的导弹防御系统同美国进行谈判,但明确表示只有在加拿大认为这一系统符合加拿大国家利益时才考虑加入。这些具体的外交行为表明,加拿大从 20 世纪 80 年代后期开始淡化其传统的"无私利"的国际主义实践方式,转向公开追求国家利益。

加拿大利益已不再强调广泛的国际利益,也不再强调狭隘的个体或集团利益。对于加拿大这样依赖世界经济的国家,相互依存的不断提升可能会进一步损害国家自治并加剧联邦内的分离趋向。无可否认的是政府的开发援助正逐渐以国家利益为中心,原来的理想主义和利他精神正日渐淡化。对加拿大来讲,提升其国际地位和影响力是政府开发援助应该带来的结果之一。罗伯特·格林希尔(Robert Greenhill)提出加拿大应该担当一个领导者的角色、一个独特的角色、一个与美国不同的角色。而这种领导角色并非以权力来衡量,它是作为"道德的领导者"和"世界的智库"而存在。而过去 15 年由于预算紧缩和政治保守使加拿大完全失去了提高国际形象的机遇。他认为,当前加拿大处于战略发展的十字路口,明确国际开发援助今后往哪个方向走、在国际舞台上扮演怎样的角色对加拿大的未来至关重要。

加拿大提出中等强国的外交重点应该落在"斡旋、构建和谐的国际改良主义阵线以促进现存国际体系内部的改革"。联合国的集体安全角色在波斯湾战争中得到重振。加拿大与海湾地区并没有历史联结,也没有实际利益,比如石油或贸易市场,社会文化层面的联系也相对疏远。那么为何加拿大在海湾危机中表现得如此积极,不仅积极支持一系列联合国谴责伊拉克侵犯科威特的决议,而且决定发挥加拿大在该地区的海空实力。有学者解释为加拿大的参与代表了一种长久恪守维和行动的逻辑延伸,维护海湾危机中的集体安全行动被视为与遵守国际法和阻止未来侵犯同等重要。他同样讨论到加拿大军事干涉危机引发的国内争论,以及党派纠纷及反战情绪为何会出现。战后安排最主要的挑战将是地区安全秩序的重建,这将包括和平解决阿拉伯世界与以色列之间的冲突、军控以及恢复经济。在这些领域,加拿大欲发挥一个谦逊且正面的角色来帮助修复伊拉克与其邻国之间的关系。

20 世纪 90 年代,一大波国内问题对加拿大外交政策议题提出了新的挑战。虽然多边主义的趋势在不断增强,这与加拿大在世界秩序中的长期利益相一致,然而由于自身的政治合法性危机加拿大发觉自己在冷战后的多边能力变弱。加拿大在过去 45 年努力维护自身在国际上的优势地位,但由于国内争论与政策转移,加拿大正冒着失去其国际影响力和信誉的风险,因此亟须加强加拿大的国家实力和国内的凝聚力。与此同时,加拿大还面临着由全球化市场带来的不断加深的社会经济相互依存度所产生的新的压力,这就要求中央政府应具有强大的领导力和政策的灵活性。如不抓住机遇,加拿大的经济竞争力将继续下降,国家将沦为北美地区和世界经济的一隅,并会不断加剧本国经济对自然资源出口的依赖。

冷战后加拿大政府外交政策的一大特征就是要在资源减少的情况下设置外交事务的优先级,以及在政府所提出的众多外交政策倡议中发现并选择具有创新性的方案。虽然政府声明强调加拿大将不再能够像之前一样在国际舞台发挥那么积极的贡献与作用,事实上在决定外交政策优先级时往往调子比实力要大。在冷战后,加拿大传统的自由国际主义地位不断下降,对于以长久坚持皮尔逊国际主义遗产为荣的加拿大来说,"有限主义"外交的抉择并不是一件容易的事情。

第三节　自由主义外交政策下的对外实践

一、"人类安全"理念指导下的《渥太华禁雷公约》签订

由于成本低廉和易于使用,地雷成为冷战后期在一些发展中国家的代理人战争中一种较受欢迎的武器。据联合国统计,1996 年全球有一亿多颗地雷分布在大约 68 个国家境内,每月大约引起 2000 人死亡。①地雷从一个

---

① David Lenarcid, *Knight-Errant? Canada and the Crusade to ban Anti-Personnel Land Minds*, Toronto: Irwin, 1998, pp.3～5.

单纯的军事武器变成威胁人类安全的问题。于是,1994 年联合国大会开始推动禁雷问题,但是进程非常缓慢。1995 年,国际红十字会发起一项世界范围的禁雷行动,同年 3 月加拿大建立了一个由 45 个非政府组织联合的"加拿大禁雷行动"并以此向全球进行呼吁。①1996 年,加拿大新任外交部长阿克斯沃西对在禁雷行动中非政府组织发挥的显著作用非常感兴趣,在他的倡导下,禁雷问题成了加拿大外交议程上的首要优先级。

1996 年 3 月,加拿大起草了一份"减少全球使用地雷的行动计划",展现了加拿大在禁雷问题上的行动路线图。第一,加拿大通过联合国大会继续致力于禁雷行动的推动;第二,加拿大召集对此问题感兴趣的国家和非政府组织,采取禁止或限制地雷使用的全球性或地区性行动。随后,4 月的联合国大会没有在此问题上取得进展,行动陷入僵局,一些国家支持禁止地雷,另外一些国家主要是五个大国不愿放弃这种武器。在会议结束时,加拿大代表团对在联合国的禁雷行动感到失望,并宣布加拿大将于同年 10 月组织一次相关国家和非政府组织的会议对禁雷问题做进一步讨论。各国出乎意料地积极支持加拿大的这一倡议,由此开启"渥太华进程"(Ottawa Progress)。1996 年 10 月 3 日,有 50 个国家参加、另有 24 个国家以观察员身份参加了此次会议。虽然对全面禁雷的支持是广泛的,但是包括美国在内的大国还是掌握着这一问题的主导权,甚至敦促会议将此问题转交联合国裁军委员会处理,因为在那里大国是稳操控制权的。正因如此,加拿大提议在一年内再次举行会议,希望尽快达成一个全面禁雷的国际条约。这既可以推动事态向前发展,又可以保证加拿大在最后决议的签订中发挥领导作用。在 1997 年 12 月,加拿大外交部长阿克斯沃西邀请代表们重返渥太华,签订《关于禁止使用、储存、生产和转让杀伤人员地雷及销毁此种地雷的公约》,以下简称《渥太华禁雷公约》。

加拿大下决心要签订一个完全禁止使用杀伤性地雷的公约,虽然不可能获得所有国家的一致支持,但是希望关键的多数国家能反对使用地雷,加拿大的这一策略得以实现依赖于一个包括国际社会大多数国家在内的联盟。首先,由澳大利亚起草条约,与会的某些国家承担起动员其地区内的支持力量的责任,比如,南非负责南部非洲、墨西哥负责拉丁美洲、菲律宾负责亚洲等。与此同时,加拿大外长阿克斯沃西展开深入的正式和非正式的外

---

①   Valerie Warmington and Celina Turtle, "The Canadian Campaign," in Maxwell A. Cameron, *To Walk without Fear: The Global Movement to Ban Landmines*, Toronto: Oxford University Press, 1998, pp.51~54.

交行动，以提高各方对禁雷问题的认识，为即将在渥太华签订的公约争取最大范围的支持。最后在渥太华，当跟随者的数量增加到足够保证其想法成功时，规则落地的最后阶段也就随之到来。"渥太华进程产生了滚雪球效应。当越来越多的国家了解了摆在谈判桌上的内容，对这个进程感到满意，它们就会选择加入。"①然而这一时期加拿大面对的主要外交障碍来自美国，美国不屑地把渥太华条约的支持者称为"天使联盟"。五角大楼认为地雷是美国军火中的关键组成部分，特别是在朝鲜半岛南北的边界地带。在与美国国务卿奥尔布赖特的会晤中，阿克斯沃西就敦促美国参加条约的起草，认为华盛顿的参与将会对条约更有利。随后，克雷蒂安总理也敦促美国总统克林顿派来代表团到渥太华进行官方会谈，以寻求协调美国利益的途径。但是，美国提出的相关要求并没有得到大多数政府和非政府组织的同意。加拿大在这个过程中不断寻求折中斡旋，克雷蒂安与克林顿多次通电话沟通，阿克斯沃西与美国国家安全顾问博格密切商议，但最终还是没能达成妥协。

即便没有美国的参与，1997 年 12 月的第二次渥太华会议还是吸引了来自 120 多个国家的代表团和 2400 余位参加者，以及全球 500 多家新闻媒体的代表。在阿克斯沃西倡导的"人类安全观"指导下，加拿大通过渥太华会议及渥太华进程使得禁雷的观念与共识得以转变为国际准则，并最终形成公约，整个过程中加拿大发挥了巨大的推动作用。正如时任联合国秘书长安南表示："加拿大在这个十年里对人类所做的最大贡献就是在禁止地雷问题上的努力，没有加拿大，我们签订不了这一条约。"②

二、自由贸易主义下的对外经济行为："加拿大队"的创立

加拿大以贸易立国，对外贸易依赖性较大。加拿大自由党向来强调经济繁荣的优先地位，纵观一贯以来的加拿大对外政策也证实了这一点，历届政府都将经济发展看作首要目标。实际上，促进贸易及其自由化是克雷蒂安在担任加拿大总理期间所追求的最重要的外交目标。

加拿大最初就是个"贸易国家"，相对于和它相同规模的国家，长期以来加拿大都非常倚重国际贸易。自 1989 年之后，这种依赖——或者说开放——得到极大扩展，可以说加拿大大部分的私营经济是为了国际市场而

---

① Peter Howard and Reina Neufeldt, "Canada's Constructivist Foreign Policy: Building Norms for Peace," *Canadian Foreign Policy*, Vol.8, No.1, Fall 2000, p.21.

② David Lenarcid, *Knight-Errant? Canada and the Crusade to ban Anti-Personnel Land Minds*, Toronto: Irwin, 1998, p.65.

产生的。1993年10月25日,新一届自由党政府自上任起就面临紧迫的贸易问题。首先是假设美国国会通过了《北美自由贸易协定》,克雷蒂安总理及其团队需要决定是否或如何以及何时将其运用于加拿大。克雷蒂安在获选之时便承诺要重启《北美自由贸易协定》的谈判,并批评了与美国建立过分密切的经济联系的议会。然而,尽管对《北美自由贸易协定》有所保留,但克雷蒂安还是任命了自由贸易的热切倡导者罗伊·麦克拉伦担任加拿大国际贸易部长。由此说明克雷蒂安对于他的保守党前任追求的逆转贸易自由化进程没有兴趣,而是试图通过扩大与其他国家的贸易机会,来分散加拿大对美国的贸易依赖。同样重要的还有,新政府面临着长达八年之久的《关税及贸易总协定》(GATT)的乌拉圭回合谈判即将结束,在乌拉圭回合谈判中,加拿大已有重要收获,但是仍有可见的损失,最受影响的是几十年以来依赖加拿大旧有供给管理体系的农民。对于新政府,这些贸易谈判需要在国际层面运用灵巧的处理方式,同时结合国家利益谨慎操作。

除了这些紧迫的地区与全球贸易事务,自由党政府及其核心部门,包括国际贸易部、工业部和财政部,面临着重塑国内国际贸易与经济政策的任务。[①]虽然全球经济市场衰退,但是全球化的步伐仍在加速。全球合作下产品国际化程度不断加深;对外直接投资愈发集中于亚洲(特别是中国)新兴市场,还有拉丁美洲和小亚细亚地区。加拿大的贸易体系出现了传统的两大贸易区和新兴的两个贸易区域的格局,即北美自由贸易区的发展对加拿大经济未来的影响,以及冷战后期出现的新欧洲及其政治经济关系模式对加拿大的启示;加拿大与拉丁美洲的新兴贸易关系,以及加拿大在太平洋地区的贸易政策面临的机遇与挑战。

从历史上看,加拿大总理一直充当着贸易"推销者"的角色,而克雷蒂安与他的"加拿大贸易代表团"(也称"加拿大队",即 Team Canada)则将这项职责推向了一个新的高度。加拿大贸易代表团集合了由克雷蒂安领导的加拿大各省省长和企业高管,自成立之时便备受瞩目。克雷蒂安曾率领"加拿大贸易代表团"访华以尝试打开中国市场,此次访问由于高度的曝光率和精心的谋划,最终促成对华建立贸易和投资的机会。此次任务的成功也促成加拿大代表团前往拉丁美洲和南亚。总之,克雷蒂安对贸易自由化的支持反映了贸易对加拿大经济的重要性,正如他在演讲中所说:"众所周知,促进

---

① Alan S. Alexandroff, "Global Economic Change: Fashioning our Own Way," in Harald von Reikhoff and Maureen Appel Molot(eds.), *Canada Among Nations 1994: A Part of the Peace*, Ottawa: Carleton University Press, 1994, pp.27~28.

加拿大贸易一直都是我个人十分看重的……我很荣幸带领这支具有划时代意义的贸易代表团到亚洲和拉丁美洲……我很高兴,加拿大企业也积极参与进来。这次成果不仅是110亿美元的贸易和投资协议,而且为加拿大带来了成千上万个工作机会。"[1]此外,克雷蒂安深信以出口促就业,他肯定了出口对于加拿大经济的重要性,以及出口在创造就业方面的关键作用。克雷蒂安成长于魁北克省的小城市,当地的经济、他父亲的工作以及家庭收入都直接依赖美国市场。这一认识从他在私营部门工作开始,以及后来担任工业、贸易和商业部长,又重新在担任自由党党魁的经历中不断得到强化。这些观念也来自他的政治导师米切尔·夏普(Mitchell Sharp),夏普曾是皮尔逊时代的工业、贸易及商业部长,财政部长和外交部长。

总之,经济和贸易领域的政策清楚地表明了加拿大通过地理上、功能上以及制度上的调整向全球领导力的扩张。从地理上看,加拿大在对大西洋世界的传统关注上增加了对美洲、亚太、中东和非洲地区的参与。在功能上,通过多边主义强化贸易自由化的同时,提升贸易行为中的双边和单边主义。从手段上看,这些变化主要是通过首脑外交,尤其是"加拿大贸易代表团"的推进。在制度上,加拿大超越了其传统地将重点放在《关税及贸易总协定》及其继承者世界贸易组织上,而是帮助开创了新一代的多边国际机制和自由贸易协定。在干预性上,这些政策越来越多地针对国家社会的内部改造,以追求可持续发展和良治,比如"以商促变",积极与拉丁美洲国家和组织保持良好的双边与多边关系,在多边制度中积极发挥引领作用,推动拉美国家自由、民主和人权的建设。

加拿大视贸易和投资为实现美洲地区经济增长和共同繁荣的关键要素,积极利用本国技术、管理和资金上的优势,发挥企业和研究机构的独特作用,努力实现互惠共赢。正如2000年6月加拿大贸易部长在报告中指出,"1999年加拿大出口增长超过11%,达到4100亿美元,占整个国内生产总值的43%,这种增长已经持续一段时间。十年前出口仅占国内生产总值的25%,因此加拿大的出口在十年内从25%增加到43%"。这种显著的增长使这个国家进一步加强了对对外贸易的依赖。政府在促进贸易自由化,以及积极在各种场合扩大国际贸易规则方面发挥了积极作用,其中最突出的是支持美洲自由贸易区(FTAA)。获得准入并维持海外市场,对加拿大经济的重要性超过了十年前,但是美国市场依然是最重要的,因为它占据加

---

① Tom Keating, "A Passive Internationalist: Jean Chretien and Canadian Foreign Policy," *Review of Constitutional Studies*, Vol.9, No.1&2, 2004, p.126.

拿大对外贸易的 80%。

通过开放市场与自由贸易来提升加拿大经济,在这一点上历届加拿大政府都十分重视,也尝试通过各种方式来实现这一目标。由克雷蒂安创立的"加拿大贸易代表团"便是一项创新方式,其灵感来源于与其他主要大国在全球新兴市场竞争的大背景。1994 年克雷蒂安采用独创的单边路径,建立了由联邦总理和各省省长率领的"加拿大贸易代表团"。1994 年由自由党政府发起、由加拿大总理率领的加拿大使团诞生,使团成员有国际贸易部部长,各省省长,地区领导人以及数百位加拿大主要市场领域的商业人士。成立之后,1994 年的秋天"加拿大贸易代表团"便前往中国和越南,1996 年1 月又访问了印度尼西亚、马来西亚、新加坡和中国香港。1996 年和 1997年由总理亲自带领"加拿大贸易代表团"两次前往亚洲,显示了加拿大欲加强与亚洲经济关系的纽带。加拿大认为其在该地区的经济联系很有限,加拿大只有 9% 的出口在亚洲地区,落后于七国集团中其他国家在这一地区的份额。[①]此外,"加拿大贸易代表团"于 1996 年与以色列、智利分别签订了双边自由贸易协定,团队重点关注加拿大人的利益,并将经济工作排在年度咨询报告名单的首位。

"加拿大贸易代表团"曾在中加经贸关系中发挥了重要的作用。其中,克雷蒂安在 1994 年首次访华的行程中,就带领了一支由 9 名省长、300 多位著名企业家组成的"加拿大贸易代表团",着重发展中加商贸关系。此次访问在商贸领域取得巨大的成功,中加双方的企业家签署了 50 多个双边经贸合同和意向书,总价值逾 50 亿加元。2001 年 2 月,加拿大总理克雷蒂安再次率"加拿大贸易代表团"访华,这次包括 8 名省长、3 名区长和近 600 名企业家,陪同访问的有国际贸易部长和外交部主管亚太事务的部长等高级官员,双方签署了总价值约 57 亿加元的协议、商业合同及意向书。2005年,加拿大总理保罗•马丁对中国进行访问,这次跟总理来华的"加拿大贸易代表团"是一个庞大的商业代表团,包括来自 277 家企业的 360 余名加拿大企业代表。双方确认将石油天然气、核能、能效和清洁能源、可再生能源作为优先合作领域。[②]

1997 年"加拿大贸易促进机构"(Team Canada Inc.,TCI)的建立是以著名的"加拿大贸易代表团"和加拿大贸易活动为基础,这些活动已经变成

---

① Maureen Appel Molot and Fen Osler Hampson, "Asia Pacific Face-off," in Fen Osler Hampson, Maureen Appel Molot and Martin Rudner(eds.), *Canada Among Nations 1997*: *Asia Pacific Face-Off*, Ottawa: Carleton University Press, 1997, p.5.

② 潘兴明:《20 世纪中加关系》,上海:学林出版社 2007 年版,第 275~284 页。

加拿大国际商贸发展的主要力量。TCI 的成立是主流贸易方式制度化的体现,抨击了现存的国际商业发展体系,目的是融合不同政府部门的贸易促进功能。[①]两年内,该机构逐步发展成一个固定机构,并设置了小型秘书处。该机构代表了 20 个政府部门和机构,由 5 人组成执行委员会,包括国际贸易部副部长、加拿大工业部副部长、农业及食品部副部长、自然资源部副部长和加拿大遗产部副部长。

　　加拿大贸易促进机构的创立是为了调整和控制政府及商业团体对出口商交付的扶持,同时批准了对中小型企业团体的有效扶持,这些中小型企业团体是政府出口发展服务的主要对象。如果加拿大政府可以在国内外提供连续的服务,这一切都有可能实现。该机构的创立也对跨国公司和其他加拿大政府伙伴职能进行了说明。贸易专员服务处的附加值,是由其提供的"边界服务"(border out)所决定的,包括收集商业情报、提供宣传、协助即将进军海外的公司及已经在海外有所拓展的公司寻找合作伙伴等。贸易专员服务处渐增的工作量决定了其必须依靠国内伙伴,例如其他联邦政府部门和机构,来提供境内服务以便加拿大国内的公司具备出口资质。

　　总而言之,加拿大贸易促进机构致力于将这些一连串的要素整合成综合化服务,将区域贸易网络引进地方。除了海外的活动,这个机构的组成部分还包括:10 个国际贸易中心(雇佣贸易专员)、12 个加拿大国内商务中心和 12 个加拿大贸易相关部门。这种综合服务涉及农产品贸易服务部门、加拿大投资合作企业(帮助吸引海外直接投资)、国际商业机会中心(为加拿大国内商品和服务资源提供具体的海外机会信息),以及市场研究中心(对海外市场和加拿大出口能力进行研究提出报告)。此外,加拿大的品牌形象是政府决策人首要关心的问题,鉴于加拿大过去被潜在海外投资者看成是传统的资源型经济,缺乏创新和活力。令人不安的数据表明加拿大的全球海外直接投资份额出人意料地从 1990 年的 6％下降到 2000 年的 3.1％。加拿大投资合作企业的职责是扭转这一趋势,通过加拿大贸易促进机构发展其他政府层面的新的海外合作伙伴,开展试点项目让海外投资者更好地了解加拿大。

三、多边制度主义下的多边外交实践:"二十国集团"的建立

　　多边制度主义是加拿大独特的国家价值观之一,通过创立多边制度来

---

① Evan H. Potter, "Branding Canada: The Renaissance of Canada's Commercial Diplomacy," *International Studies Perspectives*, No.5, 2004, p.57.

管理各国之间以及各国公民之间的关系对加拿大而言是一项充满激情的工程,它总是热衷以各种方式来改进旧的制度、建立新的制度,不论是国际的还是地区性的。这一价值观部分地源于加拿大自由国际主义的理性考量,即正式的、高度法律化的国际组织及其所推行的法治原则是保护世界上较弱国家的最好方式。加拿大不仅是全球最重要的国际制度建立者之一,而且多边制度主义让加拿大成为世界上与众多国家关系密切的国家。

加拿大对多边制度主义的笃信同样是来自它独特的历史经验。自第二次世界大战起,加拿大一直是一个积极的、甚至有些强迫的多边主义者。最初,大西洋主义为加拿大的多边主义提供了主要的舞台。加拿大是作为大英帝国的一部分立国并繁荣起来的,后来将大英帝国改造成了一个多边机构——也就是英联邦。但是随着加拿大的贸易与移民来源的转移以及北约重要性的逐渐衰退,加拿大的多边组织及协定在全球得到实质性扩展。加拿大多边主义的主要目的之一是促进加拿大管理与美国的关系,之前是通过参与欧洲,而后是环太平洋。加拿大从早期就将国际制度"强加于"比它规模大得多、而且具有威胁性的邻国——美国,这种行为始于国际联合委员会(International Joint Commission,IJC),之后又通过 1988 年的《美加自由贸易协定》、1994 年的《北美自由贸易协定》及其附属条款,以及 2005 年与墨西哥一道打造的北美安全与繁荣伙伴关系(Security and Prosperity Partnership of North America,SPP),旨在将美国规制于一系列多边制度框架内。

自由党执政以来,加拿大加强以多边制度主义建立世界秩序,其内涵和特点可总结为"适度的制度化、多边化、改良化"。[①]第一,适度的制度化是指努力维护和发展国际合作的规范以及基于规范的国际制度,而不是寻求世界联邦主义者偏爱的那种类似世界政府,或正在欧盟区域出现的超国家主义。第二,多边化意味拥有国际法与国际制度,并得到各类国家的支持,其理想状态是普适性。第三,改良化意味着在现有的机制与制度中作出累进性改善,将它们扩展到尚未应用的领域。目标不在于取代,或抛弃联合国,而是让它"像创立者构想的"那样发挥实际作用。马丁总理在其 2004 年的施政演讲中呼吁"新规则"和"有效的多边机构",因为这是一个"没有任何一个国家可以独自应对的、全球相互依赖"的世界,加拿大可以选择"领导创建文化多样性的新国际工具"。在复合新现实主义与多元文化主义的独特国

---

① John Kirton, *Canadian Foreign Policy in a Changing World*, Toronto: Nelson, 2007, p.56.

家价值观以及民族团结的国家利益推动下,新的多边体制被推向前台。①加拿大在国际体系中如何施加影响力,对世界发挥更大的作用,产生更深入的变革? 加拿大学者安德鲁·库珀指出,加拿大可以采取"多样化政策倡议形式"以此反衬其他行为者的无能。②在一个更加开放、更加多变、更加复杂、更具不确定性的世界中,加拿大"拥有更大的余地以新形式开展活动、缔结联盟",并且"拥有额外的操作空间"。加拿大可以在新的多边主义与变化的国际安全体系中发挥越来越重要的作用。到 20 世纪 90 年代后半期,许多学者进一步宣称加拿大已经成为"说话有分量"的大国,一个"值得被严肃对待"的大国,以及"重要的联盟成员"。③

在自由党克雷蒂安政府的领导下,加拿大的全球领导力最大化地体现在加拿大塑造全球秩序的进路,即加拿大在联合国超越了由旧有的威斯特伐利亚体系所规定的国际关系准则,成功地运用新的原则和制度创造了全球治理。最初的几年主要体现在一些传统的问题上,例如在国内挫败了魁北克公投;通过创立自由国际主义的世界贸易组织来加强以联合国为基础的多边主义;1995 年在哈利法克斯七国集团国家峰会上寻求联合国机构改革以面对 21 世纪的需求。然而,七国集团峰会没有产生加拿大所希望的改革,这促使加拿大开始在联合国之外寻求改变,例如与八国集团一起开创了新一代机构,并且加拿大渐渐地处于这些机构的核心。

保罗·马丁主张强有力且更集中的多边主义,以此让加拿大成为催化剂式的领导角色,并集中于加拿大擅长的、世界最需要的领域,从"失败的国家"到国际犯罪组织、武器扩散和恐怖主义。政府的第一要务是保护其公民,那么对他们来说最佳的保护就是营造一个稳定且合作的国际体系。因此,加拿大将比以往任何时候都更加致力于被视为安全和现代国家基石的国际机制建设。国家之间良治的需要体现为对更加有效的国际机制(规则)和多边制度的需要。马丁力主重塑国际"多边体制"。他指出,国际社会不仅要维护和加强联合国等多边机构的作用,同时还要开辟新思路,打破单一的体制模式对各国的束缚,努力突出各国而不是多边机构的作用,制定联合

---

① John Kirton, *Canadian Foreign Policy in a Changing World*, Toronto: Nelson, 2007, p.188.

② Andrew F. Cooper, *Canadian Foreign Policy: Old Habits and New Directions*, Scarborough: Prentice Hall, 1997, pp.281～296.

③ Maureen Appel Molot, "Where Do We, Should We or Can We Sit? A Review of Canadian Foreign Policy Literature," in Duane Bratt and Christopher Kukucha(eds.), *Readings in Canadian Foreign Policy: Classic Debates and New Ideas*, Toronto: Oxford University Press, 2007, pp.62～75.

国之外的"新型行为规则"。在应对全球经济、政治和安全问题以及应对"走向失败的国家"和"失败国家"过程中,各国可以共同行动,效仿二十国集团模式建立新型多边体制。另外,马丁还主张"巧实力"(smart power),建议在诸如水资源管理、科学与技术和人道主义干预领域进行国家动员的经验,并集中呼唤加拿大在全球治理替代方案中的领导力。①总之,多边制度主义使加拿大可以充当国际秩序重建的催化剂和领导者,制定有利于加拿大的国际政治新秩序。

在亚洲金融危机的促使下,加拿大和美国在财政部长和央行行长层面共同创立了二十国集团论坛。当时,世界接连爆发了三场前所未有的动荡:源于亚洲而后蔓延至全球的金融危机、"9·11"恐怖袭击事件及其后续影响,以及土耳其和阿根廷的金融危机。二十国集团正是为应对上述金融动荡而创立的国际组织,而后其事务范围迅速扩展至经济、社会和安全领域。这些因素后来转化为二十国集团治理的成效,这主要归功于保罗·马丁和劳伦斯·萨默斯两位七国集团成员国的财政部长。随后,二十国集团逐渐发展成为新兴国家的俱乐部,在全球治理中开始发挥更大的作用,并产生很大的影响力。

对于二十国集团的建立,其灵感和倡议来自时任加拿大财政部长的保罗·马丁。马丁自1993年起担任加拿大财政部长,对于如何最好地改革国际金融体系有完整的新想法。墨西哥比索危机后,他构思建立一个财政部长级别的机构,吸收主要的亚洲国家和穆斯林国家,以应对未来可能会发生的此类危机。加拿大进一步的举措是改革国际金融体系和在1997年至1999年间创建二十国集团。美国最初很积极,但加拿大财政部长马丁很快取过接力棒,创建了一个将八国集团和世界重要新兴国家都囊括其中的机构,这是一个比七国集团更广泛的协商论坛,试图在全球化的世界达成全球治理的共识。参与者是各国的财长,首项正式议题是维护国际金融的稳定。但很快马丁就把一系列相关议题都加入了议程,其中就包括了加拿大环境保护的独特国家价值观。几年之内,马丁就促成社会可持续发展的"蒙特利尔共识"。

由保罗·马丁倡导创立的二十国集团是专门为防范全球经济和金融危机再次爆发而设立的国际协调组织,具有广泛代表性和合法性,是处理国际

---

① Norman Hillmer, Fen Osler Hampson and David Carment, "Smart Power in Canadian Foreign Policy," in David Carment, Fen Osler Hampson and Norman Hillmer (eds.), *Canada Among Nations 2004: Setting Priorities Straight*, Montreal: McGill-Queen's University Press, 2005, pp.13~15.

问题的成功范例,也是作为国际多边体制的模范。同时,为了加强组织和协调能力,有必要将"二十国集团"的组织成员由各国财政部长和中央银行行长升级为各国最高领导人。保罗·马丁是二十国集团1997~2001年的掌门人,并在2004~2005年间致力于将其提升为峰会级别的会议。马丁对二十国集团升级为首脑级峰会表示大力支持。

二十国集团逐渐发展为一个新型的国家俱乐部。七国集团或八国集团是一个重要的国际机构温床,酝酿了新的二十国集团的诞生,并促进其发展——七国集团或八国集团在1999年通过了创立二十国集团的设想,自始至终都在为之提供内部引领和主导,向人们说明将二十国集团提升至领导人层次的好处,并邀请其经验丰富的成员国在二十国集团创立初期担任该集团部长级和首脑级会议的主席国,履行主导职责。①

如果说在思想方面,马丁实现了关于世界经济秩序的革命性创新,那么在实体机构方面,他还在继续积极作为。为创建二十国集团峰会机制,2004年整个11月,马丁穿梭于亚太经合组织领导人峰会,访问巴西、苏丹并参加了布基纳法索法语国家峰会,访问中国、巴西、韩国和印度尼西亚,这些国家的领导人都赞同创建二十国集团峰会机制的想法。随着马丁总理两年任期即将结束,法国和中国也公开支持这一提议。

加拿大学者汤姆·基廷(Tom Keating)在其1993年关于加拿大多边外交的著作中比较了加拿大长期秉持的以联合国为基础的多边主义和特鲁多政府时期"更具国家主义和单边主义"的倾向,以及加拿大越来越喜爱参与的更具选择性的多边主义俱乐部(成员数目有限)。②在保罗·马丁的领导下,加拿大尝试并完成了一场雄心勃勃的改革运动,用一种不同的选择修改并替代了长期以来世界秩序依赖的主导原则。在快速变革的世界中,加拿大通过这样的行为把自己推到了一个主要大国的地位。

---

① 〔加〕约翰·J.柯顿:《二十国集团与全球治理》,郭树勇等译,上海:上海人民出版社2015年版,第97~100页。

② Tom Keating, *Canada and World Order: The Multilateralist Tradition in Canadian Foreign Policy*, Toronto: McClelland & Stewart Inc., 1993, pp.224~244.

第六章 哈珀保守党政府的加拿大外交政策(2006～2015 年)

2006 年 1 月 23 日,斯蒂芬·哈珀(Stephen Harper)领导的保守党获得加拿大联邦大选的胜利,由此结束了自由党长达 12 年的执政。随后哈珀在2008 年 10 月 14 日和2011 年 5 月 2 日的大选中两度连任总理并组阁,最终于 2011 年领导保守党组建了多数党政府。保守党政府就任期间,在全球安全和经济脆弱性不断加深的国际背景下,加拿大总理哈珀提出了以新保守主义和边缘依赖外交为原则的"新外交"政策,并在十年任期内对其进行实践。

第一节 哈珀执政时期的国内政治发展与国际环境变化

哈珀政府就任的十年间经历了三次联邦大选,前两次都是以少数党政府组阁,其政策的制定通过和执行在国内遇到多重阻碍。从国际层面来看,哈珀政府执政期间处于全球反恐时代,而且还经历了 2008 年的全球金融危机,在安全和经济领域加拿大都经受着严峻的挑战。

一、哈珀政府经历的国内竞选与政治发展

斯蒂芬·哈珀 1959 年出生于加拿大多伦多市,高中毕业后随父母迁居到盛产石油的艾伯塔省,此后进入卡尔加里大学深造,并获经济学学士和硕士学位。毕业后,哈珀留在加拿大西部工作。1985 年,26 岁的哈珀成为卡尔加里西部选区进步保守党联邦议员吉姆·霍克斯的助理,由此开启了哈珀的从政之路。1993 年,哈珀当选加拿大联盟党卡尔加里西部选区联邦议员,主要负责财政问题,并为本党制定税收和财政政策。2003 年,哈珀将进步保守党和改革联盟党合并为保守党,并由他本人出任保守党的第一任领袖。在 2004 年 6 月举行的大选中,哈珀率领新组建的保守党向执政的自由

党发起强有力挑战,虽未能取而代之,却一举夺得了议会中的 99 个席位,确立了最大反对党的地位。2006 年 1 月 23 日,哈珀带领保守党在加拿大第 39 届联邦大选中战胜了连续执政 12 年的自由党,哈珀本人当选为加拿大第 22 任总理,但是作为少数党政府的保守党总理,哈珀保守党以 124 席对马丁自由党的 103 席、魁北克分离党的 51 席以及新民主党的 29 席的微弱多数席位获得执政党地位。保守党组建的少数党政府执政面临的最大挑战是:政府必须依靠下议院的反对党议员的支持才能通过政府预案。在 2008 年 10 月 14 日的第 40 届联邦大选中,保守党虽未获得多数党政府需要的 155 个下议院席位,但仍以 143 席胜出,再次组成少数党政府。2011 年 3 月 25 日,由自由党在下议院提出的哈珀政府"不信任案"以 156 票支持对 145 票反对通过,因而直接导致哈珀政府倒台,加拿大再次举行联邦大选。但在随后 5 月 2 日大选中,哈珀所带领的保守党在下议院 308 个席位中如愿以偿地获得 167 个席位,从而奠定其多数党执政的地位。

哈珀的主要政策表述在其历次的竞选纲领、就职演说和相关政策报告中可见一斑。在 2006 年竞选纲领中,哈珀的主要对外政策理念如下。在政治上,追求全球领导,并承诺在其总理任期内将把关于国际事务上加拿大的承诺置于所有承诺之上。加强国家统一,维护加拿大在全球舞台上的利益。在经济上,高度强调全球开放的国家价值观,对北美自由贸易协定的未来提出了明确的路径,再次阐明加拿大在印度、亚太区域将探索一切可能进行自由贸易的合作伙伴。在环境问题上,与其他主要工业大国协商一致,承诺控制温室效应和气体排放。在安全问题上,坚决抗击恐怖主义的袭击,积极应对自然灾害和疾病的暴发。随后,在其就职演说中,哈珀对外交政策的陈述部分占其演讲的三分之一,而在其执政的第二年秋天,他又一次公开发表演说,这一次其关于加拿大对外政策的阐述占其演说的 60% 以上。在哈珀制定的五个外交优先次序中,排在第一位的是强化加拿大在国际社会中的地位;第二位是建设一个强大的联邦政府;第三位是提供有效的经济领导权;第四位是继续打击跨国犯罪活动;第五位为改善全球环境。哈珀在其演说中再三宣称:加拿大是世界上最伟大的国家,是引导其他国家的"北斗星"。为达成其"世界领导权"的目标,加拿大需要通过一系列的具体行为来实现,即通过分享民主价值观、自由权利和遵守法律来实现。为此,在阿富汗问题上,哈珀宣布将加拿大驻军撤离日期从 2009 年延迟至 2011 年,并承诺加拿大将参与负责训练阿富汗军队和警察。在气候问题上,哈珀呼吁盯住主要排放国家,这也包括加拿大自己。在北极问题上,哈珀宣布建立研究基地并配置新的巡逻船队。之后,在 2011 年竞选期间,执政的保守党公布了题为

《为了加拿大》的竞选纲领。①其中,提出通过投资加拿大北部发展、打击人口贩卖、加强加拿大武装军队力量以保卫加拿大。在竞选期间的电视辩论中,其他三大党领导人共同指责哈珀的三宗罪:反民主、欺骗成性和加拿大美国化。但哈珀紧紧抓住"振兴经济"为中心,以经济学家的身份始终掌握着关于经济复苏的话语权,并强调在全球经济依然脆弱的时期,保守党致力于国家经济复苏,这场不必要的大选是反对党在浪费纳税人的钱。在陈述和辩护中,哈珀也不失时机地强调了保守党领导下的加拿大是西方七国中最早、最快走出金融危机的国家。如此,哈珀很好地将保守党构建成为加拿大优秀的国家经济管理者。

哈珀政府在执政期间有其积重难返的问题,如在八国集团会议和军事上浪费开支、财政政策不透明、个人作风独断,在对外政策上唯美国马首是瞻。尽管如此,加拿大却是西方七国集团中率先经济恢复的国家,在邻国美国还在为经济危机头痛的时候,加拿大的经济形势已蒸蒸日上,加元对美金也出现倒挂。哈珀是加拿大首位经济学专业出身的总理,金融危机为哈珀竞选提供了一个最有利的竞选环境,凭借自己的经济学背景,哈珀的"经济牌"打得十分有效。在应对这次全球性金融危机中,加拿大金融系统保持稳定,没有一家银行倒闭或需要政府出资救助,这无不与保守党领导有方相关。哈珀获益于他在 2008 年国际金融危机中的应对措施,并在 2011 年 5 月 2 日的选举中赢得了多数党的地位。哈珀的外交成就主要来源于其在个人和政府层面认真对待政策分析并牢牢控制国际事务,也得益于总理和执政党在社会层面充分吸收了进步保守党赖以执政的传统,还得益于加拿大在国际层面已经成为名副其实的主要国家和能源超级大国。与此同时,美国变得更加脆弱,在越发危险和分散的世界体系中无法靠自己来解决问题。

二、后"9·11"时代加拿大面临的全球脆弱性挑战

2006 年的大选选出的这位来自阿尔伯塔的年轻总理,此前在国际事务领域没有多少兴趣和参与度,也没有担任过部长的经历,上任后领导一个新的保守党并且是少数党政府,内阁成员中也没有太多外交政策经验。与此同时,容易被忽视的是这个外部世界体系正在发生的重大变革,这是影响加拿大外交政策的重要外部因素。

后冷战时代伴随着全球化的发展,尤其是"9·11"事件的发生使恐怖主

---

① 2011 年保守党竞选纲领《为了加拿大》,参见保守党网站,http://www.conservative.ca/platform_2011/,访问日期:2015 年 2 月 16 日。

义成为国际安全秩序中最大的威胁。加拿大一方面要考虑自身的经济与安全利益,因此需要在共同的北美国土与安全范围内与美国协调政策,支持美国海外的反恐战争,其中包括向遥远的阿富汗派出战斗部队,并协助美国的伊拉克战争。另一方面,加拿大不断受到美国搜寻恐怖分子的安全力量的渗透,或者是受到恐怖分子的渗透。"9·11"事件之后,恐怖分子在全球范围流动猖獗,加拿大作为一个开放的移民国家,被认为已经间接给予了恐怖分子所需要的东西,包括他们出入加拿大进行的组织筹资、四处流动等。①

在经济领域,哈珀执政时期,美元最初是对日本、欧洲、英国和新兴经济体中国、印度、巴西货币贬值的;在哈珀刚上台时世界石油价格是68.10美元一桶,到2008年攀升至140美元一桶;随之而来的是当年9月始于美国后来蔓延至全球的金融危机、严重的经济衰退、异常缓慢的经济复苏和美国在伊拉克、阿富汗的军事困境。随着中国、印度、巴西、俄罗斯等新兴经济体的国内生产总值增长走在世界前列,美国持续衰落,而加拿大的相对影响力却在上升:加币对美元的汇率在哈珀上台时为1加元兑换0.87美元,到2007年末升至1.10美元。在资源日益短缺的国际社会,加拿大是除俄罗斯外全球唯一的一流能源国和大宗商品供应国。②加拿大是七国集团中唯一一个在金融危机前实现财政盈余和债务大幅度减少的国家,并在2010年世界经济复苏时其国内生产总值增长处于领先地位。

由于外部因素影响力如此强大,作为理性精算家和快速学习者的哈珀敏锐地意识到在全球社会、安全和经济领域,世界秩序正在不断地快速变化,而加拿大应该被拉进全球领导者之列,尤其是在2008年二十国集团峰会形成之际。得益于哈珀是一个经济学家,除了曾是历史学教授和职业外交家的皮尔逊外,哈珀是加拿大唯一从未从事过法律工作或获得过法学学位的总理。作为一名职业的经济学家和理性的政策分析专家,哈珀对"唯法律规则可产生预期结果"持谨慎态度,他更关注政策的有效性和经济效果,主要体现在他在气候变化和《京都议定书》问题上的态度,与这一理念相吻合。

---

① Stewart Bell, "Blood Money: International Terrorist Funding in Canada," in Norman Hillmer and Maureen Appel Molot(eds.), *Canada Among Nations 2002: A Fading Power*, Toronto: Oxford University Press, 2002, pp.156～157.

② John Kirton, "A 'Made in Canada' Foreign Policy for Harper's First Year," in Andrew F. Cooper and Dane Rowlands(eds.), *Canada Among Nations 2006: Minorities and Priorities*, Montreal: McGill Queen's University Press, 2007, pp.34～57.

第二节　新保守主义外交政策的形成

冷战后，世界进入"部分的和平"，由"文明冲突论"催生而来的新保守主义，以及由苏东剧变所引发的新一轮民族主义浪潮下兴起的魁北克分离主义，对加拿大的内政外交产生了巨大影响。冷战后，新保守主义原则的兴起始于美国的全球战略，具体思想包括对意识形态和价值观问题的重视、道义与实力并重的原则以及单边主义原则。哈珀政府"有原则性的"外交（principled diplomacy）建立在对美国新保守主义和社会保守主义价值观的认可之上，实际上是加拿大版新保守主义。

一、哈珀的保守主义价值观

在对外关系上，哈珀的核心理念是自由市场、大国防开支、单边使用武力、价值观外交、冷战思维、人权外交。从个人信仰上来看，哈珀是一位基督教福音派教徒，他先是属于多伦多的联合教会，后来分别转到更为保守的卡尔加里天主教会和渥太华传教士联盟。从历史上看，除了迪芬贝克（第18届，1957～1963年）是浸礼会信徒，皮尔逊（第19届，1963～1968年）是卫理公会教徒，坎贝尔（第25届，1993年6月25日～1993年11月4日）是圣公会教徒外，大多数加拿大总理是罗马天主教徒。哈珀与加拿大和美国的福音主义者和加尔文主义者一样，关注世界，关注穷国，向它们输出价值观，通过大量官方发展援助计划和对抗疾病的措施减轻穷人的痛苦。哈珀对于宗教信仰权利十分关注，这就可以解释其在对外关系中对宗教自由的强调。与此相一致，他还在外交事务和国际贸易部创立了一个专门用于保护海外宗教权利的机构。

从政党的特点来看，现在的执政党加拿大保守党是在2003年12月8日，由麦凯领导的原进步保守党和哈珀领导的加拿大联盟合并重组的。合并前的进步保守党主要信奉的是新保守主义。新保守主义强调扩大民主的重要性，提倡在全球范围扩大民主的范围，为了达到这个目的，甚至可以动用武力；反对世界上那些他们认为不民主的政府，视非民主政府为民主政府的威胁，同时还相信民主国家可以用武力来保护它们的民主政权。进步保守党主要代表银行保险业、铁路运输业、能源工业垄断资本和大农场主的利益；该党提倡私有化和对外资开放，积极参与北约事务。历史上曾是亲英政党，以后逐渐靠向美国。哈珀原来所在的加拿大联盟的前身是加拿大改革党,主要意识形态来自基督教右翼。加拿大联盟,全称为加拿大保守改革联盟,它的前身是原改革党。改革党的前身是加拿大改革协会,由西部地区一些不满现实的利益集团所组成,主张维护英裔加拿大利益,其宗旨是为西部省份谋取更多的利益。因此,政治右翼与宗教右翼的双重结合共同组成了加拿大保守党的右翼属性。

在哈珀执政时期,国内外流派认为哈珀的外交政策是未完成的变革,它受哈珀政府的教条主义意识形态和选举策略的驱使,但最终受到社会和外部因素的约束。戴维·莫林(David Morin)和斯蒂芬·鲁塞(Stephane Roussel)强调了哈珀政府外交政策的多维度和多因素,对美国、英国、以色列、军工和石油产业的支持,以及对生态和联合国的远离。哈珀外交政策在某些领域缺少执行的连续性,甚至在某些领域政策被逆转或更改,威胁到了加拿大在国际上的可信度和有效性。由于意识形态和政党竞选的原因,哈珀的外交政策从主流的多边自由主义转向了"有原则性的"外交政策,这使得加拿大在国际社会的行动受限。

在上任的头几年,哈珀在国内外发表了多次演讲来确立其外交政策的原则,这些基本价值观原则是民主、自由、人权和法治。在 2009 年 9 月 25 日二十国集团匹兹堡峰会的总结性新闻发布会上,哈珀公开谈道,加拿大是世界上最古老的民主国家之一,其民主制度从未受到革命、外国占领或内战的中断。他提出了"文明国家"的概念,以此作为加拿大和其他国家在 21 世纪的行为准则。除了对价值观和意识形态的重视外,新保守主义外交原则还特别注重国家实力。[1]哈珀对这一原则的贯彻,体现在他对北极安全问题的特别关注。哈珀任期内的重大决定之一是北极主权问题。2005 年 12 月 22 日还在竞选之时,哈珀就宣称,外国海军舰艇在加拿大海域航行必须征得加拿大政府的同意,并将扩大加拿大在北极地区的军事存在。随后在 2006 年 1 月 26 日,哈珀严厉地回击了美国驻加拿大大使戴维·威尔金斯公开表示美国不承认加拿大对西北通道的主权要求、加拿大不应建造新的北极破冰船的言论。哈珀政府随后在 2 月举行了加拿大有史以来规模最大的军事演习,随后又进行了多次演习。2007 年,哈珀宣布派出新的北极巡逻舰,成立培训中心和港口,并在 10 月 16 日又宣布了一项极地研究计划,12 月 14 日加拿大的雷达卫星成功发射。在 2008 年春季预算中,哈珀承诺将采购一艘新的北极破冰船,交由海岸警卫队领导。2008 年 8 月 27 日,哈

---

[1] Colin Robertson, "Harper's World View," *Policy Options*, October 2011, https://policyoptions.irpp.org/magazines/the-new-normal-majority-government/harpers-world-view/.

珀宣布加拿大的北极领土范围翻倍,从 100 海里扩大到 200 海里,并宣布加拿大拥有环境和运输上的管辖权。加拿大的领土权由于哈珀在北极主权和大西洋沿岸渔业管辖权上的政策得到保护和扩大。在复合新现实主义的视角下,环境保护是领土权的基础,推动了独特的民族价值观和有关主权、领土的国家利益。

二、"文明冲突论"催生的新保守主义战略文化

冷战后在对世界新秩序的认知范式中,"文明冲突论"无疑是最具影响力的观点之一。塞缪尔·亨廷顿(Samuel Huntington)于 1993 年在《外交事务》杂志上发表的《文明的冲突?》一文,[①]对国际政治格局进行了新的分野,他认为,这个新世界中冲突的主要根源不再是意识形态或经济,人类之间的巨大分歧和冲突的主要根源是文化。民族-国家仍将是世界事务中最有权势的行为体,但全球政治的主要冲突将在不同文明的国家或群体之间发生。文明的冲突将主导全球政治,文明之间的断层带将成为未来的交锋战线。作为 20 世纪 90 年代以来最具有影响力的美国右翼思潮,亨廷顿的"文明冲突论"不仅适时地为新保守主义的兴起提供了政治图景,同时也为美国的全球战略提供了理论依据。

冷战后,世界进入一个文明之间冲突不断加剧的时代,过去被掩盖的民族和宗教矛盾趋于上升,战争冲突频繁。由于全球化带来的人口流动,使文明的冲突不仅发生在国际,而且会发生在国内。由于移民的不断进入,诸如加拿大之类的移民国家自身社会文化认同的组成发生变化,这也表现为在外部世界冲突中的分歧同样也会折射于国内移民的政治争论中,进而影响对国家利益的共识以及对外政策目标。"文明冲突论"提出的伊始,加拿大虽然在自由党执政时期,克雷蒂安和马丁都尽量避免因价值观之争对对外经济关系产生负面作用,所以有意降低意识形态的调门,但是国内保守主义势力一直在积蓄力量,特别是政治右翼的进步保守党与宗教右翼的加拿大联盟合并后形成了新的加拿大保守党,更是让这股保守主义的势头拥有了更加强大的实体化政治载体,也为保守党哈珀的上台奠定了强有力的国内基础。2006 年哈珀保守党政府上台提出"有原则性的"外交,实际上就是加拿大版的新保守主义的呈现。

---

① Samuel P. Huntington, "The Clash of Civilizations?" *Foreign Affairs*, Vol.72, No.3, Summer 1993.

三、民族主义浪潮激起的魁北克分离主义

受苏东剧变的影响,新一轮民族主义浪潮伴随着两极格局的瓦解席卷而来。冷战结束前后的民族主义浪潮,不仅使整个东欧地区改变了其社会主义制度,使苏联和南斯拉夫等国分裂为多个国家,而且更深远的影响是使民族分裂主义在许多国家和地区滋生与蔓延。这轮民族主义浪潮具有反共、反社会主义的性质,同时也导致包括资本主义国家在内的诸多国家内部的民族矛盾上升,而民族分离主义是其最主要的特征,西方发达民主国家也未能幸免,国内面临的分裂主义压力有不断发展的势头,比如加拿大的魁北克问题、英国的爱尔兰问题等。此轮民族主义浪潮的推进,加之自 20 世纪60 年代以来法裔加拿大人民族主义"平静革命"之促动,国内外因素相互作用之下孕育了冷战后魁北克分离主义再次兴起的温床。

国家统一问题一直以来是加拿大历届政府所要面对的。在加拿大,两种民族主义——法裔魁北克与英裔加拿大——如同一个瓶中的两只蝎子——注定要摧毁对方,这一夸张的比喻却深刻揭示了加拿大社会的裂痕,甚至还造成更大范围的四分五裂,最终导致加拿大无意识地走向国家分裂衰败的过程。为了缓和魁北克分离主义、承认魁北克的独特性和权利,联邦政府相继提出 1990 年《米其湖协议》和 1992 年《夏洛特敦协议》的修宪方案,但最后都无疾而终,加拿大政治体系中根本性的、有活力的保守主义正在全力抵抗并保持宪法的原样。与此同时,魁北克要求的特殊地位引发了国内其他利益团体提出相似的特权要求,加拿大地方主义上升,国家被进一步分为四个政治集团——魁北克、安大略、加西以及大西洋沿岸各省。这就导致联邦政府与省政府和魁北克之间无法达成任何有意义的协商谈判或是统一政策。1995 年第二次魁北克公民投票,仅以毫厘之差阻止了分离,然而无论魁北克是否分离成功,联邦权力都在进一步消解,由此也带来了外交政策的双赤字。

后冷战时代的"去殖民化"或"分裂化"导致"国家解放"的出现,这一现象虽然最终在加拿大没有成功,但国家却付出了沉重的代价。此次民族主义浪潮影响下魁北克分离主义的兴起产生的消极影响也十分突出,它导致国家内部的一系列分裂。加拿大的国家共识也许在国际舞台上并不重要。然而,这种不断加剧的争吵已经影响到加拿大的国家利益。通过国际政治经济的回波箱,它对加拿大的贸易、投资流以及加拿大的国际地位产生了相当负面的效应,从而引发了加拿大社会经济内爆的开端。魁北克的分离主义可能是加拿大在许多国际论坛上存在的首要威胁。这一系列的衰弱已经

使加拿大的国际地位大打折扣,而这种国际地位的损失将进一步转化为国内实力的减弱。

四、国家身份再调整:重新追求"重要国家"地位

后冷战时期的加拿大致力于从中等国家到"重要国家"(principal power)的转型。实际上,"重要国家"这一概念在马尔罗尼政府时期就开始提出。汤姆·霍金于1986年6月提交的报告《独立自主与国际主义》①一文中表示,传统上加拿大被视为一个谦卑的、大陆主义的脆弱中等国家,这种情况将一去不复返。正如报告中明确讲道:"加拿大是一个能够成为领导性国家的强有力候选人。加拿大在许多国际事务上都发挥着重要的影响力。"②所谓"领导能力"或者"领导地位"(leadership),从某种意义是指"在国际社会的影响过程中,一个国家能够获得其他国家或组织的帮助或者支持来完成共同的任务"。③加拿大凭借其强大的能力和抗击性,进一步要求其重要国家地位被认可并接受进入主要大国的内部管理圈,在重大体系性变化的关键时刻展示其适应性和恢复力。

在20世纪40年代联合国和大西洋的一系列国际机构成立时,加拿大很少主张在此类核心的和平与安全俱乐部中占据大国地位。这种观点发生变化始于20世纪70年代,当时在联合国之外又创建了七国集团和伦敦核供应国集团(NSG),随后在20世纪90年代的波斯尼亚联络小组中,加拿大提出了承认其核心地位的相关要求,但遭到拒绝。实际上二战后除了联合国安理会之外,加拿大在联合国机构中的表现都超过其公认的地位,加拿大在联合国原子能委员会中获得了席位,在国际货币基金组织和世界银行中获得了强大的投票权,国际民用航空组织(ICAO)的总部设在了加拿大。然而,加拿大人却被排除在国际货币基金组织、世界银行、《关税及贸易总协定》以及北约的核心地位之外。世界卫生组织是个例外,加拿大人布罗克·奇泽姆(Brock Chisolm)成为世界卫生组织第一任总干事。20世纪70年代,加拿大成为七国集团成员,加拿大人阿诺德·史密斯(Arnold Smith)成为英联邦秘书处最高负责人。在20世纪80年代,加拿大在七国集团财政

---

① Jean-Maurice Smard and Thomas A. Hockin, *Independence and Internationalism: Report of the Special Joint Committee of the Senate and House of Commons on Canada's International Relations*, Ottawa: Queen's Printer for Canada, 1986.

② Ibid., p.26.

③ Martin M. Chemers, *An Integrative Theory of Leadership*, New Jersey: Lawrence Erlbaum Associates, 1997, p.1.

部长论坛和法语国家共同体上均占有重要的席位。20世纪90年代,加拿大成为二十国集团峰会的主席国,生物多样性公约的秘书处,加拿大人还在经济合作与发展组织中担任了最高职位。这些都为加拿大"重要国家"地位的建立提供了国际组织基础。

2006年开始,斯蒂芬·哈珀正式称加拿大为"新兴能源超级大国"和"清洁能源超级大国",这一领域成为加拿大对重要国家地位最广泛的主张。到2009年9月,在匹兹堡二十国集团首脑会议结束时,哈珀提出了一系列更广泛、更为重要的政治主张。哈珀执政时期,加拿大主张的新兴能源超级大国地位和全球领导者地位得到了认可,至少是在英国首相托尼·布莱尔(Tony Blair)这样大国领导人的口中得到了确认。2006年10月16日布莱尔在伦敦发表演讲时说,加拿大是一个新的主要能源超级大国,并成为关键技术发展的世界领导者。在布莱尔看来,加拿大也是八国集团重要的合作伙伴,是进入世界上最大的两个贸易集团之一的门户国家。在支持伊朗的核不扩散和保护人权方面,加拿大通过八国集团和其他平台也发挥了领导作用。根据2011年12月的调查,86%的加拿大人同意自己的国家是"世界上最伟大的国家",42%的人认为加拿大最好的年代还在未来。

另外,加拿大的适应性和恢复力在20世纪90年代也有明显的体现,正值国际体系发生了重大的变化。全球化背景下,市场要求政府进行财政整合,长期支出自由的加拿大很快消除了其迅速增长的国家以及大多数省级政府的赤字情况。在哈珀执政时期,加拿大通过利用累积的盈余、健全的金融体系和强劲的信贷,迅速有效地应对了2008～2009年的经济危机。此外,尽管持续削减武装,加拿大还是在1990年的海湾战争、1992年的巴尔干战争、1995年的车臣战争、1999年的科索沃战争、2001年的阿富汗战争和2011年的利比亚战争中证明了其军事行动的能力。

第三节　新保守主义外交政策下的对外实践

加拿大总理斯蒂芬·哈珀在刚就任之后不久便提出了"新外交"。"新外交"自然有新政策,为表明其对外政策与前自由党政府不同,哈珀的保守党政府进一步明确了加拿大"新外交"的概念,简言之,就是要全面加强与美国的关系。基于当时的国际形势以及出于加拿大自身利益的考虑,哈珀的"新外交"政策主张向美国靠拢,由原来较积极的多边主义转向"边缘依赖"外交。

　　加拿大传统的"边缘依赖"思想根深蒂固,哈珀也非常认同"加美利益无差别论"。哈珀未上台前就曾提出"美国受损,我受损;美国繁荣,我繁荣"。保守党在时隔 12 年重新夺得政权后,似乎处处强调与前政府要有所区别。哈珀自 2006 年 2 月执政以来,为表明其对外政策与前自由党政府不同,明确提出加拿大"新外交"方针,即由多边主义向边缘依赖外交方向转变。哈珀上台后即主张改善与美国的关系,极力要和美国表现出一致性。诚然,加拿大经济对美国的高度依赖使哈珀政府亲美成为现实外交的需要。此外,哈珀政府中大多数保守党议员均为"边缘依附理论"的信仰者,并且受到美国新保守主义的一系列外交主张的影响,他们常常容易凭借个人直觉和偏好来讨论并决定对外政策。

　　针对哈珀时期的"边缘依赖"外交政策,加拿大学术界提出了各种政策解读。第一种观点提出了"有克制的美国主义"(restrained retreat to America)。[①]该理论预测,哈珀会在中东、联合国、弹道导弹防御问题上寻求与美国的合作,美加之间全方位的关系只是受到国会内保守党的少数党地位以及意识形态立场的限制。因此,原进步保守党政府总理查尔斯·克拉克(Charles Clark,第 21 届,1979 年 6 月 4 日～1980 年 3 月 2 日)著文说,对美关系是历届加拿大政府压倒一切的重点,但并非国际关系中压倒一切的重点。第二种观点认为是"无知的孤立主义"(ignorant isolationism)。[②]该观点认为哈珀政府会较少在国外参与、施展影响或行动,这是由于哈珀总理及其内阁对国际事务缺乏相关的知识或兴趣,保守党的外交政策平台十分有限。即便在竞选期间民众也未能看到其讨论外交政策问题,这进一步说明了哈珀对国际事务知识相对无知且缺乏兴趣。作为总理,哈珀传递了一种典型的国家主义风格,视加拿大的国家利益和国家安全为第一要务。他投入了更多的国防开支、加快国防采购,并延长了在阿富汗的作战任务。他拒绝在达尔富尔问题上承担更多维和角色,也拒绝像皮尔逊那样到处开展维和行动。这些政策的实施可以说是孤立主义的反弹,呈现出谨慎地依赖美国,有孤立其他国家的趋势。第三种解读称哈珀为"理智的大西洋主义"者。该流派认为年轻时的哈珀就对世界事务极有兴趣并知之甚多,尤其是在 1981 年到

① Ann Denholm Crosby, "The New Conservative Government and Missile Defence: Is Canadian Participation Back on the Agenda," in Andrew F. Cooper and Dane Rowlands(eds.), *Canada Among Nations 2006: Minoritiies and Priorities*, Montreal: McGill-Queen's University Press, 2006, pp.164～186.

② Jeffery Simpson, "Canada's Biggest Challenge Never Made It into the Election," *Globe and Mail*, January 24, 2006, A27.

1984 年间。作为《经济学人》杂志和哈耶克、大卫·李嘉图以及亚当·斯密著作的忠实读者,他支持自由市场和自由贸易,怀有一种全球性的、以欧洲为中心的世界观,反对政府干预经济,捍卫自由和法治。他关注的重心是欧洲和美国,尤其是撒切尔执政时期的英国,撒切尔的政策还为 1987 年哈珀改革党的竞选纲领提供了参考。哈珀的视野中还包括意大利、德国及实行联邦制的双语国家匈牙利。他的加拿大政策以撒切尔和里根为范本,作为反对党的领袖,哈珀支持"秩序和合作的英国传统",以及美国的企业精神和个人奋斗。

最后,哈珀将自我定位为加拿大西部进步保守党的自由贸易者。受吉姆·霍克斯(Jim Hawkes)影响,哈珀早期就开始欣赏马尔罗尼对与美国建立北美大陆自由贸易的提议。在 2004 年的大选中哈珀承诺大幅度提升军队的规模和装备。在阿富汗问题上,哈珀作为加拿大保守党的领袖,指出加拿大国防开支的不足导致加拿大提前从阿富汗撤军。在弹道导弹防御问题上,他批评自由党政府不顾加拿大面临的威胁撤销了国家导弹防御体系,但是在 2004 年的大选时他软化了对弹道导弹防御体系的支持。在 2003 年的伊拉克战争问题上,他支持美国,并将其看作对加拿大价值观、前景、盟国的可靠性及其国际责任的一次检验。

2006 年 4 月 4 日,加拿大通过保守党联邦政府的第一份施政报告——《揭开新的一页》(Turning A New Leaf),在这份只有 11 页的精简施政报告中,总理哈珀划定了政府今后的路线——推行较灵活的联邦主义,给予魁北克省更多尊重,与"我们最亲密的朋友"美国营造更和谐的关系。哈珀指出加拿大外交的总体目标是进一步提升加拿大的国际地位,而进一步加强与美国的关系是加拿大对外关系的首要任务。同时,加拿大将以建设性方式继续密切多边合作,并加强国防建设,包括继续支持加拿大军队在阿富汗的行动,更有效地利用对外援助,同时致力于在世界范围弘扬自由、民主和人权等加拿大核心价值观。由此,自 2006 年 2 月执政以来,哈珀领导的加拿大政府的外交政策发生明显转变,正由原来的较积极的多边主义转向"边缘依赖"外交,实质上就是要全面加强与美国的关系。通过支持伊拉克战争,哈珀突出改善与美国关系,他誓言要将加美关系拉回正轨,维护加拿大利益的同时增进两国关系。

哈珀的"新外交"并非无根之木。在加拿大历史上,一直有保守的国际政治理论家主张,美国过于强大,加美政治、经济和文化息息相通,加拿大的生存与发展注定要依赖这个强邻,因此,加拿大只能是一个处在美国"边缘"的"依赖于人"的角色,具体体现就是"加美利益无差别论"。保守党政府的

"新外交"在哈珀总理的施政报告中便是这样描述的:为维护与盟国和朋友的共同价值观和共同利益,加拿大要促进与他们强有力的多边和双边合作,要达此目标,首先从加强与最大贸易伙伴和最好朋友美国的关系做起。可以说,哈珀政府制定的对外政策,在强调维护共同价值观的同时,核心是将美国视为最为重要的伙伴和盟友,将加美关系视为加拿大最首要也是最重要的双边关系。自由党执政时期,前总理保罗·马丁奉行积极的多边主义外交政策,在重视与美国关系的同时,也非常注重维护加拿大自身利益及其外交的独立性原则,在与美国发展关系时并不回避加美中的分歧和问题。马丁政府因此制定了"一手紧握美国,一手紧握中国"的中美平行并重的经济政策。但对哈珀来说,其"新外交"理念的提出,却有对现实原因的考量,比如保守党在国内人气不旺,要想赢得下次大选,离不开美国的各方策应。①为了保持与美国的良好关系,哈珀将美国视作加拿大最近的邻国、最好的盟友、最大的贸易对象、最密切的朋友。但他也希望通过建立良好的双边关系以反对国会中的贸易保护主义,他认为强大的国防和反恐行动是实现这一目标的工具。因此,在"边缘依赖"外交的指导下,加拿大开始处处与美国的反恐政策相呼应。

首先是阿富汗问题。哈珀政府在阿富汗的一线军事投入帮助美国及其盟友免受恐怖主义的全球扩散。哈珀就任后的第一个重大决策是关于阿富汗问题,当时加拿大正全方位参与阿富汗战争。在 2006 年 1 月 23 日就任总理的当天晚上,哈珀表示将支持加拿大在阿富汗的战争。2 月 6 日就职时,哈珀宣布在 10 年内将加拿大的官方援助增加至 10 亿,后来这一数额又再次提高。到 2006 年 3 月,哈珀将原先承诺的 700 名军人增加至长期驻扎人员 2200 名。他还让加拿大军人在危险重重的坎大哈担任盟军的指挥官。2006 年 3 月 11 日,哈珀访问阿富汗。5 月 15 日,哈珀领导的少数党政府在下议院提出动议,要求将加拿大在阿富汗的驻军期限延长至 2009 年 2 月。5 月 17 日该提议在下议院以 149 票支持 145 票反对的微弱多数勉强通过。这年秋天,哈珀在美国的支持下,和荷兰一道终于让北约盟国放宽条件派遣军队前往阿富汗相助。哈珀鼓励北约派出 2500 名士兵,这是盟军总指挥所需的最低人数。波兰和法国先后派兵,法国的幻影战斗机随后被派至加拿大在坎大哈的基地,从那里为加拿大军队执行地面保障和侦察任务。2007年 10 月 17 日,哈珀宣布将在阿富汗的军事行动延长两年,并暗示可能会将

---

① Jonathan Paquin, "US Partisan Perceptions of Stephen Harper's Shift in Foreign Policy," *International Journal*, Vol.73, Issue 2, 2018, pp.282~298.

此延长到 2009 年以后。2008 年 3 月 13 日,下议院进行信任投票,保守党和自由党同意将阿富汗的驻军行动延长到 2011 年,其任务转移到为阿富汗训练军队,并表示如果其他盟友能够提供必需的武装力量,该行动就会结束。哈珀遵守了在 2011 年撤军的承诺。

其次,与美国策应坚定地站在以色列一边。哈珀就任期间的重大决策之一是当哈马斯在巴勒斯坦权力机构选举中意外获胜后,终止对哈马斯的支持并保持接触。哈珀声明,只要哈马斯支持恐怖主义并呼吁摧毁以色列,加拿大就不会承认新的哈马斯政权,同时宣布中止对巴勒斯坦的 5000 万美元的援助。[1]2006 年 3 月 29 日,哈马斯正式接管巴勒斯坦政权后,外交部长彼得·麦凯随即宣布终止与巴勒斯坦权力机构的直接接触及对其援助计划。加拿大是以色列以外第一个与巴勒斯坦切断外交关系并终止发展援助的国家。其他大国效仿了加拿大的做法。在这里,加拿大以"边缘依赖"外交为指导支持了依附于美国的以色列,同样也是国际主义视角下基于"反恐"的共同价值观,但却是在复合新现实主义视角下采取单边领导的行动。

最后,参加打击伊斯兰国的行动。哈珀政府的第十八个重大决定是在 2014 年 10 月 2 日派兵打击伊拉克的伊斯兰国。[2]2014 年 9 月 5 日,加拿大决定派出 70 人的特种部队前往伊拉克,对抗击伊斯兰国的库尔德军事力量进行为期 30 天的训练。10 月 2 日,哈珀决定派出六架 CF-18 战斗机,一架 C-150 加油机和两架 CP-140 极光侦察机投入对伊斯兰国的袭击。10 月 7 日,下议院以 157 票对 134 票通过空袭作战任务的议案。10 月 30 日,六架 CF-18 战斗机在 C-150 北极星加油机协作下发动首轮空袭。哈珀此后又将空中打击行动扩大到叙利亚。根据复合新现实主义的路径,加拿大与英法一起使用武力对抗恐怖主义威胁,此次有美国的参与和联合国的授权。

在实现中东地区军事安全的世界秩序新道路上,加拿大影响了八国集团,而八国集团又影响了联合国和世界。然而,哈珀政府边缘依赖的"新外交"政策对加拿大传统的温和中立形象产生了负面影响,这主要表现为以下几个方面。第一,危害加拿大外交独立性原则。哈珀上台后,损害了加拿大军队的维和传统。2006 年保守党政府伊始,马上增派军队到阿富汗,将战争与维和混杂一起。这一举动彻底地改变了加拿大军队在外的维和传统和温和形象。而围绕是否在阿富汗延长驻兵时间问题,各反对党与执政党之

①　Teresa Healy and Stuart Trew(eds.), *The Harper Record 2008-2015*, Ottawa: Canadian Centre for Policy Alternatives, 2015, p.405.

②　〔加〕约翰·柯顿:《加拿大外交理论与实践》,陈金英、汤蓓、徐文姣译,钱皓校,上海:上海人民出版社 2018 年版,第 295 页。

间也产生了严重分歧。哈珀在联邦政府总理竞选期间,隐藏了他保守右倾的一面。他上台后第一件事就是不顾美国驻加拿大大使的反对,披露了将派军前往北极维护主权的计划。在随后的执政中,保守党政府在一些重大事件上积极向美国靠拢,如增派军队到阿富汗协助美军,这一行动彻底改变了加拿大军队的维和传统。加拿大国内不少媒体和在野党批评新政府如此亲美的外交政策,认为这一做法严重危害了加拿大外交的原则。甚至有媒体将哈珀称为"布什总统的跟班"。第二,损害加拿大和平中立的立场。在阿富汗情况仍旧不稳定、加拿大军队伤亡日益加重的时候,中东又发生了以色列与黎巴嫩真主党之间的局部战争,哈珀公开表明解决当前中东正在升级的武装冲突,责任完全在劫持以色列士兵的一方。哈珀对中东暴力冲突的态度与美国总统布什保持一致。不难判断,哈珀公开支持以色列的声明,影响加拿大长期以来的外交政策及其未来作为国际冲突调解人的可能。事实上,加拿大对中东地区冲突的一贯做法是尽量站在矛盾双方的中间立场,进行调解和劝说工作,而哈珀的声明已经改变了加拿大一贯的中立立场。

第七章　小特鲁多自由党政府的加拿大外交政策(2015～　)

2015 年 10 月加拿大自由党以超过总议席半数的优势赢得了第 42 届加拿大联邦大选并组成了多数党政府,自由党党魁贾斯廷·特鲁多(Justin Trudeau)当选第 23 任(第 29 届)加拿大联邦政府总理,并创造了加拿大历史上第一对父子党总理,其父是加拿大第 15 任(第 22 届)总理皮埃尔·特鲁多(Pierre Trudeau)①。随后在 2019 年 10 月和 2021 年 9 月的两次联邦大选中,小特鲁多总理虽获得连任却只组成了少数党政府。小特鲁多自由党政府任期内,加拿大国内政治经历了自由主义和进步主义的回归、民粹主义影响下政党政治的分裂与社会矛盾的凸显。与此同时,加拿大所处的国际环境也正在发生复杂且巨大的变化,尤其体现在国际秩序进入深度调整期带来的不确定性、大国竞争时代的全面到来以及新冠肺炎疫情和俄乌冲突带来的巨大冲击。在国际环境体系刺激和国内政治发展的双重压力下,小特鲁多自由党政府秉持自由国际主义外交的回归,宣布加拿大女权主义外交政策的出台,构筑加拿大印太战略等一系列外交部署。然而,由于大国竞争的加剧以及美国的影响,近年来加拿大作为中等强国的外交施展空间遭到严重压缩,无论是在双边还是多边领域的外交实践都受到限制。

第一节　小特鲁多就任期间的国内政治发展与国际环境变化

一、小特鲁多经历的国内竞选与政治发展

自 2015 年以来,小特鲁多领导的自由党已经历三次联邦大选并获得两次连任组阁。虽然自由党只有在 2015 年的联邦大选中获得多数党地位,2019 年和 2021 年的大选中只组建了少数党政府,使得小特鲁多政府近年

---

① 本书中均用小特鲁多来作为贾斯廷·特鲁多的简称。

来的执政环境和条件受到挤压和限制。近十年来,在自由党政府的领导下,加拿大国内的自由主义思潮得到全面回归,进步主义理念也颇为受到认可,然而受到全球民粹主义的影响,加拿大国内的右翼势力和保守主义有所抬头并呈上升趋势,伴随着加拿大党派斗争的激烈、社会矛盾的凸显等因素,这些国内政治的新变化都深刻影响着小特鲁多政府的执政环境。

（一）2015 年加拿大联邦大选与施政概况

2015 年 8 月 2 日,加拿大总理史蒂芬·哈珀(Stephen Harper)向总督戴维·约翰斯顿(David Johnston)提议解散国会进行联邦大选,由此拉开了一场为期 78 天的竞选之旅。这场当代加拿大历史上耗时最长且开销最大的竞选,于加拿大东部时间 2015 年 10 月 19 日落下帷幕,根据加拿大选举局公布的结果:在下议院 338 个议席中,自由党获得 184 席,保守党 99 席,新民主党 44 席,魁人党 10 席,绿党 1 席。[1]自由党以超过总议席半数的优势赢得了第 42 届加拿大联邦大选,并组成了多数党政府。同时,自由党党魁贾斯廷·特鲁多(Justin Trudeau)以 39.5% 的选票当选第 23 任加拿大联邦政府总理。在这场长达 11 周的加拿大大选中,有 5 个党派参加了竞选,它们分别是:保守党(Conservative Party)、自由党(Liberal Party)、新民主党(New Democratic Party)、绿党(Green Party)和魁人党(Bloc Québécois),而主要的竞争存在于前三大党派之间。

竞选伊始,各党派相继发布竞选纲领:小特鲁多领导的自由党率先推出以"真正的变革:强大中产阶级计划"(*Real Change：A New Plan for a Strong Middle Class*)为标题的竞选纲领,[2]随后以唐民凯(Thomas Mulcair)为党首的新民主党发布了题为"建设我们梦想的国家"(*Building the country of our dreams*)竞选纲领,[3]最晚公布竞选纲领的是哈珀领导的保守党以"保护我们的经济"(*Protect Our Economy*)为标题。[4]各党派竞选政策主要聚焦在经济政策、民生问题、对外关系等领域,涉及涵盖财政税收、社会福利、移民难民、反恐防务等多项议题。

首先,经济政策成为胜选的关键。小特鲁多领导的自由党提出未来三年的温和赤字预算,第四年恢复收支平衡,财政将主要用于投资公共交通、

---

① 2015 年加拿大大选结果由加拿大选举局公布,详见 http://enr.elections.ca/National.aspx?lang=e,访问日期:2015 年 10 月 23 日。

② 自由党 2015 年竞选纲领,全文请参见 https://assets.documentcloud.org/documents/2484248/liberal-party-of-canada-2015-platform.pdf,访问日期:2015 年 11 月 6 日。

③ 新民主党 2015 年竞选纲领,全文请参见 http://s3.documentcloud.org/documents/2454378/2015-ndp-platform-en.pdf,访问日期:2015 年 11 月 6 日。

④ 保守党 2015 年竞选纲领,全文请参见 http://s3.documentcloud.org/documents/2454398/conservative-platform-2015.pdf,访问日期:2015 年 11 月 6 日。

社会及环保方面的基础设施建设,以此来振兴经济,增加就业;尤其要大力发展极具潜力的绿色经济,投资绿色科技,增加绿色工作岗位;自由党此次大打中产阶级牌,提出将为中产阶级减税,给富人阶层增税。新民主党党首唐民凯提出未来四年在财政上维持平衡预算并有少量盈余;不提高个人入息税,增加企业税率,调低小商户税率;拨款改善基础设施建设,创造就业。以哈珀为首的保守党在财政上制定平衡预算,维持低税政策,并承诺在2020年之前为全国增加130万份工作岗位,在西岸投放更多资源,改善运输基建,拓展亚太贸易,全面落实《跨太平洋伙伴关系协定》(TPP)。

其次,在民生与社会问题上,各党派各显身手,吸引选民。在医疗保障问题上,自由党提出将促进联邦政府与各省及各地区政府进行对话合作的卫生协调机制,共同承担医保基金;新民主党最为积极,承诺重振加拿大公共医疗卫生体系,不仅为普通公民创造更好的医疗服务,而且为医疗服务人员提供津贴;保守党在支持原有医疗保障体系的基础上,将加大对各省及地区的医保基金资助。在儿童家庭教育福利方面,自由党将推出按照家庭收入标准制定的全新"儿童福利计划",为单亲及贫困家庭提供更多财力支援;新民主党指出在提供儿童抚养所需基金的同时,应制定相关政策保障育儿父母的权利;保守党则强调对家庭投入儿童教育储蓄基金方面的资助;另外,三大党派均表示要为年轻人提供更多可负担的高等教育机会。在住房政策上,自由党将通过为期十年的基础设施建设投入,来提供更多保障性住房;新民主党则提出翻新50000套房屋及公寓的计划,以此来提升住房条件与能源效率;保守党继续推动"购房者方案"实施,计划到2020年至少增添700000加拿大人拥有自己的房产。在退休政策上,自由党与新民主党均支持恢复退休年龄至65岁,而保守党坚持维持67岁。自由党和新民主党均支持大麻合法化,保守党则坚决反对。此外,针对政府民主建设、少数族裔权利保障、环境与能源开发等问题,各党派也分别在其竞选纲领中开出处方。

最后,关于对外政策领域,各党派各持己见,争论激烈。在反恐与防务政策上,自由党小特鲁多承诺终止在叙利亚和伊拉克空袭伊斯兰国的军事行动,但仍会派遣军事顾问培训伊拉克军人,提出将对C-51号法进行修订,停止购买F-35战机装备加拿大空军;新民主党唐民凯承诺当选后立刻终止在叙利亚与伊拉克空袭伊斯兰国的军事行动,取消C-51号法,并将全面审慎地考虑军备采购计划;而哈珀的保守党则提出要增加国防预算,强化网络安全,并将继续参与空袭伊斯兰国的军事行动,与盟友一道坚决打击恐怖主义。在移民与难民问题上,自由党指出将加快对家庭关系移民的办理进程,承诺2015年底接受2.5万名叙利亚难民,并处理好安置工作;新民主党唐民凯也指出要加快家庭团聚的移民申请,承诺2015年底前接受1万名叙利亚难民,随后每年接纳 9000 人,并委任叙利亚难民专员;哈珀领导的保守党则表示会加快处理积压的移民个案,增加父母及祖父母移民的申请名额,并于 2016 年 9 月前接纳 1 万名叙利亚难民。此外,自由党和新民主党均表示要提高加拿大对外援助的力度,重塑加拿大国际地位。

综上所述,从竞选纲领来看,各党派的政策核心主要是放在经济方面。小特鲁多提出三年财政赤字预算,用于大力从事基础设施建设,创造就业机会,此项创新大胆的经济政策深深打中了选民的心。唐民凯领导的新民主党倾向平衡预算,使得求变的左派选民对其失望,转而支持自由党。而哈珀一直强调他过去十年的执政业绩——带领加拿大安然度过 2008 年金融危机,但其平衡预算的诉求同样无法满足选民的求变心态。虽然哈珀抛出通过加入《跨太平洋伙伴关系协定》带来 130 万就业的亮点吸睛,但是由于《协定》谈判的不透明性导致在加拿大国内一直存在很大争议,因此这一就业目标其可行性上也就大打折扣。①

与此同时,除了竞选纲领的发布以外,各党派领袖随之进行了五场英语和法语电视辩论。竞选辩论焦点主要集中于经济政策、外交政策、难民问题、少数族裔问题等议题上(见表 7-1)。

表 7-1　2015 年加拿大竞选期间主要五场电视辩论概况

当地时间	地点	主办机构	参加辩论党派	语言	辩论热点议题
8 月 6 日	多伦多	MaClean's Magazine	自由党、保守党、新民主党、绿党	英语	经济政策、能源政策、环境问题、民主建设、外交政策
9 月 17 日	卡尔加里	The Global and Mail	自由党、保守党、新民主党	英语	经济政策、移民问题、环境问题、住房政策
9 月 24 日	蒙特利尔	Radio Canada & La Presse	自由党、保守党、新民主党、魁人党、绿党	法语	少数族裔权利、气候变化问题、魁北克独立问题
9 月 28 日	多伦多	Munk Debates	自由党、保守党、新民主党	英法双语	加美关系、叙利亚难民问题、加俄关系、反恐政策
10 月 2 日	蒙特利尔	TVA Network	自由党、保守党、新民主党、魁人党、绿党	法语	少数族裔问题(尤其是关于穆斯林妇女面纱问题)

---

① Barrie McKenna, "Tories did lousy job explaining TPP to Canadians," *The Global and Mail*, October 5, 2015, http://www.theglobeandmail.com/report-on-business/tories-did-lousy-job-explaining-tpp-to-canadians/article26648438/,访问日期:2015 年 10 月 9 日。

竞选期间的五场电视辩论下来,自由党支持率稳步上升、保守党时起时伏、新民主党持续下降(参见图 7-1)。竞选初期,左翼的新民主党民调很高,充分体现了选民求变的迫切心态。从第一场电视辩论开始,新民主党唐民凯一上来就采取主攻态势,与自由党小特鲁多一同形成合围执政的保守党哈珀之势,首先是在经济政策上发难。接下来,关于外交政策的电视辩论中,保守党同样被大大诟病,无力还击。随后,在穆斯林妇女面纱问题上,保守党持否定态度,使少数裔和渴望自由选择的年轻人对其失望,而同样持否定态度的新民主党民调支持率也发生下滑。最后关头,在难民问题上的态度,成为了压倒哈珀的最后一根稻草。除此之外,竞选期间保守党内阁丑闻造成民众不信任度的攀升,而作为左翼政党的新民主党在相关政策上的改革力度不够,导致最初支持它的选民相继离去,这些因素都为自由党赢得大选铺平了道路。

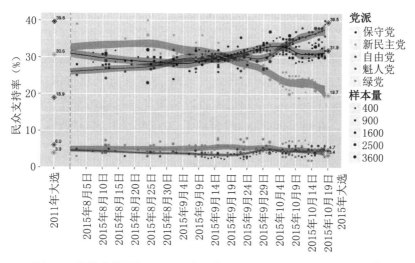

图 7-1　益普索公司(IPSOS)民意调查:大选期间各党派支持率走势[1]

加拿大总理小特鲁多于 2015 年 11 月 4 日宣布了新政府内阁成员,此次联邦政府内阁成员的组成不仅体现了加拿大多元文化与多民族的特性,而且首次实现了内阁成员男女比率的平衡。随后 12 月 4 日,加拿大总督召集议会并宣读新政府的首份施政纲领《实现真正的变革》(*Making Real Change Happen*)。[2]小特鲁多上任后的首份施政纲领虽然短小精干,却基

---

① IPSOS 民调走势统计,来自 http://ipsos-na.com/news-polls/pressrelease.aspx?id=7031,访问日期:2015 年 11 月 23 日。

② 小特鲁多政府首份施政纲领,全文请参见 http://www.speech.gc.ca/en/content/making-real-change-happen,访问日期:2016 年 1 月 3 日。

本兑现了竞选期间所作的一系列承诺。简言之,此份施政纲领共包含五大板块的内容:(1)强大中产阶级;(2)开放且透明的政府;(3)清洁的环境与强大的经济;(4)多元化是加拿大的优势;(5)安全与机遇。在上述五点纲领的指导下,新政府将采取以下具体政策措施。第一,扩大中产阶级,政府将为中产阶级减税,对公共交通、绿色产业和社会基础设施建设进行投资,以此振兴经济、创造就业;执行新的儿童福利政策,推动加拿大退休金计划、就业保险体系、医疗保健协议的运行;给年轻人创造更多机会,政府将与各省和各地区一同承担更大比重的高等教育费用。第二,构建开放且透明的政府,新政府将制定负责任且透明的财政计划以适应经济形势的不断挑战;改革选举制度,以后不再执行"简单多数原则"投票体系;改革参议院,同时为了让加拿大民众在下议院有更强的发声权,政府将举办更多公开辩论以及自由投票;加强对政府的监管力度。第三,环境保护与经济发展两者兼容共济。政府致力于推动联合国气候变化大会,并加强国内合作。联邦政府将继续作为制定煤炭价格以及降低煤炭污染的统筹领导,通过在清洁技术上进行战略性投资来促进经济增长,对输出以及运用这些技术的企业提供更多的支持,并引进新的环境评估体系。第四,维护多元文化价值,政府重视对原住民的相关政策保障,特别指出将启动加拿大原住民女性失踪及被杀案的全国调查。在难民问题上,政府将于 2016 年 2 月底,接收来自叙利亚的 25000 名难民,并妥善安置。第五,将加强与盟友的关系,对贫穷且脆弱的国家施以发展援助,通过联合国维和行动与盟友一同抗击恐怖主义,并将重新评估现有国防实力,致力于建立一支更加精简机动、装备精良的防务力量。此外,新政府将进行相关贸易互惠协定谈判,追求与新兴市场的合作机会。从这份施政纲领中,不难发现小特鲁多的执政优先级:内政是第一要务,重心是通过一揽子措施振兴中产阶级,环境与经济问题将作为国家发展与创新的突破口,多元文化价值观被重新强调并重视。在外交上,反恐策略、对外援助、国防政策、国际贸易等将成为小特鲁多推行改革的重点。

(二) 2019 年加拿大联邦大选与施政概况

2019 年 10 月 21 日,在加拿大第 43 届联邦选举中,小特鲁多领导的自由党再次赢得大选,成功获得连任。然而,此次自由党在下议院的投票中只获得 157 席,没有实现 338 席的过半,其最大对手保守党获得 121 席,魁人党 32 席,新民主党 24 席,绿党 3 席,独立参选人 1 席。① 与四年前相比(在

---

① 2019 年加拿大大选结果由加拿大选举局公布,详见 https://www.elections.ca/res/cir/maps2/images/parlimap_43_e.pdf,访问日期:2019 年 11 月 11 日。

2015 年大选中,自由党获得 184 席,保守党只有 99 席,自由党组成多数党政府),自由党此次选举成绩欠佳,以微弱优势组建少数党政府,意味着接下来的执政将受到掣肘。造成这一结果的原因主要来自两个方面:一方面,"SNC 兰万灵事件"(SNC Lavalin)的发酵使得小特鲁多涉嫌干预司法和种族歧视,让其之前的光辉形象大为失分;另一方面,小特鲁多的进步主义内外政策在国内引发争议,受到以保守党为首的民粹主义的挑战。民调机构 Nanos 在 2019 年的调查数据也证明了这一点:加拿大民众在对联邦政府政绩的评价上,在对国家发展方向的态度上、在联邦与省的关系方面以及对加拿大全球声誉的认知上都有所下滑。[①]

在 2019 年小特鲁多连任就职的王座演讲中,他提出应对气候变化、强大中产阶级、与原住民的和解之路、保持加拿大人民的安全与健康,以及使加拿大在不确定的世界获得成功等五个方面进行施政。然而,小特鲁多在连任初期便遭遇国内一系列的矛盾与问题,包括西部省份闹独立、铁路大罢工、原住民反对能源管道建设等危机重重。

针对加拿大国内出现的西部省份疏离问题,以及国际上与中国关系调整的需要,本届内阁有两个大的调整值得注意。其一,设立副总理,由外交部前部长弗里兰(Chrystia Freeland)担任,同时兼任政府事务部部长。弗里兰是加拿大历史上第 10 位副总理,特鲁多此举主要就是为了让弗里兰处理棘手的国内事务,例如,加拿大西部省份对于联邦政府的不满情绪。大选期间,加拿大西部省份对于联邦政府的不满情绪开始高涨,甚至出现了所谓的"Wexit",即"西部脱加"(Western Exit),其中 Western 指的就是加拿大西部三省艾伯塔省、萨斯喀彻温省和马尼托巴省。之所以会出现西部省份闹独立,主要是特鲁多实行积极的气候政策,对石油工业重视不够,导致这几个省份陷入了较为严重的经济和就业困难,引发了民怨。因此,小特鲁多特意安排出生于艾伯塔省、有着丰富外交经验的弗里兰出任副总理兼政府事务部部长,期待她可以妥善处理诸如输油管道扩建、全民医保、碳税等各种需要联邦政府与省级政府合作的议题。其二,外交部部长由来自魁北克省的弗朗索瓦-菲利普·商鹏飞(François-Philippe Champagne)接任。众所周知,小特鲁多第一任期的外交表现很一般,与美国和墨西哥的新版贸易协定、与中国的外交关系等十分棘手的问题都留待其在第二任期来处理。

---

① Nanos,"Canadian Views of the Trudeau Government's Performance Continue to Trend Negatively", https://irpp.org/wp-content/uploads/2020/02/Nanos-IRPP-Mood-of-Canada-Survey-2019.pdf.

商鹏飞作为一名经验丰富的议员,从 2017 年起就在特鲁多内阁中先后出任过国际贸易部部长和基础建设及社区部部长,更重要的是,商鹏飞有丰富的与中国打交道的经验,尤其是在经贸方面。商鹏飞曾陪同特鲁多访华,并参与两国自由贸易协定的探索性谈判。加上此前小特鲁多政府安排了同样对华经验丰富的鲍达民(Dominic Barton)接任驻华大使,由此可见小特鲁多预备在第二任期内改善中加关系。

然而,新冠肺炎疫情让小特鲁多政府的支持率得以改善。突发的新冠肺炎疫情对加拿大国内安全构成重大挑战。为了尽快渡过新冠肺炎疫情难关,从 2020 年 3 月起,加拿大政府陆续启动一系列经济应对计划,对个体、企业和行业进行援助。[①]

对个体民众的援助措施主要包括:对全时工作月薪低于 2500 加元的低收入群体进行临时补助;对儿童临时每月增加 300 加元的补助;对中低收入家庭进行一次性税收补贴(单身 400 加元、夫妻 600 加元);推迟个人所得税申报和缴纳时间分别到 6 月 1 日和 8 月 31 日;房产抵押贷款的还款时间最长延迟可达 6 个月;对因疫情而失业的群体发放补贴,标准为每 4 周 2000 加元,最多 16 周;对原住民社区支持基金提供 3.05 亿加元的应急资金;为全国便利获得食品提供 1 亿加元资金;为疫情暴发期间的无家可归者提供 1.575 亿加元的资助;为妇女庇护所和防性侵中心提供 0.5 亿加元;为慈善和非营利组织提供 3.5 亿加元,支持它们帮助弱势群体;5~8 月资助每名学生 1250 加元,对于需要参与帮助他人的学生和残疾学生资助 1750 加元;为学生研究员和博士后研究员提供 2.916 亿加元的资金,等等。

对企业方面的援助措施主要有:从 3 月 15 日至 6 月 6 日,对于在 3 月收入下降 15%、4 月和 5 月收入下降 30% 的企业,不分大小和部门,资助其 75% 的员工工资,最高为每周 847 加元;将 80% 新增经营信贷和现金流方面的定期贷款投放给中小企业;给小企业和非营利企业提供 4 万加元的紧息无息贷款;为符合条件的小企业提供 50% 的租房补贴;资助农村企业 2.87 亿加元;拿出 1.537 亿加元执行"青年就业和技能战略"(Youth Employment and Skills Strategy),帮助青年获得就业必要的技巧和经验;推迟企业应该于 3 月 18 日前后支付所得税的时间,最晚可到 9 月 1 日;对原住民中小企业和金融机构提供 3.068 亿加元的资金支持;降低银行利率,等等。

对行业方面援助的措施主要有:给农业、渔业等食品生产和加工行业补

---

① Government of Canada,"COVID-19: Financial Support for People, Business and Organizations," https://www.canada.ca/en/department-finance/economic-response-plan.html.

助 5000 万加元,帮助其采取必要措施让从海外归来的员工遵守 14 天的强制隔离规定;给农业综合企业、食品加工企业提供额外借款 50 亿加元,帮助它们在疫情期间维持现金流;给渔业和海产品加工部门提供 6250 万加元,帮助其解决储存、改进生产效率与维护员工健康的问题;资助文化、艺术和运动行业组织 5 亿加元;为维持北部和偏远社区的关键航空服务资助 1730 万加元;为艾伯塔省、萨斯喀彻温省和不列颠哥伦比亚省清理相关不活跃的油气井提供 17.2 亿加元,创造大约 5200 个工作岗位;为主要减少甲烷排放提供 7.5 亿加元的资金;给相关的慈善和非营利组织提供 3.5 亿加元的资金支持,等等。

突如其来的新冠肺炎疫情却让小特鲁多第二任期的局面有了转机。面对疫情,联邦政府一系列抗议及救济措施让选民感到满意,小特鲁多和自由党的支持率都有所上升。不过,这一切都是用日益高企的财政赤字换来的。疫情之后,小特鲁多政府将面临如何恢复经济、降低赤字以及解决国内矛盾等各种难题。

(三)2021 年加拿大联邦大选与施政概况

2021 年 9 月 20 日,在第 44 届加拿大联邦大选中,自由党获得 160 席,保守党 119 席,魁人党 32 席,新民主党 25 席,绿党 2 席。[①]小特鲁多以微弱的优势迎来了第三任期。此次大选在加拿大疫情之下提前举行,耗资高达 6.1 亿加元,被媒体称为一场"政治豪赌",然而结果却不尽如人意,小特鲁多政府仍只是组成少数派政府,与 2019 年的大选结果基本无差异,未来需要得到其他政党的支持才能稳定政局。新组建的内阁仍然保持小特鲁多政府在性别、地域和人种上的高度平衡原则,由梅拉妮·乔利(Mélanie Joly)担任新一届政府的外交部长、安妮塔·阿南德(Anita Anand)担任国防部长、弗里兰继续担任副总理兼财政部长。随后在 2021 年 11 月 23 日小特鲁多政府在宣誓就职的王座演讲中发表了新一任政府的施政宣言《建设具有弹性的经济》(Building A Resilient Economy),内容涉及新政府的工作要点、目标及实现路径,其中包括七大优先事项:医疗保障、经济恢复、气候行动、社区安全、多元包容的社会、与原住民和解、安全公正平等的世界。[②]

事实上,小特鲁多选择在 2021 年主动提前发起大选是有其明确的政治诉求的。首先,第二任期内小特鲁多面对的最大难题是自己领导的政府从此前的多数党政府变为少数党政府,丢掉下议院多数席位控制权的小特鲁

---

① 2021 年加拿大大选结果由加拿大选举局公布,详见 https://www.elections.ca/res/cir/maps2/images/parlimap_44_e.pdf,访问日期:2021 年 10 月 24 日。

② Government of Canada, "2021 Speech from the Throne," https://www.canada.ca/en/privy-council/campaigns/speech-throne/2021/building-resilient-economy.html.

多因此遇到不少阻碍,其主推的多个法案都在加拿大下议院受阻。尤其是小特鲁多在 2021 年 4 月向议会提交的经济复苏预算案,受到反对党的严重阻挠。这项预算案主要是要在三年内用总额超 1000 亿加元的财政支出——约占加拿大总 GDP 的 3% 到 4%,来复苏遭新冠肺炎疫情冲击的经济。小特鲁多推动这份预算案的过程十分艰难。面对如此的执政窘境,小特鲁多对外界不断抱怨反对党的阻挠,表示议会已经变得"有害且功能失调",他们需要成为强有力的多数党政府才能实施经济复苏计划。总之,小特鲁多领导的自由党因为在下议院没有获得多数席位,所以执政环境一直很受限,因此想提前大选从而实现其多数党政府的愿望。其次,小特鲁多把大选提前两年进行的另一个重要原因是在当时加拿大疫情控制较好、疫苗接种率高、经济有所复苏的情况下,其领导的自由党民调明显领先于其他反对党。如果在此时举行大选,自由党重新获得下议院多数席位的可能性很大。第二任期内小特鲁多政府遭遇新冠肺炎疫情以及俄乌冲突的冲击,这两大事件却在一定程度上为执政党提供了政治机遇。小特鲁多政府"不惜一切代价"的抗疫与援助政策在选民中赢得一定声誉,俄乌冲突也让其国内倾向性明显的选民对现政府表示出更多支持,这也是小特鲁多在 2021 年主动发起提前大选的底气。由于加拿大国内有庞大的乌克兰裔选民,国内对俄乌冲突的关注度极高并且很大比率的民众支持小特鲁多政府的立场和态度,俄乌冲突的爆发推高了小特鲁多的支持率。小特鲁多在疫情期间采用"撒钱"的策略,用救济金吸引了很多经济状况受疫情冲击的民众的支持,但这也导致财政赤字飙升。随着时间推移,救济金政策引发的财政赤字等经济问题会慢慢凸显出来,那时候小特鲁多政府的支持率可能会受到影响。因此,选择这个时间点开展大选,小特鲁多的胜算很大,再往后他的胜算就具有不确定性甚至是降低。所以他很想抓住目前这个绝佳时机,希望以此一搏,推动提前选举来获得大选胜利,扭转少数派的劣势,不过他最终并未如愿。不仅如此,选民对于小特鲁多利用自由党执政地位凌驾于民众和国家利益之上的做法甚为不满,党派之争、国家分裂的风险反而进一步加剧。

虽然这场"政治豪赌"以失败告终,但为了稳固执政地位小特鲁多所领导的自由党选择和新民主党进行结盟,并得到新民主党"支持小特鲁多政府至 2025 年"的承诺。2022 年 3 月,小特鲁多宣布与新民主党达成协议,两党将会在提升医保、改善民生、应对气候变化以及创造绿色就业、提高工人权益、与原住民和解等方面进行充分协调,[①]自由党此举是为了获得在议会

---

① PM of Canada,"Delivering for Canadians Now," March 22, 2022, https://pm.gc.ca/en/news/news-releases/2022/03/22/delivering-canadians-now.

中新民主党对预算和信任投票等法案的支持,从而使自己制定的相关政策执行起来更加有效,同时与新民主党的结盟使得小特鲁多自由党政府到2025年的任期有所稳定保证。

(四)小特鲁多政府任内加拿大国内政治的发展

2015年大选自由党得胜虽在预料之中,但获得如此大的优势却属意料之外,而2019年和2021年的两次大选,自由党虽获得连任但均未能如愿组建多数党政府。诚然,小特鲁多领导的自由党在三次大选中取得胜利并获得连任有其技术层面的因素,比如竞选团队的卓越表现、竞选策略的合理运用、新媒体社交工具的充分驾驭等。这些对选举结果产生即时效应的可操作性因素固然重要,然而,我想从更深层次的国内政治文化与结构的视角来探寻,即从国家意识形态层面、政党层面、社会层面以及个人层面来解析小特鲁多政府就任连任的内在逻辑,并进一步探究加拿大国内政治发展的新趋向。

1. 加拿大自由主义意识形态的回归

加拿大保守党已经连续执政近十年,而在这十年间国内保守主义意识形态越发明显,经济社会缺乏活力,特别是哈珀担任总理以来在若干问题上独断专行的做法,例如C-51法的通过、对移民政策的屡次更改、强推《跨太平洋伙伴关系协定》的签订等,常常被认为过于偏激且强硬。在此压抑氛围下,加拿大民众迫切希望新任政府能够为自由市场注入经济活力,更多关注社会公平分配,以及调和不同利益团体之间的关系。此外,国内多元文化价值观的复兴,也体现了加拿大自由主义意识形态的回归。自由主义旗帜下的多元文化主义是加拿大的核心价值观。而哈珀政府对移民难民、少数族裔以及原住民的冷漠与忽视,使加拿大多元文化价值观受到极大损害,这是加拿大人所不能容忍的。对改革的渴望,使大选期间的加拿大社会弥漫着一股自由主义的气息。人心思变,同时也大大促进了民众的政治参与度,据悉,2015年的联邦大选带来了加拿大大选近20年以来的最高投票率68.3%,相关数据显示,这是自1993年(70.9%)以来投票率最高的年份。①南诺斯公司(Nanos Research)公布的民意调查也显示,高达69%的加拿大选民希望联邦大选能够带来新变革。②客观上来讲,经济学出身的哈珀在其任期内,

---

① Elections Canada：Official Voting Result(42nd General Election 2015),http://www.elections.ca/res/rep/off/ovr2015app/41/table4E.html,访问日期:2015年10月24日。

② "Nanos poll：Majortity say 'time for change'",*CTV News*,September 17,2015,http://www.ctvnews.ca/politics/election/nanos-poll-majority-say-time-for-change-conservatives-more-trusted-to-manage-economy-1.2567402,访问日期:2015年11月3日。

对加拿大经济的贡献是不可磨灭的,在全球经济衰退的大环境下,正是哈珀带领加拿大走出了困境,并使加拿大经济在西方国家率先复苏。然而,哈珀政府既没有敏锐地捕捉,也没有足够地重视国内求变的趋势,仍以固守保成的态度与方式来"保护我们的经济",这对于广大选民来讲是远远不够的,当前的加拿大社会和经济期待的是更多自由与创新的空间。

在外交政策方面,哈珀政府奉行"新保守主义"对外原则,倡导价值观外交,这与加拿大一贯温和谦逊的国际形象大相径庭。随着拒绝参加北京奥运会开幕式、无条件无保留地支持以色列政府、断然与伊朗断绝外交关系、积极参与轰炸伊斯兰国等"边缘依赖"(Peripheral dependence)[①]外交行为,加拿大彻底沦为美国的跟屁虫,在国内引发巨大争议。此外,哈珀在对外援助方面持收紧态势,在难民问题上缺乏同情心,导致加拿大苦心经营多年的中等国家形象大步倒退,激起国内各界对其诟病。这些都为深谙国际主义外交政策的自由党重返执政舞台创造了机遇与空间。

2.＂非完全两党制＂钟摆式运动规律的结果

美国政治学家利昂·爱泼斯坦(Leon Epstein)称加拿大政党体制为"非完全两党制"。[②]"非完全两党制"是指两个全国性大党在议会体制下不能够容纳联邦制社会中的各种不同利益,于是出现了第三党的情况。第三党往往具有地区或阶级倾向,加拿大第三党泛指新民主党、魁人党和绿党等。近半个世纪以来,加拿大的两党竞争模式一直遇到挑战,第三党取得巨大成功,多次阻止了多数党政府的建立,而且把控着部分省一级政府的领导权。特别是在1993年和2011年的大选中,第三党一跃成了最大反对党,从而引发加拿大政治学界对其政党政治发展规律的争论。然而,从加拿大联邦选举历史来看,执政党仍然盘踞于自由党和保守党这两大全国性党派之间;当执政党组成少数党政府时,另一大党一定是最大反对党;当执政党组成多数党政府时,最大反对党则可能出现第三党担当的情况(见表7-2)。因此,从某种程度上讲,传统两大党派始终掌控着主要领导权。

从非完全两党制规律来看,特别是后冷战时期,保守党和自由党基本上保持着十年左右为一个周期的更迭规律。因此,保守党十年执政的终结,也存在着某种政党政治规律的必然性。这一规律有其内在逻辑,因为一党连续执政都会面对选民求变的局面,或是认为该党执政观念陈旧,或是执政团

①　John Kirton, *Canadian Foreign Policy in a Changing World*, Thomson Nelson, 2007, pp.59～70.

②　〔美〕利昂·D.爱泼斯坦:《西方民主国家的政党》,何文辉译,北京:商务印书馆2014年版,第83～87页。

表 7-2 1945 年以来的加拿大联邦大选结果汇总

选举年份	执政党		最大反对党		备注
	所获选票	所获议席数	所获选票	所获议席数	
1945	自由党(41%)	125	保守党(27%)	67	多数党政府
1949	自由党(49%)	193	保守党(30%)	41	多数党政府
1953	自由党(49%)	171	保守党(31%)	51	多数党政府
1957	保守党(39%)	112	自由党(41%)	105	少数党政府
1958	保守党(54%)	208	自由党(34%)	49	多数党政府
1962	保守党(37%)	116	自由党(37%)	100	少数党政府
1963	自由党(42%)	129	保守党(33%)	95	少数党政府
1965	自由党(40%)	131	保守党(32%)	97	少数党政府
1968	自由党(45%)	155	保守党(31%)	72	多数党政府
1972	自由党(38%)	109	保守党(35%)	107	少数党政府
1974	自由党(43%)	141	保守党(35%)	95	多数党政府
1979	保守党(36%)	136	自由党(40%)	114	少数党政府
1980	自由党(44%)	146	保守党(33%)	103	多数党政府
1984	保守党(50%)	211	自由党(28%)	40	多数党政府
1988	保守党(43%)	169	自由党(32%)	83	多数党政府
1993	自由党(41%)	177	改革党(19%)	52	多数党政府
1997	自由党(38.5%)	155	改革党(19.4%)	60	多数党政府
2000	自由党(40.8%)	172	加拿大联盟(25.2%)	66	多数党政府
2004	自由党(36.7%)	135	保守党(29.6%)	99	少数党政府
2006	保守党(36.3%)	124	自由党(30.2%)	103	少数党政府
2008	保守党(37.7%)	143	自由党(26.3%)	77	少数党政府
2011	保守党(39.6%)	166	新民主党(30.6%)	103	多数党政府
2015	自由党(39.5%)	184	保守党(31.9%)	99	多数党政府
2019	自由党(34.3%)	157	保守党(33.1%)	121	少数党政府
2021	自由党(33.7%)	160	保守党(32.6%)	119	少数党政府

注:2003 年以前的保守党亦被称为进步保守党,2003 年之后的保守党实际上是由加拿大联盟和进步保守党于 2003 年 12 月 7 日合并而成的,而加拿大联盟的前身则是改革党。

数据来源:根据加拿大选举局与加拿大联邦议会官方网站公布的数据整理而成,http://www.elections.ca/content.aspx?section=ele&dir=pas&document=index&lang=e,访问日期:2021 年 12 月 20 日。

队被之前不当决策所造成的后果困扰。在这次大选中,求新求变的潮流是对已执政十年的保守党极为不利的选举因素。此外,作为第三党的新民主党虽然近几年来势头渐旺,成绩斐然,但还未形成传统两大党所具备的全国性影响气候或优势。况且新民主党地方性与阶级性特征强烈,所以无论是其影响的区域还是代表的阶层都不太具有普遍性,反而在制定政策时会受到这些既定因素的挟制或是进行特定政策倾斜,无法获得大众选民的认同。

而这些对于自由党来讲,都成为大选期间的有利因素。

另外,加拿大一贯奉行"中间道路",本次大选的结果在某种程度上是"中右"转"中左"的体现。通过上述各党派竞选纲领之比较,不难发现,在偏右的保守党与极左的新民主党之间,偏左的自由党反而成了"中间道路"。其实早在2012年,加拿大媒体采访前任自由党总理保罗·马丁时,马丁就曾表示,"事实上,我们现在有一个极右的保守党政府执政,和一个极左的新民主党为最大反对党,这不是加拿大人的风格。因此,这将为自由党在下次大选的回归创造很大的空间和机会。"①如今看来,此预言竟是如此精准。

3. 国内政治共识出现衰退

受民粹主义的影响,加拿大社会出现新的分裂迹象。社会分裂的加剧和矛盾的加深被政党政治所利用形成加拿大国内右翼民粹主义与进步主义的分庭抗衡,进一步推动国内政治的分裂。从加拿大2019年联邦大选来看,加拿大国内经济的结构性焦虑,以及衰落主义在加拿大国内的发展与蔓延,使得民粹主义运动得以在大选期间就开始出现并兴起。一个分裂的加拿大在此次大选中得以体现:自由党依赖人口数量最多的安大略省,保守党依托草原省份,魁人党盘踞魁北克省,新民主党拥有大不列颠哥伦比亚省。除此之外,大选期间还出现了中西部省份要求独立的呼声,进一步表明由于中西部省份在对外石油输出管道建设、碳税和国家财政上的利益诉求长期得不到小特鲁多政府的回应,导致其不满情绪持续上涨。2019年的大选被称为"一次分裂加拿大的选举",标志着加拿大"从阳光走向黯淡"。除了历次选举中,加拿大选民关注的国内经济和民生问题之外,此次选举外交因素也显示出一定的分量,主要体现在:第一,事关加拿大经济安全的美加墨贸易协定,进一步凸显了加拿大的衰落主义;第二,关于难民安置问题,涉及身份政治,以及由此引发的民粹主义。②

然而,2022年1月爆发的加拿大"自由车队"游行示威事件则是将加拿大国内右翼民粹主义运动进一步推向高潮。事件的直接起因是2021年11月,联邦政府宣布强制措施要求往来于加美两国的加拿大卡车司机入境时

---

① "Paul Martin Predicts Federal Liberals Back in Contention by 2015 Election," *CTV News*, November 19, 2012, http://www.ctvnews.ca/politics/paul-martin-predicts-federal-liberals-back-in-contention-by-2015-election-1.1045395,访问日期:2015年11月8日。

② Nik Nanos, "From 'Sunny Ways' to 'Dark Days': The 2019 Canadian Federal Election Suggests That Canada Is Not A Positive Outlier to Populist Politics But Gripped by Feelings of Declinism," *Canadian Foreign Policy Journal*, Vol. 26, No. 2, 2020, pp. 208~209.

出示疫苗接种证明,否则将接受从美国返回时 14 天的隔离期,该政策于 2022 年 1 月 15 日生效。由此,加拿大卡车司机开始发起各种抗议活动,随着抗议活动愈演愈烈,最终形成"2022 自由车队"(Freedom Convoy 2022)。该车队自西向东一路向首府渥太华进发,其间队伍不断壮大,于 2022 年 1 月 29 日在渥太华汇合并开始在国会山的集会活动。2 月 6 日该事态进一步升级,抗议示威活动使连接加美边境通道的"大使桥"被迫中断,严重破坏了加拿大正常的经济和生活秩序,渥太华宣布进入紧急状态,随后整个安大略省也宣布进入紧急状态。2 月 14 日,小特鲁多政府宣布启动《紧急状态法》(Emergencies Act),强调用"最后的手段"尽快恢复秩序。此次是该法自出台以来首次被启用,可见示威活动的严重程度以及对小特鲁多政府造成了巨大的执政危机和压力。伴随事态的平息,加拿大国内对于小特鲁多启动《紧急状态法》的做法产生了颇多质疑与批评。

此次示威游行从表面上看是由于小特鲁多政府颁布疫苗强制令引发的,但实质上体现了民粹主义在加拿大国内的兴起与极右翼势力的抬头。"自由车队"的主要组织者之一塔玛拉·利希来自特立独行党,该党旨在推动加拿大西部草原省份脱离加拿大联邦,另外两名组织者詹姆斯·鲍德和桑德拉·鲍德是加拿大极右翼组织"加拿大团结"的领导人,与此同时联邦最大反对党保守党也利用此次机会推波助澜,大力推动加拿大极右翼社会运动的发展。此外,示威事件还产生了国际国内互动与连锁反应,不仅受到美国极右翼民粹主义者的实际支持,而且还激发了整个西方世界的极右翼民粹主义情绪和策应。

在民粹主义席卷全球政治的浪潮中,与美国、欧洲等其他西方国家相比,加拿大曾经被认为是从某种程度上"对民粹主义产生免疫的",[①]然而事实上由于国家经济衰落主义的上升、国内政治共识的衰退,右翼民粹主义正在不断侵蚀着加拿大社会,西部省份独立事件和自由车队示威活动便是最直接的体现,同时也对加拿大的国家社会治理提出了巨大挑战。

4. 自由党小特鲁多个人领袖魅力的展现

早在 2015 年的初次竞选中,从最初的民调结果来看,自由党支持率仅排在第三位,小特鲁多由于年纪轻、执政经验不足,所以并不被选民看好,而大选的最终结果却发生了逆转。作为党魁的小特鲁多在竞选期间所展现的

---

① Nik Nanos, "From 'Sunny Ways' to 'Dark Days': The 2019 Canadian Federal Election Suggests That Canada Is Not A Positive Outlier to Populist Politics But Gripped by Feelings of Declinism," *Canadian Foreign Policy Journal*, Vol.26, No.2, 2020, p.207.

个人政治魅力,为其赢得了大量选票。哈珀本想通过拉长竞选时间拖垮自由党,结果事与愿违,反倒给了小特鲁多更多时间接触选民,锻炼自己,展示实力。在一系列的电视辩论中,小特鲁多稳扎稳打、有礼有节、张弛有度,特别是面对哈珀的各种负面攻击策略,作为一名年轻领袖的小特鲁多均以包容的正面形象给予回应,在选民中留下了良好的印象。这位年轻有魅力的领导人不但吸引了以往投票率极低的年轻人群体,同时小特鲁多好父亲和好丈夫的形象也赢得成熟选民的信任。①自竞选开始,小特鲁多就四处参加活动,与支持者见面、握手、合影,表现出极强的亲和力。据统计,小特鲁多到访选区 125 次,比哈珀的 114 次和唐民凯的 100 次都要多。②因此,无论是从竞选政纲迎合选民期待的角度,还是在竞选活动中的出色表现,小特鲁多都更胜一筹。同时,其父皮埃尔·特鲁多总理留下的政治遗产也为小特鲁多的胜出助力,包括其父任加拿大总理期间在国内国际享有的良好声誉,以及自由党内部对小特鲁多的坚定支持,很多自由党元老出来为其站台拉票。另外,小特鲁多的当选也反映了现代西方民主国家选民对领袖的偏好趋向。老牌政客组成的世界主要国家领袖俱乐部开始陆续不断出现年轻面孔,比如美国总统奥巴马、英国首相卡梅伦等,政治不再是老成、稳重、谨慎的专属形象,年轻有魅力的领导者能够大大吸引民众参政议政的积极性。除了小特鲁多个人领袖魅力和执政形象的确立外,随后两次联邦大选中并没有出现能够威胁小特鲁多的反对党领导人也是其成功连任的重要原因。近几年来,加拿大反对党中一直没有特别强势的领导人出现,尤其是保守党一直后继无人,这促使小特鲁多一再登顶。就目前来看,保守党无论是在党内的威望上还是在自身的政治经历与背景上都不具备挑战小特鲁多和自由党的实力。

二、大国竞争时代加拿大面临的国际秩序不确定性的挑战

进入 21 世纪以来,国际秩序开始发生渐进式、模块化的转变,这种转变往往伴随着一些标志性事件的出现,比如 2001 年的"9·11"事件后部分改变了国际安全秩序,2008 年的全球金融危机部分改变了世界经济秩序,而2019 年暴发的新冠肺炎疫情又部分改变了全球公共卫生秩序。这些事件

① 钱皓:《"特鲁多热"缘何再现加政坛》,中国社会科学网,2015 年 10 月 21 日,http://ex.cssn.cn/gj/gj_gwshkx/gj_zhyj/201510/t20151021_2504292.shtml。

② Monika Warzecha, "King of the Campaign Trail: Justin Trudeau Clocked More Riding Visits Than Harper or Mulcair," *National Post*, October 19, 2015, http://news.nationalpost.com/news/canada/canadian-politics/king-of-the-campaign-trail-justin-trudeau-clocked-more-riding-visits-than-harper-or-mulcair,访问日期:2015 年 12 月 26 日。

不仅对世界的某个领域产生局部的直接影响,而且促使全球秩序发生阶段性的整体变化。在加拿大的外交政策界和学界看来,冷战结束后形成的世界秩序在2008年国际金融危机后发生了深刻的变化,2019年突如其来的新冠肺炎疫情加速了世界大变局的发展态势,多极化是世界发展的必然趋势,中美将进入较长时期的战略竞争博弈阶段。

首先,全球秩序进入深度调整期而带来的不确定性。加拿大战略界普遍认为,当今世界正处于新一轮的巨变之中,发达国家开始拒绝全球化,全球民粹主义和民族主义加强,世界多边主义被削弱,国际秩序和格局进入深度调整期,我们现在处于一个后霸权时代的多极世界,美国主导的全球自由主义国际秩序正在被挑战。当前的国际秩序实际上是二战后在美国主导下建立的、最初在北美和西欧形成的"国际自由秩序",后续随着全球化的不断发展得以向外扩张而形成的全球性秩序。这一秩序在向外扩展的过程中不但遭遇到非西方国家和新兴经济体的抵制,而且还造成西方社会内部的矛盾。全球秩序进入深度调整和改革的阶段。诸如贸易保护主义、本土主义、民粹主义以及"逆全球化"现象的不断发生,世界进入高度不确定的时代,新的国际秩序的原则和框架都有待构建。有加拿大学者提出,21世纪具有深远意义的变化可概括为全球秩序的变化、中美关系的变化以及中国行为方式的变化。[1]这些都促使加拿大重新调整与世界的关系。

在加拿大的外交政策界和学界看来,在全球秩序调整与重构的过程中,全球治理将进入一种多中心的时代。加拿大应该以一种富有成效的方式应对全球治理中的挑战。第一,对于国际秩序中需要进行改革的部分,应以一种诚恳且开放的态度与新兴经济体一道合作。比如,在世界银行行长由美国提名以及国际货币基金组织由欧盟提名的问题上,应该采取一种更加开放包容的方案。这一点加拿大比美国更有优势,尤其是"特朗普后遗症"带来的对多边主义的严重践踏,直接破坏了美国在该领域的全球信任度。第二,加拿大需要肯定现有国际秩序中应该保存的部分并维护之,比如对民主价值观等,加拿大提出将重振以规则为基础的国际秩序。正如约瑟夫·奈指出:"应该抛弃诸如'自由主义'和'美国主导'相关的措辞,取而代之为'开放的、国际性的、以规则为基础的国际秩序'。"[2]第三,全球秩序中亟待创设

①　Pascale Massot,"Global Order, US-China Relations, and Chinese Behaviour: The Ground is Shifting, Canada Must Adjust," *International Journal*, Vol.74, Issue 4, 2019, pp.600～611.

②　Joseph Nye,"China Will Not Surpass America Any Time Soon," *The Financial Times*, 19 February 2019, https://www.ft.com/content/7f700ab4-306d-11e9-80d2-7b637a9e1ba1.

的部分,加拿大可以在未来的全球治理中有所创新和贡献,比如网络治理、数据治理、人工智能、5G以及北极治理等。总之,全球治理是走向未来国际秩序的关键,无论是从应对新冠疫情到应对气候变化,都需要广泛的国际多边合作才能完成。

其次,大国竞争时代的全面到来。经过奥巴马政府、特朗普政府和拜登政府通过美国国家安全战略和政策的持续助推下,美国明确将中国和俄罗斯视为主要竞争对手,虽然这三届政府对美国对手的排序不一。奥巴马视俄罗斯为主要对手,特朗普将中国和俄罗斯共同列为竞争对手,而拜登则视中国为最大的挑战。特别是自特朗普政府《美国国家安全战略》出台后,世界已明确进入全面的大国竞争时代。在中美竞争关系中,一方面,在以美国为首的发达国家中,充斥着对华接触政策失败的论调,①直接导致美国经济民族主义的回归。对于这一政策的大论战进一步导致中美关系发生巨大转变,从"灵活竞争"的接触到"遏制"和"冲突"的讨论,"战略竞争对手"和"脱钩"言论甚嚣尘上,已成为美国国内两党的共识。另一方面,美国推出印太战略,通过打造不同圈层的盟友和伙伴体系,以达到遏制中国的目的,作为美国盟友的加拿大同样也被卷入其中。随着中美竞争关系的不断加剧以及中国在国际社会呈现的态势,加中关系需要进行调适转向可适应性的、模块化的战略关系,②在全球层面处理好与美国、中国的关系。在美俄关系中,俄乌冲突是俄罗斯与以美国为首的西方之间矛盾的总爆发,表明美国等西方国家使俄罗斯融入所谓自由主义国际秩序的政治、安全、外交安排基本以失败告终。伴随着这场冲突的持久性趋势,以及各方围绕俄乌冲突展开的全面博弈,国际格局、世界秩序和全球治理也将受到深刻的影响。目前,欧洲国家承受巨大的经济、社会与民生压力,欧美关系更趋紧密,北约被重新唤醒,欧盟战略自主性被严重限制,美国在跨大西洋联盟的基础上实现对俄大国竞争的战略需求。

无论是国际秩序深度调整的不确定性,还是大国竞争的全面到来,对于加拿大都需要积极的、富有智慧的应对,在作为中等强国外交所发挥的主要国际场域受到影响、外交空间不断被挤压的情况下,如何应对并寻找新的突破口、确立创新性的"定位外交"是加拿大迫切需要解决的问题。

---

① Kurt Campbell and Ely Ratner, "The China Reckoning: How Beijing Defied American Expectations," *Foreign Affairs*, Vol.97, No.2, 2018, pp.60~71.

② Pascale Massot, "Global Order, US-China Relations, and Chinese Behaviour: The Ground Is Shifting, Canada Must Adjust," *International Journal*, Vol.74, Issue 4, 2019, pp.600~611.

第二节　小特鲁多政府外交政策的形成及其内涵

一、小特鲁多的自由主义和进步主义价值观

作为在加拿大历史上留下重要印记的前总理皮埃尔·特鲁多之子,小特鲁多从上任伊始就注定被打上了"自由主义"的标签,这几乎是刻入基因里的价值观。①皮埃尔·特鲁多是加拿大自由党的重要代表人物,也是加拿大自由主义思想家。特鲁多将自由和平等作为基本的价值观,虽然在传统的西方自由主义思想中这两种价值观往往处于对立状态,特鲁多通过吸收新自由主义的观点试图将两者进行调和,而个人自由、社会公正、国家干预则构成新自由主义的主要内容。皮埃尔·特鲁多认为社会要保证个人最大限度的自由,它就必须进行不断的变革和改进,这构成加拿大自由主义的一个基本特点。在此基础上,他进一步将加拿大自由主义提升至"积极的"福利自由主义,②主张通过物质福利来保证个人自由的实现。除此之外,皮埃尔·特鲁多把个人权利作为他政治思想中的一项重要关切。在谈到自由党人的信仰时,他指出"每个人都有他的特殊维度,每个社会成员都享有某些最基本的权利,作为国家和政府只能保护这种权利"③。他所主张的温和自由主义思想,在其主政期间得到进一步的体现和实践:在经济上,推进福利主义和国家干预政策;在文化上,建立了多元文化主义政策;在政治上,主张联邦主义、反对魁北克民族分裂;在外交上,坚持独立与和平的外交政策,并与世界上诸多国家发展了友好关系,特别是与中国建立了外交关系。小特鲁多在核心价值观上受到其父很大影响,对于加拿大自由主义思想有天然的认同。无论是竞选宣言还是施政纲领,小特鲁多都坚定地要带领加拿大实现"真正的变革"的目标。即便在新冠肺炎疫情对加拿大经济和民生产生巨大的打击下,小特鲁多政府仍坚持通过全面的救济福利政策保障加拿大各阶层民众的基本权利。

另外,加拿大国内也经常对小特鲁多冠以"进步主义"的标签。当代进

---

① Alex Marland, "The Brand Image of Canadian Prime Minister Justine Trudeau in International Context," *Canadian Foreign Policy Journal*, Vol.24, Issue 2, 2018, p.140.

② Pierre Trudeau, *Conversation with Canadians*, Toronto: University of Toronto Press, 1972, pp.96~100.

③ Thomas S. Axworthy and Pierre Trudeau, *Towards A Just Society*, Penguin Books Canada, 1992, pp.402~409.

步主义者认为,在国内议程上应该优先关注各种形式的不平等问题,包括性别、种族、阶级、性取向、宗教等,试图扭转权力集中于富人、公司和经济集团的趋势,积极发挥政府的作用;在国际议程上,进步主义者更加强调外交和对外援助的重要性,主张通过所谓榜样的力量而不是武力输出的方式向世界推销民主价值观。因此,不难看出进步主义强调通过民主、经济平等、人权保护以及反对帝国主义和黩武主义,以追求一个更加正义的世界。小特鲁多秉持进步主义理念,以多样性和包容性向外传递其执政理念。①小特鲁多就任后进一步弘扬加拿大多元文化主义理念,维护少数群体权利,就性别平等、移民和难民问题提出更加积极的政策主张,推行绿色新政等。此外,进步主义的价值观也有利于与中左翼的新民主党进行结盟,中左翼的新民主党长期保持着加拿大议会第三大党派的地位,在联邦选举中保持着比较稳定的得票率,在加拿大政党政治中的影响力较大,经常是传统的自由党和保守党两大党派争取的对象,特别是在小特鲁多第二、第三任期内少数党政府的窘境之下。

二、女性主义外交政策

性别平等(Genderequality)不仅是小特鲁多自由党政府贯彻加拿大核心价值观外交的关键信条,也体现了加拿大重塑其国际领导力的"定位外交"。小特鲁多早在竞选之时就明确表示会在新内阁的组建过程中将性别平等放在重要的位置予以考量,同时小特鲁多本人也在公开场合宣称自己是女性主义者。有学者进一步指出,加拿大女性主义外交政策的主要推动者是小特鲁多政府的第二任外交部长克里斯蒂娅·弗里兰(Chrystia Freeland)。②除了内阁成员的大力助推,2016 年 10 月,加拿大下议院外交事务与国际发展委员会也曾发布报告《全球领导权的机遇:加拿大与女性、和平和安全议程》(An Opportunity for Global Leadership: Canada and the Women, Peace and Security Agenda),建议加拿大将"女性、和平与安全"作为外交政策的优先事项。③2017 年 6 月,小特鲁多政府相继发布的《强大、安全、参与:

---

① Alex Marland and Richard Nimijean, "Rebranding Brand Trudeau," D. Carment and R. Nimijean(eds.), *Political Turmoil in a Tumultuous World: Canada among Nations 2020*, Palgrave Macmillan, 2021, pp.68~70.

② Adam Chapnick, "The Origins of Canada's Feminist Foreign Policy," *International Journal*, 2019.

③ Rebacca Tiessen and Emma Swan, "Canada's Feminist Foreign Policy Promises: An Ambitious Agenda for Gender Equality, Human Rights, Peace, and Security," *Justine Trudeau and Canadian Foreign Policy: Canada among Nations 2017*. pp.189~190.

加拿大国防政策》(Strong，Secure，Engaged：Canada's Defence Policy)①和
《加拿大女性主义国际援助政策》(Canada's Feminist International Assis-
tance Policy)②则标志着加拿大女性主义外交政策的正式出台。

　　加拿大虽然不是首个用女性主义来定义其外交政策的国家，但是在一众
进行女性主义外交实践的国家中，小特鲁多政府对女性主义外交的重视程度
并将其置于外交政策的核心地位这一做法是史无前例的。具体而言，加拿大女
性主义外交政策主要体现在国际援助、防务安全以及对外贸易这三大领域。

　　首先，国际援助政策是加拿大女性主义外交政策的重中之重。一直以
来，加拿大支持性别平等，并认为通过赋予女性权利来改善她们及其家庭、
社区乃至国家的境况是促进世界走向更为和平、包容和繁荣的最佳方式。
为了实现这一目标，加拿大以女性主义作为其对外援助的指导，将"性别平
等与赋予妇女和女童权利"视为核心议题，同时关注"人类尊严、每个人的成
长、环境和气候行动、包容性治理、和平与安全"共六大领域，在此基础上发
展实施对外援助项目。③在女性主义国际援助政策发布会上，加拿大国际发
展与法语国家组织事务部部长玛丽-克洛德·比博(Marie-Claude Bibeau)
强调，该政策"是加拿大外交史上最具雄心和进步主义的，它将使加拿大在
提高性别平等与妇女和女童权利方面成为全球领导者"。

　　其次，在防务安全领域凸显其女性主义外交政策的亮点。小特鲁多政
府在2017年6月发布的国防政策中突出女性主义特色，正如外交部部长克
里斯蒂娅·弗里兰所言："该国防政策将与国际援助政策一道实现进步主义
的、女性主义的外交政策。"该政策报告在提升加拿大多样性方面明确指出
"未来十年将以每年增加1％的女性在加拿大军队中的占比来推进在国防
领域的性别平等，最终实现女性军人的占比达到25％，加拿大将在这一方
面体现其全球领导力"④。同时，在关于"女性、和平与安全"的议题中，小特

---

① Government of Canada，"Strong，Secure，Engaged：Canada's Defence Policy，" https：//
　www．canada．ca/content/dam/dnd-mdn/documents/reports/2018/strong-secure-engaged/
　canada-defence-policy-report．pdf．

② Government of Canada，"Canada's Feminist International Assistance Policy，" https：//
　www．international．gc．ca/world-monde/assets/pdfs/iap2-eng．pdf？_ga＝2．240097859．15586
　86162．1679922186-248328094．1679922186．

③ Government of Canada，"Canada's Feminist International Assistance Policy，" pp．vi～vii，
　https：//www．international．gc．ca/world-monde/assets/pdfs/iap2-eng．pdf？_ga＝2．240097859．
　1558686162．1679922186-248328094．1679922186．

④ Government of Canada，"Strong，Secure，Engaged：Canada's Defence Policy，" p．23，
　https：//www．canada．ca/content/dam/dnd-mdn/documents/reports/2018/strong-secure-en-
　gaged/canada-defence-policy-report．pdf．

鲁多政府更是在这一堪称"全政府"的行动计划和倡议中将女性主义展现得淋漓尽致,具体内容包括 2017 年 11 月宣布的《为落实联合国安理会关于女性、和平和安全的行动计划:2017～2022》(Canada's Action Plan for the Implementation of the United Nations Security Council Resolutions on Women,Peace and Security-2017-2022),①以及 2017 年 11 月宣布的《关于和平行动中的女性的埃尔希倡议》(The Elsie Initiative for Women in Peace Operation),②共同倡导并推动女性参与和平行动。

最后,小特鲁多政府将加拿大定位为性别平等和女性经济赋权的倡导者,以及将性别平等作为全球贸易政策规范的推动性力量。③为此,加拿大提出了"包容性贸易政策",具体举措体现在:其一,在加拿大自由贸易协定中纳入性别章节。加拿大在与其相关的双边自由贸易协定(FTAs)中,制定、实施、监测和执行性别章节和性别非歧视条款,并将此作为关于性别与贸易的国际法律的新标准;其二,构建加拿大基于性别(gender-based)的贸易影响评估框架,包括制定关于国际贸易中基于性别的影响指标和报告。比如,加拿大 2017 年与智利的自贸协定、2018 年与以色列的自贸协定中均增补了"贸易与性别"为独立的一章,其内容包括肯定女性的劳动参与和经济独立对于可持续发展的重要性,以及消除对女性一切形式的歧视等内容。

三、联盟压力和区域主义下的加拿大印太战略

自 2017 年美国特朗普政府推出"印太战略"以来,相比积极响应和配合的澳大利亚等国家,小特鲁多政府在联盟中的表现一直比较低调保守。由于缺乏明确愿景、参与理由以及民众支持,加之特朗普的外交方式颇具争议,加拿大并没有在第一时间积极配合美国推出加版"印太战略"。实际上,加拿大政府对长期使用"印太"一词曾经相当审慎,直到 2021 年末加拿大学术界还在对政府应该使用"亚太"还是"印太"一词展开辩论。加拿大外交政

---

① Government of Canada, "Canada's Action Plan for the Implementation of United Nations Security Council Resolutions on Women, Peace and Security-2017-2022," https://www. international. gc. ca/transparency-transparence/women-peace-security-femmes-paix-securite/2017-2022-action-plan. aspx?lang＝eng.

② Government of Canada, "Elsie Initiative for Women in Peace Operation," https://www. international. gc. ca/world-monde/issues_development-enjeux_developpement/gender_equality-egalite_des_genres/elsie_initiative-initiative_elsie. aspx?lang＝eng.

③ Erin Hannah, Adrienne Roberts and Silke Trommer, "Canada's 'Feminist' Trade Policy?" D. Carment et al. (eds.), *Canada and Great Power Competition: Canada among nations 2021*, Palgrave Macmillan, 2022, pp.71～93.

策界的知名学者金·诺萨尔认为,加拿大的外交和国防政策重心仍将在北大西洋地区,一是由于传统"大西洋主义"(Atlanticism)下的大三角战略关系(加拿大、美国和西欧盟友),虽然近年来加拿大不断申明"加拿大是太平洋国家"(Canada is a Pacific nation),但北大西洋仍然是加拿大最重要的全球利益,在加拿大外交政策制定中处于核心地位。二是加拿大要真正成为太平洋国家,投入的成本将是巨大的,加拿大政府认为没有多余的外交和国防资源能顾上。①为此,加拿大不断被美国、澳大利亚等国家诟病,认为其错过了加入"印太战略俱乐部"的机遇。然而,随着加拿大迟迟未参与其中,国内开始出现一些担忧的声音,认为加拿大必须重新回归联盟。加拿大智库方面也针对"印太战略"展开不少讨论,认为如果不积极参与印太地区规则制定的过程,加拿大就有可能被排除在该地区的机制发展之外,这将不利于加拿大在该地区的经济、外交和安全存在。

拜登上台后,迅速继承了印太战略,并且以更加系统的方式和状态推进。拜登全面调动其盟友和伙伴关系,在其印太战略框架下组建了若干子系统,例如美日印澳四边安全对话(QUAD)、美澳英三边安全协定(AUKUS)、印太经济框架(IPEF)等印太区域的多边和小多边机制安排。与澳大利亚、英国等美国盟友不同,加拿大最初不愿加入美国主导的印太机制,在外交上保持低调,避免因谈及"印太"而使其对华外交更为被动。然而,在美国拜登政府不断推进"印太战略"的背景下,前期一直保持相对低调的小特鲁多政府开始逐渐改变了态度并向美国的战略进行靠拢。尤其是俄乌冲突的爆发成为加拿大倒向美国"印太战略"的转折点。

在第三任期开始后,小特鲁多便将加拿大"印太战略"的构筑提上了日程,不仅开始在各个正式场合频繁提及"印太"的概念,也开始进行一系列正式的部署。2021年11月白宫在美加领导人会面后表示,双方致力于"建立'印太战略'对话机制"。一个月后,加拿大外交部长和国防部长收到小特鲁多总理的指示,开始筹备加版"印太战略"。同时,加拿大还寻求加入美国主导的"印太经济框架""蓝色太平洋伙伴关系"等。小特鲁多政府将制定"印太战略"的计划提上日程后,专门在全球事务部设立了"印太战略"特别秘书处并由前任驻世界贸易组织大使乔纳森·弗里德(Jonathan Fried)负责。2022年11月27日在加拿大温哥华,外交部长梅拉妮·乔利(Melanie Joly)向外界公布了《加拿大印太战略》(Canada's Indo-Pacific Strategy),加拿大

---

① Kim Richard Nossal, "The North Atlantic anchor: Canada and the Pacific Century," *International Journal*, 2018. pp.376～378.

也成为继欧盟、法国、德国和澳大利亚之后又一个颁布印太战略的美国盟友国家。

小特鲁多政府对外公布的《加拿大印太战略》,反映了当下小特鲁多政府对印太地区的战略构想以及加拿大在该地区的战略目标。①加版印太战略全文由四大部分构成(共23页),主要内容包括以下内容。第一,"印太地区:新的机遇"。加版"印太战略"指出随着太平洋世纪的到来,印太地区无疑成为全球经济活力的中心,同时也是全球战略挑战的焦点。加拿大在该地区拥有6个重要的贸易伙伴,特别是中国、日本和印度均已成为世界主要经济体,据估计该地区在全球经济中所占的比例将在2040年达到一半,这将为加拿大提供巨大经济机遇。同时,大国竞争也在该地区变得日益激烈,加拿大作为"太平洋国家"需要积极应对这些机遇和挑战。第二,加拿大如何参与该地区事务。分别通过与中国、印度、北太平洋地区的伙伴以及东南亚联盟的接触来完成。第三,加拿大的战略目标与倡议。通过提高和平、经济韧性和安全,扩大贸易投资和供应链弹性,投资予民并以此与当地民众建立联系,建设可持续的绿色未来,加拿大将成为积极参与印太地区活动的伙伴。小特鲁多政府计划在未来五年内拨款23亿加元促进在印太地区以上五大方面事务的推进。加版"印太战略"还融入了很多加拿大国家价值观以及相关的议程设置,如妇女和女童的权利、原住民贸易网络、法语文化、同性恋群体权利等。其中,加拿大将投入1亿加元专门用于支持女性主义国际援助,强调推行原住民经济和贸易合作安排,支持增加原住民经济赋能,将海洋保护与原住民权利联系在一起,吸引柬埔寨、老挝、越南法语移民,支持印太地区同性恋群体等。

四、加拿大"中等国家"身份的重塑

纵观历史,加拿大自由党政府一贯重视并深谙"中等国家外交",小特鲁多自上任之后几乎是马不停蹄地参加了多场重量级国际会议,包括2015年11月在土耳其举行的二十国集团首脑会议、在菲律宾举行的亚太经合组织首脑会议、在马耳他举行的英联邦国家首脑会议,12月在法国巴黎举行的联合国气候变化会议,以及2016年1月在瑞士达沃斯举行的世界经济论坛等。借助各类多边外交平台,小特鲁多总理不仅代表新政府在相关国际议

---

① Government of Canada, "Canada's Indo-Pacific Strategy," November 27, 2022, https://www.international.gc.ca/transparency-transparence/assets/pdfs/indo-pacific-indo-pacifique/indo-pacific-indo-pacifique-en.pdf.

题上发出"加拿大之声",而且广泛地与美国、中国、英国、法国、英联邦国家、东南亚国家以及国际组织领导人进行会面与交流,以此来宣告加拿大"中等国家"外交的回归。

首先,加拿大不懈地致力于恢复其外交独立性,并在此基础上巩固与盟友关系。小特鲁多上任后的首个外交举动便是与美国总统奥巴马通电话,他表示,加拿大将不再参加美国牵头的在伊拉克和叙利亚对伊斯兰国的空中轰炸军事行动。[①]另外,在美国主导的《跨太平洋伙伴关系协定》上,不同于哈珀的积极支持,小特鲁多则表示要等议会"谨慎并且负责任地讨论之后"才能通过该协定。[②]这些行为都暗示加拿大不会再像哈珀政府时期那般一味追随美国的外交政策,或是迎合美国的对外战略。加拿大国际关系学者丹尼斯·斯泰尔斯(Denis Stairs)在最近的一份政策建议报告中,曾批评哈珀领导的保守党政府所谓"有原则性的外交政策"(principled foreign policy),实际上是"一边倒"外交,导致糟糕的划线外交行为,损害了加拿大的国家利益与国际形象。[③]因此,小特鲁多势必会对之前的依附外交进行修正,并制定符合加拿大国家与国际利益的独立外交战略。换言之,就是在强调加拿大外交独立性的前提下,加强与盟友的关系,尤其是与美国的关系。所以需要清醒的是,加美关系依然位于加拿大对外关系的重中之重。小特鲁多绝不会仅仅为了追求外交独立性而疏离与美国的关系,那样不但会伤害加拿大的国家利益,而且不利于其国际利益的实现,毕竟在推动诸如气候变化等全球问题的解决方案实施上,加拿大需要借助美国的支持与力量。正如2016年3月10日小特鲁多在首次访美演讲中,全面肯定了加美在安全和贸易两大传统领域的长期合作以及对多元文化价值观的认同与共识,并进一步指出共同应对气候变化问题将成为加美合作的新动力。[④]

---

① "Justin Trudeau to Obama: Canada will end airstrikes against Islamic State," *The Washington Times*, October 21, 2015, http://www.washingtontimes.com/news/2015/oct/21/justin-trudeau-to-obama-canada-will-end-airstrikes/,访问日期:2016年1月11日。

② "Liberals say no free vote on Trans-Pacific Partnership," *The Huffington Post Canada*, October 7, 2015, http://www.huffingtonpost.ca/2015/10/07/trudeau-tpp-_n_8257950.html,访问日期:2015年12月5日。

③ Denis Stairs, "What's Been Wrong with Canadian Security Policy and Diplomacy and What it May Take to Fix it," *Canadian Global Affairs Institute*, October 2015, http://www.cgai.ca/whats_been_wrong_with_canadian_security_policy,访问日期:2016年3月11日。

④ Justin Trudeau, "Prime Minister's Remarks at State Dinner: Official Visit to the United States," *Government of Canada*, March 10, 2016, http://pm.gc.ca/eng/news/2016/03/10/prime-ministers-remarks-state-dinner-official-visit-united-states,访问日期:2016年3月16日。

其次,加拿大亟待全面重返国际多边舞台,通过多边外交重塑其中等国家的国际形象。长久以来,多边外交一直是加拿大对外政策的核心原则。多边主义作为一种信仰原则被加拿大外交实践所推崇,这种多边主义的行为特性来源于其国家核心价值观多元主义思想。换句话说,就国内而言,多元文化主义成为践行多元主义的最好体现;相应地,在对外关系中,多边主义原则是对这种多元主义思想的国际延伸。加拿大的多边主义强调国际社会多元合作、多边参与的外交行为理念,通过开展多边对话与合作等方式达成对外政策目标。从加拿大外交历史来看,第二次世界大战后,加拿大开始界定其在全球秩序中作为中等强国的功能与责任,多边外交往往被视为加拿大追求其国家政策目标、实现其国家利益最有效的策略,尤其是把参与国际组织视为扩大影响和促进加拿大全球利益的一种有效途径。无论是处在短暂的孤立主义时期或是长久的国际主义旗帜下,多边外交都是加拿大一贯坚持奉行的。尤其是对于自由党而言,多边主义更是其长期持守的国际主义外交政策原则的一大支柱。从皮尔逊开启加拿大外交"黄金时代"起,到皮埃尔·特鲁多,再到克雷蒂安、马丁执政时期,自由党政府治下的加拿大对外政策深谙多边外交之道。因此,在国家价值观与政党传统的双重遗产下,多边主义指导下的多边外交从贾斯廷·特鲁多上任之初就显现出某种必然性,而小特鲁多政府面临的国内国际环境也进一步推动了加拿大多边外交的全面恢复与兴起。2015 年 10 月 19 日,自由党领袖小特鲁多胜选,成为加拿大新一任总理并组成多数党政府。11 月 4 日新任总理就职的王座演说之后,小特鲁多正式宣布"加拿大重返国际舞台",小特鲁多的言行宣告了加拿大积极参与国际事务的新时代已经来临。热情广泛参与国际事务是小特鲁多对外政策原则中的重中之重。这一原则的兴起通过特鲁多竞选承诺和上任后正式或非正式场合下对加拿大国家核心价值观的表达而形成,并且在小特鲁多上任之后一年多的时间内的多边外交实践中清晰可见。

联合国曾经是加拿大最为重要的多边外交平台,尤其是在自由党莱斯特·皮尔逊外交时期更被誉为"黄金十年"。然而自哈珀执政以来,加政府对联合国的重视大打折扣,甚至与联合国的关系一度冷淡,引起国内对哈珀政府颇有微词。这些都将在自由党小特鲁多任期内得到矫正与改善。作为中等国家,加拿大长久以来并将继续致力于通过联合国来讨论处理全球事务。在反恐、维和、冲突管控、战后重建与人道主义救援等问题上,重新树立加拿大"调停者""维和者"的中等国家国际形象;在气候变化、难民问题、核不扩散问题、对外援助等议题中,积极作为,重塑加拿大在全球治理中的"领导者"地位。与此同时,多元文化主义作为加拿大的国家理念与战略文化将得到大力倡导。在 2016 年达沃斯世界经济论坛上,小特鲁多高调推广加拿大多元文化理念,并强调作为加拿大核心价值观与国家软实力的多元文化是加拿大包容、尊重与创新精神的根本来源,也是应对移民难民、气候变化与绿色经济等问题的指导思想。[①]自上任以来,小特鲁多更是不遗余力地在各种国际会议、国事访问、双边会谈中倡导加拿大多元文化价值,有意将其打造为加拿大中等国家国际形象的新标签。

第三节　小特鲁多政府的对外实践及其特点

小特鲁多政府任期内,在其双边关系的具体实践中体现了加拿大外交政策的双重脆弱性:一是由于过分依赖带来的脆弱性,二是由于政策的不连贯带来的脆弱性。美国"大棒加胡萝卜"式的策略分别被用于特朗普政府对加的"胁迫式"外交和拜登政府对加的"诱导式"外交中,虽然方式不同,但结果无异,即使加拿大的对外关系几乎都与加美关系进行了挂钩。

一、亦步亦趋的加美关系

无论从何种角度上看,加拿大都必然视美国为其外交重心所在,加美关系也是加拿大对外关系中的重中之重。自二战以来,身处美国势力范围是加拿大无法回避的现实。正如迈克尔·哈特所言:"以美国为中心的加拿大外交虽然有损自尊,却能最好地捍卫加拿大的国家利益、维持加拿大的国际影响力。"[②]加拿大国家利益中的经济福祉很大程度上依赖于对外贸易,其国内生产总值近三分之一是通过贸易产生的,尤其是出口贸易,而对美出口占据了近三分之二。作为加拿大第一大贸易伙伴,加美贸易问题一直以来都是加美关系中的重点。加拿大的这样一种经济结构在很大程度上决定了加拿大外交政策的制定和对外关系的优先级。而对美国日益紧密的贸易关系会给加拿大带来极大的脆弱性,而这种脆弱性导致加拿大对外政策几乎都与加美关系挂钩。

小特鲁多政府的上任正值奥巴马政府第二任期的末尾。2016 年 3 月,

---

① Justin Trudeau, "The Canadian Opportunity," *Government of Canada*, January 20, 2016, http://pm. gc. ca/eng/news/2016/01/20/canadian-opportunity-address-right-honourable-justin-trudeau-prime-minister-canada,访问日期:2016 年 1 月 22 日。

② Michael Hart, *From Pride to Influence*: *Towards a New Canadian Foreign Policy*, Vancouver, UBC Press, 2008, p.17.

小特鲁多上任后的首次访美可谓相当成功,与美国总统奥巴马进行了十分友好的会谈,在气候变化等多个领域达成共识,对加拿大在其关切领域推动多边外交提供了支持。作为回礼,奥巴马在 2016 年 6 月访问加拿大期间,曾在加拿大议会发表演讲称"世界更多地需要加拿大",以此来鼓励新上任的小特鲁多政府施展积极的中等国家外交。[①]当然,加美关系火热的蜜月期尚未持续多久就迎来了特朗普上任之后的重大挫折。

特朗普奉行"美国第一"的保护主义理念在全球挑起贸易争端并且愈演愈烈,作为美国最亲密的盟友和近邻以及第二大贸易伙伴的加拿大也未能幸免。特朗普早在竞选总统时便声称"《北美自由贸易协定》(NAFTA)是美国有史以来最糟糕的协定",并承诺当选后将废除该协定或重新谈判。这一"威胁"在 2017 年 8 月成为现实,《北美自由贸易协定》开启了第一轮谈判。自从特朗普要求重谈《北美自由贸易协定》开始,与美国达成新的贸易协定便成为小特鲁多政府最优先考虑和最重要的工作。首先,2017 年 1 月小特鲁多总理对时任内阁进行重组,将贸易问题作为首要考虑的因素,以应对特朗普政府不可预知的挑战,尤其是贸易保护主义倾向。国际贸易部长克里斯蒂娅·弗里兰接替斯特凡娜·迪翁(Stéphane Dion)出任外交部长,并全权负责对美贸易政策,包括处理加美软木贸易争端和北美自由贸易协定重新谈判,这使她成为近年来权力最大的外交部长。小特鲁多对记者表示,他非常清楚特朗普想谈贸易,并总在谈论经济增长和创造就业,因此负责对美外交关系的人也需要有能力和职权来处理《北美自由贸易协定》和双边面临的一系列贸易问题,弗里兰是内阁团队中非常有能力的成员,在加拿大-欧盟自由贸易协定谈判中取得成功。随后,弗里兰牵头负责对美关系的内阁委员会,开始为建立与特朗普团队核心成员之间的个人关系打基础,与特朗普女婿、总统高级顾问贾里德·库什纳(Jared Kushner)通过电话和邮件进行频繁交流。

特朗普执政下的美国改变了与加拿大的关系模式,前任加拿大驻美大使德里克·伯尼(Derek H.Burney)感慨道,对于美国而言,"加拿大不再特殊,也不再拥有特权",[②]这直接为"加美特殊关系"的结束画上了句号。2018 年加美两国针对新版自贸协定的正面交锋对加美关系产生了最为直接的、最为广泛的、最为严重的影响。在此期间,特朗普曾多次直接在公开

① Canadian Press, "Obama to Parliament: 'The world needs more Canada'," June 29, 2016, https://www.ipolitics.ca/news/obama-to-parliament-the-world-needs-more-canada.

② Derek H. Burney, "Canada-US Relations: No Longer Special or Privileged," *American Review of Canadian Studies*, Vol.50, No.1, 2020, pp.128~132.

场合批评小特鲁多,虽然加美关系史上也不乏出现美国总统与加拿大总理之间相互指责的场面,比如皮尔逊和约翰逊之间、老特鲁多和尼克松之间,但从未出现过像小特鲁多和特朗普之间这般程度,甚至有些时候特朗普对小特鲁多政府的言论带有直接的侮辱性。

自 2017 年 8 月《北美自由贸易协定》开启了第一轮谈判起至 2018 年 9 月 30 日止,美墨加三国终于达成新版《北美自由贸易协定》,即《美墨加协定》(USMCA)。加美的贸易争端主要体现在钢铝贸易、乳制品以及软木这三个领域。在长达 13 个月的谈判中,加拿大十分谨慎。即便是在美国对加拿大钢铁和铝征收关税的巨大压力下,依然对一些原则问题坚持不让步。最终,在保留争端机制、延长"日落条款"、豁免汽车关税等重要前提下与美国达成《美墨加协定》。在新协定上,加拿大作出的最大让步是同意向美国开放更多的乳制品和家禽市场,"让美国奶农更多地进入加拿大市场",加拿大同意向美国奶农提供 3.5％的加拿大国内市场。对此,小特鲁多承诺会向奶农提供补偿以缓和新协定对行业的冲击。自 2018 年以来,对于小特鲁多和自由党政府来说,最大的难题和危机就是是否能够解决好最大的邻国和盟友带来的贸易协定问题。随着《美墨加协定》的落地,这一问题算是得到比较妥善的解决。

此外,新冠肺炎疫情的暴发也对加美关系进行着考验。由于特朗普的傲慢以及疫情治理的混乱,美国的疫情迅速蔓延。加美两国在疫情期间暂时关闭了边界,这一行为是史无前例的,由于疫情的蔓延和失控,加拿大国内基本达成反对特朗普的共识,并要求延长边境关闭的时间。除此之外,在一些其他抗疫问题上加拿大与美国也产生了分歧甚至摩擦,比如,停止出口 3M 口罩事件等。自特朗普上任以来,加美关系遭遇重大挫折,加拿大昔日成功的中等强国外交陷入全面困境。

2021 年白宫易主,对于加拿大来说,拜登政府才是"曾经熟悉的邻居和最亲密的盟友"。因此,尽快恢复与美国政府的全面沟通与互动是小特鲁多政府外交政策的重中之重,小特鲁多指示新任外交部部长梅拉妮·乔利,要"将加强与最亲密盟友美国的关系排在所有外交事项中的首位"。拜登上台后,加拿大和美国开始逐渐恢复更加良性且频繁的互动,两国在更多领域进行对话与沟通。此外,拜登高度重视联盟战略,势必加强与加拿大之间的盟友关系。然而,事实上由于全球大国竞争的态势越发明显,拜登基于美国国家利益与美国印太战略的需求,对加拿大展开"诱导性"外交,让加拿大站在以美国为主导的西方价值观联盟体系和议程中,竭力维护美国霸权下的自由主义国际秩序,加拿大的外交政策在此情况下是难以有效维护国家利益的。①在全球地缘政治日益紧张的形势下,如果加拿大政府的外交政策继续紧跟美国和西方,更加难以在大国博弈中发挥出它中等强国的协调者与斡旋者角色。

二、小特鲁多的多边外交实践及其特点

2015 年 10 月,小特鲁多正式宣布"加拿大重返国际舞台",小特鲁多的言行宣告了加拿大积极参与国际事务的新时代已经来临。广泛参与国际事务是小特鲁多对外政策原则中的重中之重。这一原则的兴起通过特鲁多竞选承诺和上任后正式或非正式场合下对加拿大国家核心价值观的表达而形成,并且在小特鲁多上任期间内的多边外交实践中清晰可见,在此重点考察小特鲁多第一个任期内的多边外交实践与演进。

小特鲁多自由党政府 2015 年 11 月一上任就改变了加拿大对外关系的调门,从哈珀时期赤裸裸的现实主义转向了小特鲁多式的乐观主义和接触政策。②具体而言,在小特鲁多政府的首个任期内,加拿大多边外交实践大致经历了以下三个阶段。

第一,广泛参与阶段。在宣誓就职后,小特鲁多马不停蹄地参加了一连串重量级国际会议:2016 年 11 月 15~16 日,飞往土耳其的安塔利亚,参加二十国集团峰会;紧接着,11 月 18~19 日,参加在菲律宾马尼拉举行的亚太经合组织峰会(APEC)。11 月 27~29 日参加了在马耳他的英联邦政府首脑会议;11 月 30 日,小特鲁多参加了在巴黎举行的联合国气候变化框架协定第 21 次缔约方会议(COP 21)。2016 年 1 月 20~23 日,赴瑞士达沃斯参加世界经济论坛。借助各类多边外交平台,小特鲁多不仅代表新政府在相关国际议题上发出加拿大之声,而且广泛地与美国、中国、英国、法国、英联邦国家、东南亚国家以及国际组织领导人进行首次会面与初步交流。在广泛的多边外交舞台上,作为外交新秀的小特鲁多向世界提出了加拿大倡议与承诺。在安塔利亚的二十国集团峰会上,提出加拿大修订版发展战略(Canada's Adjusted Growth Strategy)与投资战略(Canada's Investment Strategy),③以基础设施投资为重点议题,加拿大宣布对其东盟的第一大出

---

① "2022 Trudeau Foreign Policy Report Card," iAffairs, May 27, 2022, https://iaffairscanada.com/wp-content/uploads/2022/06/2022-Trudeau-Foreign-Policy-Report-Card...pdf.

② David M. Malone, "Multilateralism in the Age of Trump," http://reviewcanada.ca/magazine/2016/11/multilateralism-in-the-age-of-trump/,访问日期:2017 年 2 月 6 日。

③ "Canada's Adjusted Growth Strategy and Investment Strategy for the G20," November 15, 2015, http://pm.gc.ca/eng/news/2015/11/15/canadas-adjusted-growth-strategy-and-investment-strategy-g20,访问日期:2015 年 12 月 3 日。

口国印度尼西亚提供资助。在马尼拉的亚太经合组织(APEC)峰会上,加拿大重点推出鼓励中小微型企业方案(MSMEs),①并通过法国兴业银行项目向越南农业合作项目提供支持,旨在提高该国农产品产量和竞争力。②在马耳他的英联邦国家会议上,小特鲁多发表重要声明:加拿大将在未来五年贡献 26.5 亿美元来帮助发展中国家应对气候变化问题;加拿大承诺在气候变化问题上积极作为,关注绿色经济及未来由此产生的就业;加拿大将支持更加有可持续性且更具有恢复力的低碳经济的转型。③随即,在巴黎的联合国气候变化大会上,小特鲁多联合法国总统奥朗德、美国总统奥巴马和比尔·盖茨共同发起一项关于清洁技术合作倡议的创新计划(Mission Innovation),该项目包括加拿大、美国以及另外 18 个国家和一些主要的私营企业代表。④

　　第二,重点作为阶段。2016 年是小特鲁多政府在多边外交领域重点作为的一年。在这一年的多边外交活动中,加拿大将重中之重放在联合国,并在经济领域、地区层面等多边外交场合积极作为。第一,全面重返联合国。小特鲁多在 2016 年 4 次访问联合国总部。3 月 16～17 日,小特鲁多率领豪华外交使团访问联合国总部,宣布加拿大谋求下一任联合国非常任理事国席位。⑤3 月 31 日至 4 月 1 日,在华盛顿举办的 2016 年核安全峰会上,小特鲁多承诺加拿大在核安全领域的两个"礼品篮"项目(Gift Baskets)。4 月 20～22 日,小特鲁多再次赴联合国总部签署巴黎协定。9 月 19～20 日,参加联合国大会一般会议,重点议题是关于移民难民问题上的探讨。第二,重点参加多边经济活动。5 月 26～27 日,小特鲁多赴日本参加七国集团峰会,介绍加拿大对基础设施与清洁技术的投资策略。9 月 4～5 日,赴中国

---

①　"Canada Pledges Support to Developing APEC Economies," November 19, 2015, http://pm.gc.ca/eng/news/2015/11/19/canada-pledges-support-developing-apec-economies,访问日期:2015 年 12 月 4 日。

②　"Prime Minister Announces Support to Reduce Poverty in Vietnam," November 19, 2015, http://pm.gc.ca/eng/news/2015/11/19/prime-minister-announces-support-reduce-poverty-vietnam,访问日期:2015 年 12 月 4 日。

③　"PM Announces Investment Global Climate Change Action," November 27, 2015, http://pm.gc.ca/eng/news/2015/11/27/prime-minister-announces-investment-global-climate-change-action,访问日期:2016 年 4 月 9 日。

④　"Prime Minister Announces Action on Clean Jobs and Energy," November 30, 2015, http://pm.gc.ca/eng/news/2015/11/30/prime-minister-announces-action-clean-jobs-and-energy,访问日期:2016 年 3 月 18 日。

⑤　"Prime Minister Announces Canada's Bid for A Non-permanent Seat on the United Nations Security Council," March 16, 2016, http://pm.gc.ca/eng/node/40723,访问日期:2016 年 4 月 5 日。

杭州参加二十国集团峰会,重点倡议中产阶级的增长繁荣以及全球贸易投资市场开放自由的重要性。小特鲁多通过肯定对中产阶级的扶植、经济开放和强力支持国际贸易与投资来重申加拿大的国家价值观。10 月 30 日,赴比利时布鲁塞尔参加加欧峰会,签署《综合经济和贸易协定》(EU-Canada Comprehensive Economic and Trade Agreement,CETA)。①11 月 19～20 日,赴秘鲁参加 2016 年亚太经合组织峰会,针对中产阶级、经济增长以及自由贸易与投资等议题进行交流讨论。第三,积极运作地区多边平台。在美国总统奥巴马的支持下,小特鲁多积极操办 6 月 29 日在加拿大举办的北美领导人峰会,美加墨三边关系得到提升。作为加拿大重要的多边贸易平台,加拿大视《北美自由贸易协定》为最具优先级的多边关系,此次峰会的重点在可持续增长的绿色经济以及低碳经济的转型。②在欧洲,北约作为加拿大在安全领域最为重要的多边机构之一,受到小特鲁多的加强重视。7 月 8～9 日,小特鲁多赴波兰华沙参加北约峰会,负责领导在东欧拉脱维亚部署北约多国部队,③承诺采购大黄蜂战机以更好履行对北约的义务承担。④

第三,调整适应阶段。2017 年 1 月,特朗普正式就职美国总统,对加拿大而言,重新研究与适应特朗普政府成为其首要任务。2017 年 2 月 13 日,随着小特鲁多访美,全面迅速调整处理与美国新一届政府的关系成了小特鲁多政府的重中之重。除了双边交往以外,对美国新一届政府的接触在多边场合也同时进行。2017 年 3 月 9 日,小特鲁多赴美国休斯敦参加全球能源领导人会议,强调加美能源安全合作的重要性;4 月 6 日,赴纽约参加全球女性峰会,与包括美国政商界在内的全球女性领导者探讨性别平等与女性发展问题;5 月 25 日参加北约领导人峰会,26～27 日参加七国集团峰会,其间小特鲁多与欧洲盟友进行会晤商谈共同面对来自特朗普提出的挑战,以期达成在不同多边框架内调整适应和平衡规制与美国的关系。另外,2017 年 2 月 15～17 日,小特鲁多再次赴欧落实上年加欧峰会的成果,见证

① "EU-Canada Summit Joint Declaration," October 30, 2016, http://pm.gc.ca/eng/news/2016/10/30/eu-canada-summit-joint-declaration,访问日期:2016 年 12 月 5 日。

② "Canada Hosts North American Leaders' Summit," June 29, 2016, http://pm.gc.ca/eng/news/2016/06/29/canada-hosts-north-american-leaders-summit,访问日期:2016 年 8 月 26 日。

③ "Prime Minister attends NATO Summit in Warsaw," July 9, 2016, http://pm.gc.ca/eng/news/2016/07/09/prime-minister-attends-nato-summit-warsaw,访问日期:2016 年 8 月 3 日。

④ "Canada Makes Commitment to NATO Defence and Deterrence Measures," July 8, 2016, http://pm.gc.ca/eng/news/2016/07/08/canada-makes-commitment-nato-defence-and-deterrence-measures,访问日期:2016 年 8 月 3 日。

欧洲议会投票通过《综合经济和贸易协定》,尤其是在英国脱欧后确保欧洲盟友的贸易投资市场的开放性,同时表达了加拿大经济开放的国家价值观。2017年4月8～10日,小特鲁多赴法国参加纪念维米岭战役①100周年的相关活动,彰显了加拿大的自由国际主义观。

从广泛参与到重点作为,再到调整适应,伴随着复杂国际形势的发展,小特鲁多政府的多边外交实践呈现出阶段性演进。在第一个任期内,小特鲁多热情地扩展性参与国际事务,急切地希望做出更多与哈珀不同的事情,在小特鲁多"加拿大重返世界"的原则中,这种变化非常强烈且明显。

(一)小特鲁多政府多边外交的特点

小特鲁多政府在其外交实践中,向世界展现了小特鲁多式的多边外交进路,即以多边峰会外交为主要形式,大力提升与强调加拿大多元文化主义与环境保护主义等核心价值观,同时积极塑造与展示加拿大外交议程中的优先偏好。

1. 加拿大国家价值观的提升与强调

小特鲁多多边外交最大的目的之一是将加拿大的国家利益和独特的国家价值观提升到新的高度。小特鲁多竞选纲领中的主要对外政策承诺是将他与哈珀政府区别开来,这在许多方面引起加拿大人的共鸣,并激发了他们的独特国家价值观。②这些价值观包括多元文化主义,开放人口疆界,在2015年底接纳25000名叙利亚难民;遵循环境保护论,加大控制气候变化力度;在反军事主义价值观下,结束加拿大在伊拉克和叙利亚空中打击伊斯兰国的军事任务。竞选纲领以及竞选承诺在小特鲁多政府2015年12月4日的就职王座演说中被再次强调,③演讲承诺将在国内外控制气候变化;在2016年2月底接纳25000名叙利亚难民;援助世界最贫穷国家;重返联合国维和行动和打击恐怖主义分子,以及恢复贸易协定谈判等。

多元文化主义作为加拿大的国家理念与战略文化在小特鲁多的多边外交活动中得到大力宣传与倡导。在2016年达沃斯世界经济论坛上,小特鲁多高调推广加拿大多元文化理念,并强调作为加拿大核心价值观与国家软实力的多元文化是加拿大包容、尊重与创新精神的根本来源,也是应对移民

① 维米岭战役是一战期间英、法、加对德的一场战役。
② Matthew Bondy, "Justin Trudeau is Putting the 'Liberal' Back in 'Canadian Foreign Policy'," *Foreign Policy*, October 21, 2015, http://foreignpolicy. com/2015/10/21/justin-trudeau-liberal-canadian-foreign-policy-syria-climate-change/,访问日期:2016年2月9日。
③ 小特鲁多就职王座演讲《实现真正的变革》(*Making Real Change Happen*),全文请参见http://www.speech.gc.ca/en/content/making-real-change-happen,访问日期:2016年1月3日。

难民、气候变化与绿色经济等问题的指导思想。①2016 年 9 月 20 日,小特鲁多在联合国大会"我们是加拿大人,我们是来帮忙的"的演讲中也讲道,"理解多样化和差异性是巨大的力量源泉"。自上任以来,小特鲁多不遗余力地在各种国际会议与多边场合中倡导加拿大多元文化价值,有意将其打造为加拿大中等国家国际形象的新标签。与此同时,环境保护主义也得到不断提升与强调。在巴黎的联合国气候变化会议上,小特鲁多向与会各代表团宣称"加拿大回来了",加拿大在气候变化问题上的抱负、投入与成就彰显加拿大独特的环境保护主义和绿色发展的国家价值观。

此外,小特鲁多通过肯定移民的价值、经济的开放和对国际贸易和投资的支持来强调加拿大独特的人口和地域开放的国家价值观以及自由国际主义的价值观。在结束对伊斯兰国的空中打击,转向联合国框架下的多边维和行动与强调北约集体防御后,加拿大反军事主义价值观得到国内外的肯定。

2. 以峰会外交为主的多边外交模式

小特鲁多就职后的一连串多边外交主要集中在多边峰会机制,包括二十国集团、亚太经合组织、英联邦政府首脑会议、七国集团峰会、法语国家联盟组织会议、北约峰会、北美领导人峰会以及联合国多边会议等。如此密集性峰会外交活动使小特鲁多本人在地域空间上与中东、亚洲、地中海和欧洲进行联结,展示了加拿大参与全球治理的内在拉力和活力。联合国曾经是加拿大最为重要的多边峰会外交平台,然而自哈珀执政以来,加拿大政府对联合国的重视大打折扣,甚至与联合国的关系一度冷淡,引起国内对哈珀政府颇有微词。这些问题都在自由党小特鲁多任期内得到矫正与改善。2016 年 2 月,小特鲁多在接见来访的联合国秘书长潘基文时,表达了加拿大重返联合国以及争取联合国安全理事会席位的强烈意愿。②随后 3 月,小特鲁多在出访联合国总部时,正式宣布加拿大将全力竞选 2021～2022 年任期内的联合国安理会非常任理事国席位。作为中等国家,加拿大长久以来并将继续致力于通过联合国来讨论处理全球事务。在反恐、维和、冲突管控、战后重建与人道主义救援等问题上,重新树立加拿大"调停者""维和者"的中等

---

① Justin Trudeau, "The Canadian Opportunity," *Government of Canada*, January 20, 2016, http://pm.gc.ca/eng/news/2016/01/20/canadian-opportunity-address-right-honourable-justin-trudeau-prime-minister-canada,访问日期:2016 年 1 月 22 日。

② "Canada Will Seek UN Security Council Seat: Trudeau," *Global News*, February 11, 2016, http://globalnews.ca/news/2511956/justin-trudeau-to-speak-with-un-secretary-general-ban-ki-moon/,访问日期:2016 年 2 月 23 日。

国家国际形象;在气候变化、难民问题、核不扩散问题、对外援助等议题中,积极作为,重塑加拿大在全球治理中的"领导者"地位。

从串珠式的峰会外交,到借助峰会平台衍生而来的双边会晤,小特鲁多俨然成了"国际政治舞台的摇滚之星"。除了单独专程访美以外,几乎所有的双边会谈与访问都是借助多边峰会外交场合或是在相关时段内实现的:在赴马耳他参加英联邦首脑会议之前,顺道赴英国拜访加拿大女王和英国首相;在杭州二十国集团峰会期间,提前抵达北京开启访华行程;在巴黎的联合国气候变化会议期间,访问法国;在2016年的七国集团峰会期间访问日本;2017年参加北约峰会和七国集团峰会期间访问意大利,并与新任法国总统马克龙热情会谈,等等。峰会外交为小特鲁多灵活频繁地与世界各国领袖对话提供了绝佳的平台,同时多边峰会机制也大大提高了加拿大全球伙伴国的地位。

3. 小特鲁多政府多边外交议题设置中的"绿色"优先级

小特鲁多政府执政一年多期间参加的多边外交活动中,既有包括安全和经济议题等的高层次国际会议,也有涉及科技创新、女性权利以及疾病防治等低政治领域的多边场合。小特鲁多广泛关注气候变化、绿色经济、基础设施的投资、移民难民、反恐以及支持中产阶级、青年就业和性别平等等问题,这些都不同程度地折射出加拿大外交议题设置中的优先排序和资源调配。

然而,小特鲁多多边外交议题虽涉及领域广泛,却又有重点。绿色发展与气候变化便是这个优先级中的排头兵。保罗·马丁与约翰·柯顿认为小特鲁多以一种大胆且新潮的优先事项领导加拿大并获得成功。寻找创新视角来处理政府与私有部门之间如何进行合作来发展提升环境友好型经济、促进清洁技术的运用则是这一优先议题中的关键问题。考虑到加拿大在这一领域的专业特长,比如绿色运输、新能源、垃圾处理技术、燃料电池等,小特鲁多在国内国际以及其他所有多边场合都不断强调绿色经济的转型,并大力向世界推广加拿大清洁技术的诀窍。将加拿大关注的外交议题塑造成国际共同关注的议题,展现了加拿大较强的国际议程塑造能力。同时,加拿大积极推动在绿色发展与气候变化领域的多边外交,既符合加拿大的国家利益,又能够提升其国际领导地位。比如,2016年两家多伦多的风投公司与中科院上海高等研究院联合成立了帮助北美清洁技术公司扩大对华出口的业务。

(二)小特鲁多政府多边外交的成效

针对小特鲁多的多边外交行为及其政策走向,加拿大国内和国际都进行了诸多评论,大体上来看主要存在相互争辩的两派观点:一派观点基本持肯定的态度,认为小特鲁多乐观的多边外交带来了"有限成功",不仅捕获了全球注意力,而且建构了加拿大积极的国际形象;①另一派观点则对小特鲁多的多边外交激情颇有微词,批评他那种摆摆样子、拍拍照片的空洞外交风格,②缺乏实质性内容,认为小特鲁多应该更加务实地将注意力多放在国内事务上。③小特鲁多执政一年多以来,虽然仍未出台总体的外交政策文件,但小特鲁多式的多边外交转型已经历着不同层面的检验。

1. 加拿大多边外交中的美国因素

2016 年 3 月,小特鲁多上任后的首次访美可谓相当成功,与美国总统奥巴马在气候变化等多个领域达成共识,对加拿大在其关切领域推动多边外交提供了支持。然而,2017 年 1 月特朗普就任美国总统,其逆全球化而动,以"美国优先"为口号推动贸易保护主义,轻视移民难民和少数族裔,对气候变化问题满不在乎。总之,这位白宫新主的个人偏好与加拿大国家价值观背道而驰,这也使加美关系迷失了方向。④

加拿大一贯将加美关系视为"多边框架下的双边关系"。⑤一方面,加拿大需要通过在多边舞台上的影响力、外交劝说和道德权威来引导美国,并借助美国的支持和力量实现其国际利益目标,另一方面又要避免大陆主义吞噬加拿大的外交独立性。特朗普的当选对加拿大多边外交的打击程度绝对不小于对加美双边关系的负面影响。最先受到影响的便是《北美自由贸易协定》。虽然特朗普承诺在《北美自由贸易协定》的重新谈判中对美加贸易的部分进行"细微调整",但加美贸易的不确定性以及北美自由市场的脆弱性呈指数型攀升。此外,特朗普政府在应对全球气候变化问题上的消极态度不仅削弱了其他国家对《巴黎协定》的支持意愿,而且对国际社会造成严

① David Malone,"The Open Road,"*Literary Review of Canada*,Vol. 24,No. 9,November 2016,pp.26~27.

② Martin Regg Cohn,"How Justin Trudeau Can Streamline His Summit Selfies,"*Toronto Star*,November 17,2015,https://www.thestar.com/news/queenspark/2015/11/17/how-justin-trudeau-can-streamline-his-summit-selfies-cohn.html,访问日期:2017 年 4 月 6 日。

③ Catherine Tsalikis,"A Foreign Policy Report Card for Justin Trudeau,One Year On,"October 19,2016,https://www.opencanada.org/features/foreign-policy-report-card-justin-trudeau-one-year/,访问日期:2017 年 5 月 4 日。

④ David Frum and Gary Doer,"What the U.S. Election Could Mean for Canada,"http://reviewcanada.ca/magazine/2016/11/what-the-u-s-election-could-mean-for-canada/,访问日期:2017 年 3 月 19 日。

⑤ John W. Holmes,*The Better Part of Valour:Essays on Canadian Diplomacy*,Toronto:McClelland and Stewart Limited,1970,p.143.

重负面影响。2017年6月1日特朗普宣布退出《巴黎协定》,令加拿大深感担忧,这不仅成为加拿大在联合国推进气候变化问题上的巨大阻碍,也是对北极理事会框架下关于气候变化共识的严重打击。①随着特朗普在气候变化问题上的不负责任,对移民难民的歧视、在北约军费分担上的发难,让加拿大惯常地通过推动并寻求美国支持其多边外交的路径与方式受到巨大阻力和制约。

虽然访美之后,小特鲁多在接受相关媒体采访时谈及特朗普的可塑性,然而由于两人在诸多问题上的不同立场,使加拿大在多边框架下对美国的劝导工作变得困难重重。不过,也有学者认为,正因如此,特朗普的当选可能为加拿大提供一个绝佳的窗口来扮演与以往任何时候都不太相同的领导角色。②

2. 巩固与大西洋盟友之间的多边关系

加拿大对外关系中的传统大西洋主义,主要是指与英国和美国之间的三角关系。然而,现今面对特朗普政府以及脱欧的英国,这一传统的多边关系变得黯然失色。与此同时,小特鲁多近期与大西洋彼岸以德国和法国为领头羊的欧盟关系显得更加亲密。加拿大天然地与英、法两国有着血脉联系,与大西洋盟友的关系也存在着巨大的内在动力。2016年《综合经济和贸易协定》的签署是加拿大与欧盟共同的大事记,更是对全球自由贸易市场的坚定维护。在移民难民问题上,小特鲁多对德国总理默克尔的立场态度表示认同并赞赏。而新上任的法国总统马克龙,无论从年龄到价值偏好更是与小特鲁多不谋而合。与志同道合的盟友保持同步符合加拿大自由国际主义的政策偏好,小特鲁多也善于用此来拉近并加强与大西洋盟友之间的情感联系和认知强化。

除联合国以外,北约是加拿大防务领域的中心。在自由国际主义观的指导下,小特鲁多政府积极履行其北约义务,在欧洲的拉脱维亚前线加强北约布防。2016年6月30日,特鲁多政府宣布加拿大将调配士兵加入北约在拉脱维亚新部署的一支拥有4000名士兵的联合军队,以加强北约在东欧的布防。此次与美国、英国以及德国共同行动,加拿大将建立并领导此任

---

① Yereth Rosen, "Uncertainty About US Climate Policy Looms Over Marquee Arctic Council Event," April 30, 2017, https://www.adn.com/arctic/2017/04/30/uncertainty-about-us-climate-policy-looms-over-marquee-arctic-council-event/,访问日期:2017年5月3日。

② Fareed Zakaria, "Canada's Role in A Post-Trump World," February 1st, 2017, https://www.asiapacific.ca/blog/canadas-role-post-trump-world-lecture-john-h-mcarthur,访问日期:2017年3月25日。

务,强调加拿大"作为负责的伙伴"的领导角色。2017年的北约峰会,加拿大再次积极承诺在欧洲东部的防卫义务;七国集团峰会上,与各国领导人谈论自由贸易,并与大西洋盟友共同应对来自美国的压力。综上,在全球自由市场、气候变化与移民难民治理领域,加拿大与大西洋盟友的新型多边关系有望向加、德、法三角关系之势转移。

3. 拓展在亚太地区的多边外交平台

世界体系的中心向亚洲转移是不争的事实。小特鲁多自上任之初便十分明确亚太的重要性,"加拿大重返世界"中的重要一环也包括"重返亚洲"。①加拿大亚太基金会主席斯图尔特·贝克(Stewart Beck)认为,"更加深入地接触亚洲将成为加拿大的必选项"。②亚太地区同样面临着日益复杂的国内国际问题,而加拿大能够在广泛的多边议题领域有所作为,比如地区安全、中产阶级增长、气候变化、水资源与食品安全、科技与创新、人口等问题。③因此,亚太地区为加拿大多边外交提供了广阔的作为空间。随着美国贸易保护主义的上升以及逆全球化的趋势,加拿大需要重新规划设计其贸易格局和形态,全面拓展亚太地区多边经济联系的渠道和平台不失为明智之选。第一,加入中国倡导的"一带一路"倡议下的亚投行。加拿大未来的贸易增长点在亚洲,全面接触与适应中国,通过加入亚投行参与塑造新的地区秩序,符合加拿大的国家利益。第二,巩固传统的多边经济联系。在亚太经合组织框架内,加拿大可以继续积极作为。同时,扩大与东盟的贸易与投资,加拿大最近也开启与东盟国家的集中外交活动(比如印度尼西亚、新加坡等)。另外,亚太地区广阔的市场能够让加拿大实现其产品出口市场的多元化。第三,支持保留《跨太平洋伙伴关系协定》。虽然美国退出了《跨太平洋伙伴关系协定》,然而该协定仍有其价值意义,它可以促进加拿大扩大与环太平洋国家的贸易关系,包括日本、澳大利亚、新西兰、新加坡、墨西哥、智

① Hugh Stephens and Deanna Horton, "Now is the Right Time for Canada's Return to Asia," *Toronto Star*, May 25, 2016, https://www.thestar.com/opinion/commentary/2016/05/25/now-is-the-right-time-for-canadas-return-to-asia.html,访问日期:2016年9月15日。

② Stewart Beck, "Enough Polite Deliberations-Deeper Engagement with Asia Is A Must for Canada," *The Global and Mail*, January 28, 2016, https://www.theglobeandmail.com/report-on-business/rob-commentary/enough-polite-deliberations-deeper-engagement-with-asia-is-a-must-for-canada/article28418078/,访问日期:2016年3月16日。

③ "Building Blocks for A Canada-Asia Strategy," *The Asia Pacific Foundation of Canada*, January 28, 2016, http://www.asiapacific.ca/research-report/building-blocks-canada-asia-strategy,访问日期:2016年4月17日。

利、秘鲁等。①

4. 在全球多边舞台上贡献"加拿大方案"

加拿大多边外交在国际舞台施展的成效将取决于小特鲁多政府能否在复杂的全球问题中贡献亮眼的"加拿大方案",这也是未来加拿大政府多边外交效力的重要体现。在全球治理的若干重要领域,加拿大可将其先进的国内解决方案推广到国际多边舞台上,以加拿大的治国方式为世界做出正面的榜样。

首先,在气候变化问题上,加拿大不仅签订了联合国气候变化《巴黎协定》,而且大力支持在全国范围执行协定。小特鲁多上任伊始,首次召开的联邦总理与各省总理联席会议(First Ministers' Meeting)便将此作为首要议题并提出"清洁发展与气候变化的泛加拿大框架"(Pan-Canada on Clean Growth and Climate Change),要求各省和地区拿出具体的可行性方案,实现2018年加拿大所有省级和地区政府都需引入碳定价机制。加拿大是推动绿色增长、支持创新和开发解决方案的先锋。加拿大政府特别重视通过清洁增长来应对气候变化,并将此列为国家重点任务。加拿大提出的"清洁发展与气候变化的泛加拿大框架"致力于建立一个低碳的未来,同时推动加拿大成为全球清洁技术的领头羊。另外,加拿大在《联合国气候变化框架公约》(UNFCCC)保持活跃,在第21届联合国气候变化大会后加拿大领衔了旨在攻坚清洁技术的"创新计划",同时还为一些发展中国家提供资助。

其次,加拿大在处理移民难民问题上的经验借鉴。加拿大对叙利亚难民采取积极接纳的态度,从2015年11月至2017年1月,加拿大共接收了超过4万名叙利亚难民。作为欧洲之殇的移民难民问题,加拿大在难民移民管理、融入问题以及相关法律条规的设定上都有值得借鉴的经验。在移民难民体系的制度规范建设问题上,还有很多需要作为的。加拿大在这一事务上有较强的公信力,虽然由于地理位置的特殊性加拿大在管理移民的问题上比欧洲更加容易些。叙利亚难民问题的现状正在侵蚀着对国际人道法的尊重,这样的趋势必须扭转。加拿大已正式成立"世界难民委员会"(World Refugee Council),并由加拿大享有盛誉的前外长阿克斯沃西(Lloyd Axworthy)牵头,旨在为全球难民事务提供大胆创新的合作型视角

---

① Pitman B. Potter, "Adjusting to New Realities: Diversifying Canada's Ties with Asia," https://www.asiapacific.ca/op-eds/adjusting-new-realities-diversifying-canadas-ties-asia,访问日期:2017年2月23日。

对难民管理系统进行结构性改革,完善难民体系以面对当前的迫切需要。①

综上所述,在小特鲁多的首个任期内,面对特朗普执政下的美国、退出欧盟的英国、不断上升的暴恐威胁下的欧盟以及气候变化与环境问题所导致的各种灾难,快速变化的世界给小特鲁多的执政带来挑战。然而,小特鲁多依然在多边外交舞台积极参与,并产生国际影响,为其后续的多边外交打下了基础。

---

① "Ex-foreign Minister Lloyd Axworthy to Lead New World Refugee Council in Waterloo," *The Canadian Press*, May 16, 2017, https://www.thestar.com/news/canada/2017/05/16/ex-foreign-minister-lloyd-axworthy-to-lead-new-world-refugee-council-in-waterloo.html, 访问日期:2017 年 5 月 25 日。

结　　语

"外交是内政的延续",这一常用政治学逻辑实则蕴含了丰富内容。如何定义"外交",又如何界定"内政",它们之间可能存在着无数组合,而本书所展现的算是其中的一组,即"加拿大独特的外交政策原则与实践是加拿大政治文化因素中的核心价值观念的延续"。因此,从外交政策原则与政治文化观念联系的逻辑出发,本书得出如下的"延续"关系。加拿大外交政策中的国际主义原则来源于基督教信仰体系下的一系列核心价值观,特别是体现为对秩序的追求;加拿大外交政策中的实用主义原则来源于这个国家保守主义的意识形态传统,尤其是在对自我和他者身份认知上体现出的审慎而务实的态度;加拿大外交政策中的多边主义原则来源于国内多元文化主义思潮追求的社会公平理念。通过考察自20世纪40年代以来的加拿大外交政策的演变与发展,本书论证了加拿大政治文化对其国内政治进程与外交政策原则产生的深刻影响。同时,在新古典现实主义理论的指导下,进一步论证加拿大外交政策中的"变"与"不变",这对"变与不变"的组合体呈现在加拿大外交的宏观与微观两个层面。

从宏观层面来看,加拿大外交政策中的"变",指加拿大历届政府对国际环境或国际体系因素的敏锐观察以及迅速应对,体现在对外交政策内容的反思与调整上。加拿大外交政策中的"不变",体现了加拿大外交政策原则所保持的一致性和持续性,即加拿大外交政策的基本原则没有变。

从微观层面来看,加拿大国际主义外交政策的"不变"始终表现在秉持政治文化影响下的三条基本原则,即国际主义、实用主义和多边主义。关于国际主义原则,皮尔逊时期体现为对和平和集体安全秩序的追求,特鲁多时期体现在均衡主义思想上,马尔罗尼时期则倾向对良治的重视,这些看似不同的价值观念实际上都是为了寻求一个不变的理想主义目标,即为世界的和平与繁荣作出的努力。在体现实用主义原则时,皮尔逊选择在功能主义指导下定位加拿大的中等国家身份并在大西洋思想下建构加美关系,而特鲁多则选择追求独立自主的中等国家身份并在"第三种选择"中发展加美关系,马尔罗尼则是看重加拿大对国际制度有良好建构能力的建设型国家身份并在美洲地区主义中深化加美关系,以上不同时期的外交选择都体现了加拿大对自我和他者的务实认知;在践行多边主义原则时,皮尔逊采用"调停者"身份、特鲁多采用"指导者"身份、马尔罗尼则进行了不同程度的多边制度创新,而这一切的外交实践都逃不脱各式各样的多边舞台。

自 20 世纪 40 年代起,作为中等国家的加拿大,其外交政策一直秉持着自由国际主义的传统。随着冷战的结束和全球化时代的到来,国际体系进入一个崭新的阶段,各种国际政治哲学思想不断对世界秩序进行了新的诠释,这些势必对加拿大外交政策的连续性产生巨大的影响。一方面,冷战的终结被视为西方自由主义意识形态的胜利。"历史终结论"下的政治自由主义与"华盛顿共识"后的经济自由主义奠定了自由主义在全球的领先地位。经济自由与政治民主成为新世界秩序中民族国家的现代化标志。在此国际背景下,加拿大国内的世俗化进程也为自由主义在加拿大的发展提供了助力,突出表现为加拿大以基督教信仰为基础的价值体系被多元文化主义带来的多样价值观选择体系所代替。随着多元文化主义作为加拿大核心价值观念的确立,自由主义思潮在加拿大社会得到更深的认同和强化。另一方面,冷战结束后亨廷顿提出了"文明冲突论"作为对新世界格局的一种认识模式。"文明冲突论"以不同文明内核之间的差异来进行国际政治分野,与新保守主义的兴起形成了呼应,使得在不同文明基础上形成的价值观冲突成为新保守主义的关注点。另外,冷战结束后苏联解体带来的新一轮民族主义浪潮的影响,使得魁北克分离主义方兴未艾,成为加拿大国内政治的重要关切,并由此导致加拿大地方主义的上升,为保守主义势力的回归奠定了基础。基于这一系列的国际国内变化,加拿大传统的自由国际主义外交政策出现重大调整,外交资源也被重新评估与分配,并由此确立了冷战后的加拿大对外政策,表现为从中等国家到"重要国家"身份的重新定位,从高级政治向低级政治的多边外交领域变迁,对加美关系的重新调整等方面。

从政策发展过程来看,冷战后加拿大外交政策可以划分为三个各具特色的时期。(1)在 1993~2006 年的克雷蒂安与马丁自由党执政时期,加拿大在后冷战时期"一超多强"的国际体系中经历了国家自身实力的消长以及外交资源的重新分配。加拿大自由党政府实行了以"人类安全"为理念的国际安全秩序观,以自由贸易主义为指导的对外经济方式,以多边制度主义为原则的多边外交实践。本书主要通过《渥太华禁雷公约》的签订、以促进贸易为目标的"加拿大队"的创立与发展以及加拿大对二十国集团的推动为案例研究,分别对以上三个原则指导下的对外政策展开论证。(2)随着由政治右翼的进步保守党与基督教右翼的加拿大联盟合并而来的加拿大保守党在哈珀的领导下赢得 2006 年联邦大选，加拿大进入保守党政府的执政时期。在全球化带来的安全与经济领域脆弱性不断加深的国际环境背景下，哈珀政府对加拿大外交政策进行了大幅度调整。具有右翼倾向的哈珀政府采取新保守主义指导下的"有原则的外交"，并与"边缘依赖外交"相互照应，构成其对外关系的准则。哈珀政府对华"政冷经热"的两面政策，就是其遵守新保守主义对外原则的集大成之作。而哈珀时期加美关系的全面升温，就是在边缘依赖原则指导下"加美利益无差别论"的全部体现。(3)在 2015 年加拿大联邦大选中，由小特鲁多领导的自由党获胜并成立多数党政府。在这次大选中，加拿大国内意识形态明显向自由主义转向，为小特鲁多的获选奠定了政治文化基础。在继承其父皮埃尔·特鲁多的政治遗产并得到多位前自由党总理的鼎力支持下，小特鲁多政府的上台预示加拿大自由国际主义外交原则的回归。虽然小特鲁多政府尚未正式出台外交政策文件，但其竞选纲领与公开演讲已经体现出与前保守党政府迥然不同的外交理念。小特鲁多就任以来，广泛地参与并开展了一系列多边外交实践，以"重返全球舞台"为口号大力推广加拿大核心价值观，设置加拿大外交议程中的"绿色"优先级，以多边峰会外交为强力抓手在国际事务与全球治理领域积极作为。然而，面对特朗普执政下的美国、正在退出欧盟的英国、恐怖主义威胁不断增强的欧洲以及气候变化与环境问题导致的各种灾难，快速变化的世界将给小特鲁多治下的加拿大外交提出更多的挑战。

冷战后国际社会出现的福山"历史终结论"代表的自由主义以及亨廷顿"文明冲突论"代表的新保守主义等思潮的蔓延，不仅对加拿大国内政治文化发展产生了深远的影响，而且对加拿大外交政策的转型发挥了重大的作用。随着全球化进程的加速推进、国际体系权力结构的日益分散、国家之间的相互依赖程度不断加深，冷战后加拿大历届政府都致力于在充分认识所处的国际国内复杂环境的背景之下，制定符合加拿大国家利益的对外政策，并努力通过独创性进路和方式实现。通过考察冷战后加拿大外交政策的演变与发展，我们可以从国内政党政治、整体对外战略和加美关系三个方面来归纳冷战后加拿大外交政策的规律与特点。

从国内政党政治发展来看，不同党派执政时期加拿大外交政策原则出现了以意识形态偏好为显著特征的"断代"现象。冷战后加拿大政党政治格局完成了新一轮的势力重组，主要表现为政治右翼的进步保守党与基督教右翼的加拿大联盟进行合并组成新的加拿大保守党，因此加拿大保守党自成立之日起就带有浓厚的右翼色彩，在政治光谱上与偏左的老牌自由党之间差距进一步扩大。随着国内政党政治的发展,冷战后加拿大基本形成自由党与保守党轮流执政的周期性。从加拿大特有的"非完全两党制"政治性来看,保守党和自由党基本上保持着十年左右为一个周期的更迭率,具体体现为在 1993～2005 年克雷蒂安与马丁自由党政府执政 12 年之后,2005～2015 年哈珀所领导的保守党政府进入了 10 年之久的执政期,而在 2015 年的大选中钟摆又摆回了自由党一方,小特鲁多领导自由党获胜并组成多数党政府。冷战后加拿大主要全国性两大政党之间的施政理念与意识形态矛盾不断增强,导致加拿大外交政策的延续性变得十分脆弱。不同政党以价值观偏好为基础对外交政策进行变革的行为显得尤为普遍,比如,哈珀上台后就立即推出"新外交"理念,以此明确表示其对外政策与前自由党政府不同,甚至颠覆了前自由党任期内相关对外关系的处理原则;无独有偶,小特鲁多在大选期间及上任之后,都不断强调要对之前哈珀政府的外交政策进行大幅修正。因此,冷战后无论是自由党还是保守党上台,加拿大外交政策领域都成为新政府展现其新政的试验田以及改革的前沿阵地。于是,加拿大外交政策的延续性和稳定性变得越发不确定,这种方式实际上大大削弱了加拿大在国际舞台上的外交能力与良好声誉。

从加拿大整体对外战略来看,通过冷战后对国家实力与外交资源的全面认识和评估,加拿大外交战略与之前相比呈现出总体上的收缩——由传统的"自由国际主义"转向冷战后的"有限国际主义"。在全球化不断加深的背景之下,加拿大政府放弃了那种凡事都参与的积极的行动方式,转向采取一种更为灵活的方式来维护加拿大在全球秩序中的现存实力和优势,这成为加拿大 20 世纪 90 年代之后参与国际外交事务的指导思想。这种"有限国际主义"的战略收缩体现在冷战后加拿大外交政策实践的不同阶段。在克雷蒂安与马丁时期,加拿大选择从高级政治走向低级政治的多边外交领域变迁,低政治的国际经济领域被视为实现国家利益的重点关切。经济与贸易是自由党两任总理执政的重中之重,无论是克雷蒂安任总理期间创立的"加拿大队"还是马丁总理推动二十国集团的建立,这些单边或多边机制都是围绕经济议题展开构建的;即使涉及安全议题,也多是在无人问津的边缘领域另辟蹊径,贡献加拿大智慧,如在"人类安全观"指导下创建《渥太华禁雷公约》、国际刑事法院等。在哈珀时期,加拿大则是经历回归大陆主义与孤立主义的过程,哈珀更加关注本国的经济与安全利益,对外交往更是退回到简单划线的"价值观外交"场域。同时,哈珀对国际事务缺乏相关知识或兴趣,保守党的外交政策平台有限,哈珀政府较少在国外施展影响或行动。作为总理,哈珀传递了一种典型的国家主义风格,视加拿大的国家利益和国家安全为第一要务。小特鲁多政府时期，虽然自由党想要带领"加拿大重返国际舞台"，但在国家实力、国际环境以及美国因素等多重制约之下显得长路漫漫。

从加美关系上来看，加拿大在冷战后国际体系中的依赖性和脆弱性突出表现在美国对加拿大的影响。对美关系是加拿大对外政策中的重中之重，然而加拿大在对美关系中能够使用的自主权力资源和空间是有限的，不仅如此，加拿大还需要不断调适不同时期内加美关系和与其他国家的关系之间的平衡点。从双边关系来看，随着全球和地区贸易的不断发展与交往，加之天然的地缘亲近和经贸依赖，加拿大无论是从经济、政治、文化等各个领域来说都受到美国化的全面侵蚀，体现在对美的边缘依赖。同时，从全球层面来讲，冷战后的主要世界新秩序几乎都是在美国主导下构建的，全球治理中有相当一部分的国际规则制度也是由美国支持制定的，所以全球化中带有着浓重的美国色彩。加拿大纵然很早就关注全球化在来源上并非全球性的而是地区性的，全球化的进程与计划也是美国引领的，然而作为西方世界的一员，加拿大都在自觉或不自觉地维持着该体系并且不成比例地暴露在其影响之下。无论是"全球化的美国主义"，还是"美国化的全球主义"，加拿大都无可避免地被深深卷入其中。冷战后加拿大对美关系，从克雷蒂安的反美同化主义开始，克雷蒂安就任总理期间公开疏远并常常批评美国；进入马丁时期，加拿大采取"一手紧握美国，一手紧握中国"的中美平行并重策略；再到哈珀时期的"退回北美"与"加美利益无差别论"，冷战后加拿大对美国的关系实际上经历了一个从刻意疏远到主动亲近的过程。不外如是，加拿大新科总理小特鲁多一上任便与美国总统奥巴马交往热切，虽然在特朗普上台后，加美关系有所降温，但小特鲁多仍积极主动地在各种场合争取与特朗普的相互了解与沟通对话。即便是在《美墨加协定》谈判最激烈的时刻，加美关系一度进入了低谷，但加美之间也并不存在结构性矛盾。随着拜登政府的上台，小特鲁多政府迅速恢复成为"美国战队"最坚定的盟友。

总而言之，自 20 世纪 40 年代至今的加拿大外交政策经历了六个阶段的演变，尽管每一个阶段凸显的外交政策内容以及实践途径有所不同，但无疑都可以通过新古典现实主义外交政策研究的理论框架进行分析与解释，这将成为我们未来分析加拿大外交政策的内在含义和发展趋势的重要依据。

参 考 文 献

一、英 文 文 献

Almond, Gabriel A. and Verba, Sidney, *The Civic Culture*: *Political Attitude and Democracy in Five Nations*, Princeton: Princeton University Press, 1972.

Almond, Gabriel A., "Comparative Political Systems," *The Journal of Politics*, Vol.18, No.3, August 1956.

Andrew F. Cooper and Dane Rowlands (eds.), *Canada Among Nations 2006*: *Minorities and Priorities*, Montreal: McGill-Queen's University Press, 2006.

Andrew F. Cooper and Dane Rowlands (eds.), *Canada Among Nations 2005*: *Split Images*, Montreal: McGill-Queen's University Press, 2005.

Andrew F. Cooper and Kim Richard Nossal, *Relocating Middle Powers*: *Australia and Canada in a Changing World Order*, Vancouver: University of British Columbia Press, 1996.

Andrew F. Cooper, *Canadian Foreign Policy*: *Old Habit and New Directions*, Scarborough: Prentice-Hall Canada Inc, 1997.

Baer, Douglas, *Political Sociology*: *Canadian Perspectives*, Toronto: Oxford University Press, 2002.

Bickerton, James and Gagnon, Alain-G. (eds.), *Canadian Politics (Fourth Edition)*, Toronto: Broadview Press, 2004.

Blake, Raymond B. (ed.), *Transforming the Nation*: *Canada and Prime Minister Brain Mulroney*, Kingston: McGill-Queen's University Press, 2007.

Blanchette, Arthur E. (ed.), *Canadian Foreign Policy*, *1945-2000*: *Major Documents and Speeches*, Ottawa: The Golden Dog Press, 2000.

Blanchette, Arthur E. (ed.), *Canadian Foreign Policy 1977-1992 : Selected Speeches and Documents*, Ottawa: Carleton University Press, 1994.

Blanchette, Arthur E. (ed.), *Canadian Foreign Policy 1966-1976 : Selected Speeches and Documents*, Toronto: McClelland and Stewart Limited, 1980.

Blanchette, Arthur E. (ed.), *Canadian Foreign Policy 1955-1965 : Selected Speeches and Documents*, Toronto: McClelland and Stewart Limited, 1977.

Bothwell, Robert, *The Big Chill : Canada and the Cold War*, Toronto: Irwin Publishing, 1998.

Bothwell, Robert, *The Penguin History of Canada*, Toronto: Penguin Canada, 2006.

Bratt, Duane and Kukucha, Christopher J. (eds.), *Readings in Canadian Foreign Policy : Classic Debates and New Ideas*, Toronto: Oxford University Press, 2007.

Chapnick, Adam, *Canada's Voice : The Public Life of John Wendell Holmes*, Vancouver: UBC Press, 2009.

Chapnick, Adam, "Lester Pearson and the Concept of Peace: Enlightened Realism with a Human Touch," *Peace & Change*, Vol. 35, No.1, January 2010.

Chapnick, Adam, "Peace, Order, and Good Government: The 'Conservative' Tradition in Canadian Foreign Policy," *International Journal*, Vol. 60, No.3, Summer 2005.

Chapnick, Adam, *The Middle Power Project : Canada and the Founding of the United Nations*, Vancouver: UBC Press, 2005.

Clark, S. D., *The Developing Canadian Community*, Toronto: University of Toronto Press, 1962.

Clarkson, Stephen (ed.), *An Independent Foreign Policy for Canada?*, Toronto: McClelland and Stewart, 1968.

Cooper, Andrew F., *Canadian Foreign Policy : Old Habits and New Directions*, Scarborough: Prentice-Hall, 1997.

Copeland, Daryl, "New Rabbits, Old Hats: International Policy and Canada's Foreign Service in an Era of Reduced Diplomatic Resources,"

International Journal, Vol.60, No.3, Summer 2005.

Costas Melakopides, *Pragmatic Idealism: Canadian Foreign Policy, 1945-1995*, Kingston: McGill-Queen's University Press, 1998.

David Carment and David Bercuson (eds.), *The World in Canada: Diaspora, Demography, and Domestic Politics*, Montreal: McGill-Queen's University Press, 2008.

David Carment, Fen Osler Hampson and Norman Hillmer (eds.), *Canada Among Nations 2004: Setting Priorities Straight*, Montreal: McGill-Queen's University Press, 2005.

David Lenarcid, *Knight-Errant? Canada and the Crusade to ban Anti-Personnel Land Minds*, Toronto: Irwin, 1998.

Denis Stairs, "What's Been Wrong with Canadian Security Policy and Diplomacy and What it May Take to Fix it," *Canadian Global Affairs Institute*, October 2015, http://www.cgai.ca/whats_been_wrong_with_canadian_security_policy.

Doern, G. Bruce, "Recent Changes in the Philosophy of Policy-Making in Canada," *Canadian Journal of Political Science*, Vol.4, No.2, June 1971.

Duane Bratt and Christopher J. Kukucha (eds.), *Readings in Canadian Foreign Policy: Classic Debates and New Ideas*, Don Mills: Oxford University Press, 2007.

Dueck, Colin, *Reluctant Crusaders: Power, Culture, and Change in American Grand Strategy*, NJ: Princeton University Press, 2006.

English, John, *Shadow of Heaven: The Life of Lester Pearson, Vol.1, 1897-1948*, Toronto: Lester and Orpen Dennys, 1989.

Evan H. Potter, "Branding Canada: The Renaissance of Canada's Commercial Diplomacy, " *International Studies Perspectives*, No.5, 2004.

Feldman, Elliot J. and Feldman, Lily Gardner, "The Impact of Federalism on the Organization of Canadian Foreign Policy," *Publius*, Vol.14, No.4, Autumn 1984.

Fen Osler Hampson and Christopher J. Maule (eds.), *Canada Among Nations 1990-91: After the Cold War*, Ottawa: Carleton University Press, 1991.

Fen Osler Hampson and Christopher J. Maule (eds.), *Canada Among Nations 1993-94: Global Jeopardy*, Ottawa: Carleton University Press, 1993.

Fen Osler Hampson and Paul Heinbecker (eds.), *Canada Among Nations 2009-2010: As Others See Us*, Montreal: McGill-Queen's University Press, 2010.

Fen Osler Hampson, Maureen Appel Molot and Martin Rudner (eds.), *Canada Among Nations 1997: Asia Pacific Face-Off*, Ottawa: Carleton University Press, 1997.

F. H. Leacy, *Historical Statistics of Canada*, Ottawa: Statistics Canada, 1983.

Forbes, H. D., *Canadian Political Though*, Toronto: Oxford University Press, 1985.

Francis Fukuyama, "The End of History?" *The National Interest*, No.16, Summer 1989.

Gelber, Lionel, "Canada's New Status," *Foreign Affairs*, Vol.24, No.2, January 1946.

Gellman, Peter, "Lester B. Pearson, Collective Security, and the World Order Tradition of Canadian Foreign Policy," *International Journal*, Vol.44, No.1, Winter 1988/1989.

George Parkin Grant, *Lament for a Nation: The Defeat of Canadian Nationalism*, Toronto: McClelland and Stewart, 1965.

Georges P. Vanier, "Inaugural Address," in George Cowley and Michel Vanier (eds.), *Only to Serve: Selections from Addresses of Governor-General Georges P. Vanier*, Toronto: University of Toronto Press, 1970.

Gill Paquet, "The Canadian Malaise and Its External Impact," in Fen Osler Hampson and Christopher J. Maule (eds.), *Canada Among Nations 1990-91: After the Cold War*, Ottawa: Carleton University Press, 1991.

Glazebrook, G. deT., "The Middle Powers in the United Nations System," *International Organization*, Vol.1, No.2, June 1947.

Glazebrook, G. P. deT., *A History of Canadian External Relations, Volume II*, Toronto: McClelland and Stewart Limited, 1966.

Glazebrook, G. P. deT., *A History of Canadian External Relations*, *Volume I*, Toronto: McClelland and Stewart Limited, 1966.

Glazebrook, G. P. deT., *A History of Canadian Political Thought*, Toronto: McClelland & Stewart Limited, 1966.

Granatstein, J. L. and Bothwell, Robert, "Pierre Trudeau on His Foreign Policy: A Conversation in 1988," *International Journal*, Vol.66, No.1, Winter 2010-2011.

Granatstein, J. L. and Bothwell, Robert, *Pirouette: Pierre Trudeau and Canadian Foreign Policy*, Toronto: University of Toronto Press, 1990.

Granatstein, J. L., "Multiculturalism and Canadian Foreign Policy," in David Carment and David Bercuson (eds.), *The World in Canada: Diaspora, Demography, and Domestic Politics*, McGill-Queen's University Press, 2008.

Grant, George, *Lament for A Nation: The Defeat of Canadian Nationalism*, Toronto: McClelland & Steward, 1965.

Grant, John Webster (ed.), *The Churches and the Canadian Experience: A Faith and Order Study of The Christian Tradition*, Toronto: The Ryerson Press, 1963.

Grant, John Webster, *The Canadian Experience of Church Union*, London: Lutter Worth Press, 1967.

Grant, John Webster, "The Church and Canada's Self-Awareness," *Canadian Journal of Theology*, Vol. XIII, No.3, July 1967.

Greene, Jack P. (ed.), *Exclusionary Empire: English Liberty Overseas, 1600-1900*, New York: Cambridge University Press, 2010.

Harald von Reikhoff and Maureen Appel Molot (eds.), *Canada Among Nations 1994: A Part of the Peace*, Ottawa: Carleton University Press, 1994.

Hendel, Charles W., "The Character of Philosophy in Canada," *Philosophy and Phenomenological Research*, Vol.12, No.3(March, 1952).

Hertzman, Lewis, Warnock, John W. and Hockin, Thomas A., *Alliances and Illusions: Canada and the NATO-NORAD Question*, Edmonton: M.G. Hurting Ltd., 1969.

Hilliker, John and Barry, Donald, *Canada's Department of Exter-*

nal Affairs, *Volume II*, *Coming of Age*, *1946-1968*, Kingston: McGill-Queen's University Press, 1995.

Hilliker, John, *Canada's Department of External Affairs*, *Volume I*, *The Early Years*, *1909-1946*, Kingston: McGill-Queen's University Press, 1990.

Hillmer, Norman and Stevenson, Garth (eds.), *A Foremost Nation: Canadian Foreign Policy and a Changing World*, Toronto: McClelland and Stewart Limited, 1977.

Hillmer, Norman (ed.), *Pearson: The Unlikely Gladiator*, Montreal: McGill-Queen's University Press, 1999.

Holmes, John and Kirton, John (eds.), *Canada and the New Internationalism*, University of Toronto: Canadian Institute of International Affairs, 1988.

Holmes, John W., *Canada: A Middle-Aged Power*, Toronto: McClelland and Stewart Limited, 1976.

Holmes, John W., "Canada and the United States in World Politics," *Foreign Affairs*, Vol.40, No.1, Oct. 1961.

Holmes, John W., "Growing Independence in Canadian-American Relations," *Foreign Affairs*, Vol.46, No.1, Oct. 1967.

Holmes, John W., *The Better Part of Valour: Essays on Canadian Diplomacy*, Toronto: McClelland and Stewart Limited, 1970.

Huhua Cao and Vivienne Poy (eds.), *The China Challenge: Sino-Canadian Relations in the 21st Century*, Ottawa: University of Ottawa Press, 2011.

Ian Smillie, "Foreign Aid and Canadian Purpose: Influence and Policy in Canada's International Development Assistance," in Robert Bothwell and Jean Daudelin (eds.), *Canada Among Nations 2008: 100 Years of Canadian Foreign Policy*, Montreal: McGill-Queen's University Press, 2009.

Jean Daudelin and Daniel Schwanen (eds.), *Canada Among Nations 2007: What Room for Manoeuvre?*, Montreal: McGill-Queen's University Press, 2008.

John G. Stackhouse, "Of Course Canada is a 'Secular' State—Just not Secularist and Only Partly Secularized," *Journal of Parliamentary and Political Law*, Vol.7, No.2, July 2013.

John G. Stackhouse, "Whose Dominion? Christianity and Canadian Culture Historically Considered," *Crux*, Vol. 28, No.2, June 1992.

John Kirton, *Canadian Foreign Policy in a Changing World*, Toronto: Nelson, 2007.

John M. Owen, "How Liberalism Produces Democratic Peace," *International Security*, Vol.19, No.2, Fall 1994.

John N. Clark, "Bridging the Political and Global Governance Gap: A Two-Step Approach to Canadian Foreign Policy," *Canadian Foreign Policy*, Vol.12, Issue 2, Fall 2005.

John Webster Grant, *The Church in the Canadian Era*, Burlington: Welch Pub. Co., 1988.

John W. Holmes, *Canada: A Middle-Aged Power*, Toronto: McClelland and Steward, 1976.

Keating, Tom, *Canada and World Order: The Multilateralist Tradition in Canadian Foreign Policy*, Toronto: McClelland & Stewart Inc., 1993.

Kennedy, John F., "On Diplomacy in the Nuclear Age," *International Journal*, Vol.29, No.1, Winter 1973/1974.

Kirton, John, "Canada's New Internationalism," *Current History*, March 1988.

Kirton, John, *Canadian Foreign Policy in a Changing World*, Toronto: Thomson Nelson, 2007.

Kirton, John, "Foreign Policy Decision-Making in the Trudeau Government: Promise and Performance," *International Journal*, Vol. 33, No.2, Spring 1978.

Kurt Bowen, *Christians in a Secular World: The Canadian Experience*, Montreal: McGill-Queen's University Press, 2004.

Lee, Steve, "Canadian Values in Canadian Foreign Policy," *Canadian Foreign Policy*, Vol. 10, No.1, Fall 2002.

Lipset, Seymour Martin, *Continential Divide: The Values and Institutions of the United States and Canada*, New York: Routledge, 1990.

Lyon, Peyton V., "The Trudeau Doctrine," *International Journal*, Vol. 26, No.1, Winter 1970/1971.

Mackay, R. A. (ed.), *Canadian Foreign Policy 1945-1954: Selected Speeches and Documents*, Toronto: McClelland and Stewart Limited, 1971.

Madison, G. B., Fairfield, Paul and Harris, Ingrid, *Is There a Canadian Philosophy?: Reflections on the Canadian Identity*, Ottawa: University of Ottawa Press, 2000.

Mark A. Noll, "What Happened to Christian Canada?" *Church History*, Vol.75, Issue 2, June 2006.

Martin M. Chemers, *An Integrative Theory of Leadership*, New Jersey: Lawrence Erlbaum Associates, 1997.

McKillop, A. B. (ed.), *Contexts of Canada's Past: Selected Essays of W. L. Morton*, Toronto: The Macmillan Company of Canada, 1980.

Melakopides, Costas, *Pragmatic Idealism: Canadian Foreign Policy, 1945-1995*, Kingston: McGill-Queen's University Press, 1998.

Michael Hart, *From Pride to Influence: Towards a New Canadian Foreign Policy*, Vancouver: UBC Press, 2008.

Michael S. Whittington and Glen Williams (eds.), *Canadian Politics in the 1990s*, Toronto: Nelson Canada, 1995.

Michaud, Nelson and Nossal, Kim Richard (eds.), *Diplomatic Departures: The Conservative Era in Canadian Foreign Policy, 1984-1993*, Vancouver: UBC Press, 2001.

Munton, Don and Keating, Tom, "Internationalism and the Canadian Public," *Canadian Journal of Politics Science*, Vol.34, No.3, September 2001.

Noll, Mark A., *A History of Christianity in U.S. and Canada*, Grand Rapids: William B. Eerdmans Publishing Company, 1992.

Noll, Mark A., "What Happened to Christian Canada?" *Church History*, Vol.75, Issue 2, June 2006.

Norman Hillmer and J. L. Granatstein, *Empire to Umpire: Canada and the World into the 21st Century*, Toronto: Thomson Nelson, 2008.

Norman Hillmer and Maureen Appel Molot (eds.), *Canada Among Nations 2002: A Fading Power*, Toronto: Oxford University Press, 2002.

Nossal, Kim Richard, "Analyzing the Domestic Sources of Canadian

Foreign Policy," *International Journal*, Vol. 39, No. 1, Winter 1983/1984.

Nossal, Kim Richard, "Right and Wrong in Foreign Policy 40 Years On: Realism and Idealism in Canadian Foreign Policy," *International Journal*, Vol. 62, No.2, Spring 2007.

Pammett, Jon H. and Whittington, Michael S., *Foundations of Political Culture: Political Socialization in Canada*, Toronto: Macmillan Canada, 1976.

Paul M. Evans, *Engaging China: Myth, Aspiration, and Strategy in Canadian Policy form Trudeau to Harper*, Toronto: University of Toronto Press, 2014.

Pearson, Geofferey A. H., *Seize the Day: Lester B. Pearson and Crisis Diplomacy*, Ottawa: Carleton University Press, 1993.

Pearson, Lester B., *Democracy in World Politics*, Toronto: S. J. Reginald Sanders and Company, 1955.

Pearson, Lester B. (ed.), *Words and Occasions*, Toronto: University of Toronto Press, 1970.

Peter Howard and Reina Neufeldt, "Canada's Constructivist Foreign Policy: Building Norms for Peace," *Canadian Foreign Policy*, Vol. 8, No.1, Fall 2000.

Pettigrew, Pierre S., "Canada's International Personality," *International Journal*, Vol.60, No.3, Summer 2005.

Pierre Berton, *The Comfortable Pew*, Philadelphia: J. B. Lippincott, 1965.

Pye, Lucian W. and Verba, Sidney (eds.), *Political Culture and Political Development*, Princeton: Princeton University Press, 1965.

Pye, Lucian W., *Politics, Personality, and Nation Building*, New Haven: Yale University Press, 1962.

Rabb, J. Douglas, "Canadian Idealism, Philosophical Federalism, and World Peace," *Dialogue: Canadian Philosophy Review*, Vol.XXV, No.1, Spring 1986.

R. D. Gidney and W. P. J. Millar, "The Christian Recessional in Ontario's Public Schools," in Marguerite Van Die (ed.), *Canada: Historical and Comparative Perspectives*, Toronto: University of Toronto

Press, 2001.

Redekop, John H. (ed.), *Approaches to Canadian Politics*, Scarborough: Prentice-Hall of Canada, 1978.

Reginald W. Bibby, *Restless Gods: The Renaissance of Religion in Canada*, Toronto: Stoddart, 2002.

Riekhoff, Harald Von, "The Impact of Prime Minister Trudeau on Foreign Policy," *International Journal*, Vol.33, No.2, Spring 1978.

Samuel P. Huntington, "The Clash of Civilizations?" *Foreign Affairs*, Vol. 72, No.3, Summer 1993.

Scott Ellis Ferrin, "From Sectarian to Secular Control of Education: The Case of Newfoundland," *Journal of Research on Christian Education*, Vol.10, Fall 2001.

Scott, F. R., "The Permanent Bases of Canadian Foreign Policy," *Foreign Affairs*, Vol.10, No.4, July 1932.

Simpson, Erika, "The Principles of Liberal Internationalism According to Lester Pearson," *Journal of Canadian Studies*, Vol. 34, No. 1, Spring 1999.

Stackhouse, John G., Jr. "Of Course Canada is a 'Secular' State—Just not Secularist and Only Partly Secularized," *Journal of Parliamentary and Political Law*, Vol.7, No.2, July 2013.

Stackhouse, John G., Jr. "Whose Dominion? Christianity and Canadian Culture Historically Considered," *Crux*, Vol. 28, No.2, June 1992.

Stairs, Denis, "Liberalism, Methodism, and Statecraft: the Secular Life of a Canadian Practitioner," *International Journal*, Vol. 49, No.3, Summer 1994.

Stairs, Denis, "Myths, Morals, and Reality in Canadian Foreign Policy," *International Journal*, Vol.58, No.2, Spring 2003.

Stairs, Denis, "The Political Culture of Canadian Foreign Policy," *Canadian Journal of Political Science*, Vol.15, No.4, December 1982.

Stephen Clarkson and Erick Lachappelle, "Jean Chretien's Legacy in Managing Canadian-American Relations," *Canadian Foreign Policy*, Vol.12, No.2, Fall 2005.

Stewart, Gordon T., *The Origins of Canadian Politics: A Comparative Approach*, Vancouver: University of British Columbia Press,

1986.

Thompson, Brett, "Pierre Elliott Trudeau's Peace Initiatives: 25 Years On," *International Journal*, Vol. 64, No.4, Autumn 2009.

Tom Keating, "A Passive Internationalist: Jean Chretien and Canadian Foreign Policy," *Review of Constitutional Studies*, Vol.9, No.1&2, 2004.

Tom Keating, *Canada and World Order: The Multilateralist Tradition in Canadian Foreign Policy*, Toronto: McClelland & Stewart Inc., 1993.

Trudeau, Pierre E., *Federalism and the French Canadians*, New York: St. Martin's Press, 1968.

Trudeau, Pierre, *The Canadian Way-Shaping Canada's Foreign Policy*, Toronto: University of Toronto Press, 1995.

Tucker, Michael, *Canadian Foreign Policy: Contemporary Issues and Themes*, Toronto: McGraw-Hill Ryerson Limited, 1980.

Valerie Warmington and Celina Turtle, "The Canadian Campaign," in Maxwell A. Cameron (ed.), *To Walk without Fear: The Global Movement to Ban Landmines*, Toronto: Oxford University Press, 1998.

Westfall, William, *Two Worlds: The Protestant Culture of Nineteenth-century Ontario*, Kingston: McGill-Queen's University Press, 1989.

Whittington, Michael S. and Williams, Glen (eds.), *Canadian Politics in the 1990s*, Toronto: Nelson Canada, 1995.

Wiseman, Nelson, *In Search of Canadian Political Culture*, Vancouver: UBC Press, 2007.

Wise, S. F., *God's Peculiar Peoples: Essays on Political Culture in Nineteenth-Century Canada*, Ottawa: Carleton University Press, 1993.

Wright, Gerald, "Mitchell Sharp: Legacy of a Foreign Policy Icon," *International Journal*, Vol.59, No.3, Summer 2004.

二、中 文 文 献

〔英〕埃德蒙·柏克:《法国革命论》,何兆武等译,北京:商务印书馆2009 年版。

〔英〕埃德蒙·柏克:《自由与传统》,蒋庆等译,北京:商务印书馆2001

年版。

〔英〕安德鲁·海伍德:《政治学核心概念》,吴勇译,北京:中国人民大学出版社 2013 年版。

〔加〕查尔斯·泰勒:《世俗时代》,张容男等译,上海:上海三联书店 2016 年版。

常士䦊:《超越多元文化主义——对加拿大多元文化主义政治思想的反思》,《世界民族》2008 年第 4 期。

常士䦊:《试析加拿大政治文化的特征》,《铁道师院学报》第 13 卷第 5 期,1996 年 10 月。

常士䦊:《异中求和:当代西方多元文化主义政治思想研究》,北京:人民出版社 2009 年版。

戴晓东:《加拿大:全球化背景下的文化安全》,上海:上海人民出版社 2007 年版。

郭华榕:《法国政治思想史》,北京:人民出版社 2010 年版。

郭树勇:《新国际主义与中国软实力外交》,《国际观察》2007 年第 2 期。

韩志立:《新自由国际主义与美国大战略的思想转向》,《国际政治研究》2007 年第 4 期。

胡文涛、招春袖:《多元文化对加拿大外交决策的影响》,《国际论坛》2016 年第 1 期。

黄忠:《加拿大贾斯汀·特鲁多政府"印太战略"评析》,《国际论坛》2023 年第 3 期。

〔美〕加布里埃尔·阿尔蒙德、拉塞尔·多尔顿、小 G.宾厄姆·鲍威尔、卡雷·斯特罗姆等:《当代比较政治学——世界视野》(第 8 版),杨红伟等译,上海:上海人民出版社 2010 年版。

〔美〕加布里埃尔·阿尔蒙德、西德尼·维巴:《公民文化——五个国家的政治态度和民主制度》,张明澍译,北京:人民出版社 2014 年版。

李海英:《加拿大新总理保罗·马丁及其对外政策主张》,《国际研究参考》2003 年第 12 期。

〔美〕利昂·爱泼斯坦:《西方民主国家的政党》,何文辉译,北京:商务印书馆 2014 年版。

〔加〕罗伯特·博斯韦尔:《加拿大史》,符延军译,北京:中国大百科全书出版社 2011 年版。

罗开秀:《加拿大自由党重新执政让·克雷蒂安出任总理》,《世界经济与政治》1994 年第 3 期。

〔美〕罗纳德·奇尔科特:《比较政治学理论:新范式的探索》,高铦、潘世强译,北京:社会科学文献出版社 1997 年版。

南刚志、季丽新:《加拿大政治文化的主流与暗礁》,《当代世界与社会主义》2004 年第 2 期。

潘兴明:《20 世纪中加关系》,上海:学林出版社 2007 年版。

潘迎春:《第二次世界大战与加拿大独立外交的形成》,《世界历史》2009 年第 5 期。

潘迎春:《"中等国家"理论的缘起》,《世界经济与政治论坛》2009 年第 5 期。

钱皓:《从二元到多元:加拿大文化政策的嬗变与公平社会的建构》,《国际观察》2013 年第 3 期。

钱皓:《国际政治中的中等国家:加拿大》,上海:上海人民出版社 2020 年版。

钱皓:《哈珀政府对华政策刍议》,《国际观察》2009 年第 1 期。

钱皓:《加拿大 2011 年联邦大选管窥》,《国际观察》2011 年第 5 期。

钱皓:《中等强国参与国际事务的路径研究——以加拿大为例》,《世界经济与政治》2007 年第 6 期。

孙洁琬:《加拿大与联合国维持和平行动》,《国际论坛》2002 年第 4 期。

唐小松、高紫雁:《特鲁多政府参与全球公共卫生治理评析》,《区域与全球发展》2022 年第 2 期。

唐小松:《加拿大反恐战略评析》,《现代国际关系》2015 年第 4 期。

唐小松:《加拿大网络安全战略评析》,《国际问题研究》2014 年第 3 期。

唐小松、吴秀雨:《加拿大新公共外交评析》,《国际论坛》2010 年第 6 期。

唐小松主编:《加拿大发展报告》(2017),北京:社会科学文献出版社 2017 年版。

唐小松主编:《加拿大发展报告》(2018),北京:社会科学文献出版社 2018 年版。

唐小松主编:《加拿大发展报告》(2019),北京:社会科学文献出版社 2020 年版。

唐小松主编:《加拿大发展报告》(2020),北京:社会科学文献出版社 2020 年版。

唐小松主编:《加拿大发展报告》(2021),北京:社会科学文献出版社 2022 年版。

唐小松主编:《加拿大发展报告》(2022),北京:社会科学文献出版社2023年版。

唐小松主编:《加拿大发展报告》(2023),北京:社会科学文献出版社2024年版。

汪波:《美国外交政策的政治文化分析》,武汉:湖北人民出版社2001年版。

汪波:《建构政治文化理论框架的尝试》,《政治学研究》2000年第1期。

汪波:《外交政策研究的学科跨越——从政治文化研究外交政策的理论价值与现实意义》,《武汉大学学报(人文社会科学版)》2000年第1期。

王俊芳:《加拿大多元文化主义政策》,北京:中国社会科学出版社2013年版。

〔加〕威尔·金里卡:《民族主义、多元文化主义和公民》,邓红风译,上海:上海译文出版社2005年版。

〔加〕威尔·金里卡:《自由主义、社群与文化》,应奇、葛水林译,上海:上海译文出版社2005年版。

〔加〕沃尔特·怀特等:《加拿大政府与政治》,刘经美、张正国译,北京:北京大学出版社2004年版。

〔英〕休·塞西尔:《保守主义》,杜汝楫译,马清槐校,北京:商务印书馆2009年版。

徐文姣:《全球卫生治理中的中等国家:加拿大》,上海:上海人民出版社2020年版。

杨令侠:《改革开放以来的中国加拿大史研究》,《史学月刊》2009年第4期。

杨令侠、贺建涛:《加拿大参与联合国维和行动探析》,《世界近现代史研究》(第七辑)。

杨令侠:《加拿大国民性刍议》,《历史教学》2007年第10期。

杨令侠:《加拿大与美国关系史纲》,天津:南开大学出版社2023年版。

杨令侠:《试论20世纪50～60年代的加拿大社会政策产生的政治文化背景》,《世界近现代史研究》(第九辑)。

杨令侠:《战后加拿大与美国关系研究》,北京:世界知识出版社2001年版。

〔加〕约翰·英格里斯:《当代加拿大外交对世界格局影响大吗》,诺曼·赫尔摩主编,李节传等译,北京:中国社会科学出版社2002年版。

〔加〕约翰·柯顿:《二十国集团与全球治理》,郭树勇等译,上海:上海人民出版社 2015 年版。

〔加〕约翰·柯顿:《加拿大外交理论与实践》,陈金英、汤蓓、徐文姣译,钱皓校,上海:上海人民出版社 2019 年版。

〔美〕约翰·鲁杰主编:《多边主义》,苏长和等译,杭州:浙江人民出版社 2003 年版。

张笑一:《"超实力发挥"——加拿大公共外交的历史、特色及启示》,《国际论坛》2011 年第 3 期。

张笑一:《加拿大安全政策新变化探析》,《现代国际关系》2023 年第 6 期。

张笑一:《加拿大女权主义国际政策:成因、行为与特点》,《国际论坛》2020 年第 4 期。

赵晨:《国内政治文化与中等强国的全球治理——基于加拿大的考察》,《世界经济与政治》2012 年第 10 期。

朱倩:《加拿大对外政策文化浅论》,《兰州学刊》2012 年第 3 期。

三、网 站 资 源

Government of Canada：https://www.canada.ca/en.html.

Parliament of Canada：https://parl.canadian.ca/.

Global Affairs Canada：https://www.international.gc.ca/.

Elections Canada：https://www.elections.ca/.

Prime Minister of Canada：https://pm.gc.ca/en.

New York Times：https://www.nytimes.com.

The Global and Mail：https://www.theglobalandmail.com.

Toronto Star：https://www.thestar.com.

iAffairs：https://iaffairscanada.com/.

CBC News：https://www.cbc.ca/news.

后　记

　　本书在即将出版之际，坦率地讲我一度没有勇气提笔撰写后记，一方面是由于对本书远未达到自己预期的尽善尽美而抱有遗憾，另一方面则是因为在成书过程中我经历了人生的至暗时刻并不太想去回顾种种因而产生了逃避心理。然而此本小书毕竟是自己学术生涯的第一本成果，不论好坏是非，终归是用心付出的作品，值得记上一笔，示为人生的一种纪念和一次治愈。

　　"十年磨一剑"，该书的写作起于2015年，完成于2024年。十年的光阴，成书过程的前半段主要专注于学术上的思考与打磨，后半段则更多的是经历着生活的磨砺和洗礼。故事缘起于2012年，我有幸拜入汪波教授门下，进入上海外国语大学攻读国际关系专业博士，2013年在上外加拿大研究中心钱皓教授的大力举荐下赴英属哥伦比亚大学（UBC）维真学院（Regent College）进行联合培养，由此开启了我的加拿大研究之旅。留学期间，我不仅通过维真学院的系统性课程和重量级讲座深刻认知到以基督教文明为核心的西方价值观与信仰原则背后的来源和逻辑及其影响，而且借助UBC丰富的学术活动和图书资源收集了大量关于加拿大外交政策研究以及与此相关的加拿大政治、历史、宗教与哲学研究方面的著作和文献，为后续博士论文的写作积累了丰富的素材。回国之后，经与汪老师商讨确定了围绕加拿大政治文化与外交政策原则之间的关系为主题展开研究，一方面导师多年深耕于政治文化研究领域，其学术造诣为我的博士论文提供了深厚的理论指导，尤其体现在汪老师的著作《美国外交政策的政治文化分析》（2001年）一书中；另一方面我在加期间搜集到的大量文献能够为论文的写作提供殷实的论据材料，于是最终确定了博士论文题目为《加拿大政治文化对其国际主义外交政策的影响研究（1940s～1990s）》。记得开题答辩时，答辩委员汤蓓老师戏谑称此为汪老师著作的姊妹篇，我当时虽有惶恐，却也为这份师承颇感自豪。2015年，在中加双方导师的共同见证下我顺利通过了博士论文答辩，并有幸得到华东师范大学国际关系与地区发展研究院汪诗明教授的垂青,进入华师大政治学博士后流动站继续中等国家加拿大外交政策的后续研究。博士后期间,我将对加拿大外交政策的研究时段从20世纪90年代延伸至当下,2017年以《冷战后加拿大政治文化与对外政策原则的调整及实践》为题提交了博士后出站报告并顺利出站。2017年9月我正式入职上海对外经贸大学,开启了作为一名高校"青椒"的教学科研生涯。2018年我有幸以"加拿大外交政策研究——基于新古典现实主义的视角"(18FZZ005)获得国家社科基金后期资助项目立项,这不仅是对我本人自读博以来进行加拿大研究所取得的已有成果的认可,更是为本书的出版提供了强大的科研支持。然而天有不测风云,进入2019年我的工作与生活轨迹因双亲先后罹患重疾而发生巨大转变,尤其是2019年下半年我母亲因手术失误而后陷入"植物状态",这一突如其来的事件对我们全家更是致命一击。此后,三年的疫情以及五年多以来照护完全失能的母亲并陪伴她康复治疗,让我几乎以医院为家,一度使该项目的推进举步维艰。可以说,本书的后续写作与修改工作基本是在颠沛流离和昼夜不分的状态下进行的。最终在2023年我完成了后期项目的最终成果并提交送审,于2024年7月顺利结项,并交由上海人民出版社付梓出版。本书的出版于我而言虽然历经"雄关漫道",而今终得梦想成真,着实令人欣慰与喜乐。

　　生而为人,我自觉是极为幸运的,因为无论处于何种境遇之下一直有关爱和陪伴我成长的良师益友与家人。感谢我的博士导师汪波教授、师母韩国淑明女子大学咸恩仙教授多年以来对我学习、工作和生活上的全方位指导,这如父如母、亦师亦友般的恩情成为我前行道路上的精神支柱,还有来自同门师兄弟姐妹们的贴心关怀。感谢上海外国语大学加拿大研究中心的钱皓教授,钱老师是我的人生导师,不仅是我在加拿大研究上的启蒙者,更是我在求真道路上最重要的引领人。感谢我的硕士导师刘胜湘教授,刘老师从我学生时代开始到进入高校从教之后,都给予了我莫大的鼓励与帮助,从课题申报、论文写作到对我个人成长和家庭情况的关心,事事都为学生考虑周到,让我深受感动。感谢我的博士后导师汪诗明教授,汪老师目光如炬、鞭辟入里的指导至今让我印象深刻。正是导师们的高尚正直、学养深厚以及对学生无条件的关爱,让我在日后的从教道路上时刻铭记和领受榜样的力量。感谢UBC维真学院中国研究部主任许志伟教授(Edwin Hui),许老师的拣选成就了我首次出国留学之旅,从此让我"推开世界的门",真正从实践意义上去体认国际关系,如今您已归回天家,在此表达无限缅怀;感谢2013届维真学友,我们来自全国各大高校和不同专业,在温哥华建立的深厚友情让我们回国之后仍然能聚成一个独特的学术共同体来相互鼓励与扶持。感谢上海对外经贸大学国际关系学系的各位同仁,你们在工作和生活中给予了我极大的友善与爱护,能够成为如此优秀团队的一员我深感荣幸;感谢学校及学院各级领导和同事对我的关心与帮助;感谢所有认真听讲并与我积极互动的同学们,你们时常成为我前进的动力。感谢国社科工作办公室在我的科研项目进度遭遇困境之时的理解、包容与支持。感谢上海人民出版社的责任编辑项仁波、王冲两位老师,本书的顺利出版得益于你们专业、认真且高效的工作。同时,感谢我母亲的康复医生张静主任和闫林医生,康复物理治疗师张勇,吞咽言语治疗师汪心怡、王星博和陈奕卓,还有一直照顾我母亲的护工阿姨韩玲女士,这几年正是在你们不懈努力和专业耐心的守护下我母亲才得以平稳康复。最后,我要感谢我的父亲樊德忠教授,您以军人特有的坚强与勇毅成为我坚实的后盾和底气,教导我一起积极勇敢面对人生带给我们一家的苦难,相互鼓励前行。

　　每个人都是渺小而脆弱的,而其中又可见伟大与坚韧,这也许是无常人生之中最大的人间值得。谨以此书献给我目前仍处在意识混沌中的母亲,未生病时的她以自由开明培养了我的独立、自信和勇敢,而病榻上的她又通过另一种方式让我学会舍己的爱、忍耐与信心,希望我们的持守与盼望终有迎来生命奇迹的那一刻。

樊　冰

2025 年 1 月于上外贸博闻楼

图书在版编目(CIP)数据

当代加拿大外交政策研究：基于新古典现实主义的
视角 / 樊冰著. -- 上海：上海人民出版社，2025.
ISBN 978-7-208-19225-6

Ⅰ. D871.10

中国国家版本馆 CIP 数据核字第 2024RD2811 号

责任编辑　项仁波　王　冲
封面设计　夏　芳

当代加拿大外交政策研究
——基于新古典现实主义的视角
樊　冰　著

出　　版	上海人民出版社
	（201101　上海市闵行区号景路 159 弄 C 座）
发　　行	上海人民出版社发行中心
印　　刷	上海商务联西印刷有限公司
开　　本	720×1000　1/16
印　　张	13
插　　页	4
字　　数	220,000
版　　次	2025 年 3 月第 1 版
印　　次	2025 年 3 月第 1 次印刷
	ISBN 978 - 7 - 208 - 19225 - 6/D · 4421
定　　价	65.00 元

.